쓰고 말하기 쉬운
Fun English

김기영 지음

휴엔스토리

쓰고
말하기 쉬운

Fun English

김기영 지음

휴앤스토리

차례

이 책의 특징

한글을 영어로 말하기

이 책의 특징

1 오랫동안 영어 교육을 하면서 "어떻게 하면 한글을 영어로 쉽게 말할 수 있을까?"라는 의문점에서 시작하게 된 것이 시발점이었다.

2 고민고민 끝에 고안해 낸 것이 이 책의 핵심이자 영어의 핵심인

① 주어 + 동사/동사의 대상

(이하 – 주·동/동대) –
- 주어:
- 동사:
- 동대:

② 주어 + 동사/동대1·동대2 –
- 주어:
- 동사:
- 동대1:
- 동대2:

라는 법칙을 만들게 되었다. (이 책은 처음부터 끝까지 **이 두 개의 형태**로 이루어져 있다.)
즉 영어의 핵심인 「주어 + 동사/ 동·대」와 단어만 알고 있으면 누구나 쉽게 우리말을 영어로 말할 수 있도록 정리해 놓았다.

3 **우리말의 어순과 영어의 어순을 비교 분석하여** 가장 쉽게 쓰고 말할 수 있도록 해 놓았다. (가장 쉬운 문법 설명)

4 **자리**(주어자리, 조동사자리, 동사자리, 동대자리, 형용사(구)자리, 부사(구)자리)에 따른 다양한 응용으로 수없이 많은 문장을 만들 수 있도록 해 놓았다.

5 우리는 여태껏 명사, 대명사, 동사, 조동사, 형용사, 부사, to 부정사, 동명사, 분사, 관계대명사, 관계부사, 완료, 수동태, 접속사, 화법 …등 언어를 마디마디 끊어서 공부한 결과 이것들이 문장에서 어떻게 유기적으로 연결 되는지를 모른 채 공부해왔다. 이에 저자는 영어가 어떻게 유기적으로 연결 되어 있는지를 한눈에 파악되도록 해 놓았다.

6 이 책은 혼자서도 충분히 공부할 수 있도록 자세하게 설명되어 있다.

7 이 책으로 영어를 공부한다면 말하기와 쓰기 실력이 확실히 upgrade 될 수 있다고 확신한다.

필독

1 영어에서 단어는 굉장히 중요하다. 왜냐하면 단어 한 개, 한 개는 가야 할 자리가 정해져 있기 때문이다. 따라서 반드시 단어가 명사인지, 동사인지, 형용사인지, 부사인지 정확하게 구분해서 외우라는 것이다.
또한 모든 '동사의 대상은 동사가 결정'하기 때문에 반드시 동사의 뜻을 정확하게 외워야 한다.

2 영어의 기본상식 편이 어려우면 영어의 핵심인 '주어, 동사, 동사의 대상, 구의 형태'만 이해하고 바로 예문을 학습하기 바란다. 예문을 공부하고 난 후에 다시 보면 충분히 이해가 될 것이다.

기억

1 주어는 우리말 '은, 는, 이, 가'에 해당하는 말이다.

2 동사는 우리말 '~다'로 끝나는 말이다.

3 형용사는 우리말 '-ㄴ, ~의'로 끝나는 말이다.

4 부사는 원래부사인 very 매우, so 너무, too 너무, really 정말 …등이 있고 '형용사 + ly'로 우리말 '~게'의 뜻이다.

5 동사의 대상이 무엇인지는 책에 설명해 놓았다.

2

ABC

영어의
기본상식

주어, 동사, 동사의 대상

❋ 영어의 핵심 – 주어 + 동사 + 동사의 대상 (이하 – 주·동/동대)
　　　　　　　(은는이가) (~다)

　영어의 핵심은 '주어 + 동사'이다. 따라서 영어는 '주어 + 동사'를 먼저 쓰고 그다음에 '동사의 대상(이하 동대)'을 쓰면 된다.

　이 책을 보면서 항상 보게 될 말이 영어의 핵심은 '주어·동사'라는 것이다. 따라서 영어의 핵심인 '주어·동사'를 항상 머릿속에 기억해 두기 바란다.

　이 책에서는 이를 '주·동/동대'법이라고 이름 붙인다.

　그럼 이제
　　　　　주어가
　　　　　동사가　　　　　　무엇인지에 대해서 알아보기로 하자.
　　　　　동사의 대상(동대)이

①　주어 – 우리말 '~은, ~는 , ~이, ~가' 에 해당되는 말이다.

　　문법적으로 주어자리에 올 수 있는 것은　　명사, 대명사　　이지만
　　　　　　　　　　　　　　　　　　　　　　명사구(to부정사, 동명사)
　　　　　　　　　　　　　　　　　　　　　　명사절

　　그냥 우리말 '~은, ~는, ~이, ~가' 에 해당하는 말이 주어라고 생각하면 된다.

우리말 주어가 무엇인지에 대해 알아보자.

주어는 우리말 '~은, ~는, ~이, ~가'에 해당하는 말이다.

하나의 주어인 '나는, 너는, 그는, 그녀는, 우리들은, 너희들은, 그들은, 이것은, 저것은… 등' 은 주어가 눈에 보이기에 쉽다. 하지만

'소유격 + 명사' / '소유격 + 형용사 + 명사'와 'this(that) + 명사'

/ 'this(that) + 형용사 + 명사'로 이루어진 주어는 잘 모른다는 것이다.

즉 우리말 '나의 책은 책상 위에 있다.'라는 문장이 있으면 주어는 '나의'가 아닌

'나의 책은(소유격+명사)'까지라는 것이다. ➜ My book

내가 가장 좋아하는 음식은 불고기이다. ➜ 여기선 '내가 가장 좋아하는 음식은'

까지가 주어(소유격 + 형용사 + 명사)이다.

【주의】 형용사인 'favorite(가장 좋아하는)'과 함께하는 '내가'는 주격이지만

　　　　'소유격'으로 해야 한다. ➜ I favorite food (X) / My favorite food (O)

이 책은(저 책은) 나의 것이다.

　➜ 주어 이 책은(저 책은) this book / that book

이 새 책은(저 새 책은) 나의 것이다.

　➜ 주어 이 새 책은(저 새 책은) this new book / that new book

이 새 책들은 그녀의 것이다.

　➜ 주어 이 새 책들은 these new books

그 책은 지루하다.

　➜ 주어 그 책은 The book

② 동사 – 우리말 '～다'로 끝나는 말이다.

'영어'에 있어 동사는 'be동사, 일반동사, 조동사'가 있다.

우리말은 일반동사를 제외하곤 보통 다른 품사와 붙여서 동사를 표현하기 때문에 처음 영어를 배우는 이들은 동사를 잘 파악하지 못한다는 것이다.

① be동사(am, are, is) – 이다, 있다. ← be동사의 자세한 쓰임은 목차 4에 있다.

그는 학생이다. / 나는 의사이다. / 그것은 자동차이다. / 저 책은 나의 것이다.
그들은 방 안에 있다. / 그녀는 서울에 있다.

그는 키가 크다. / 나는 행복하다. / 그녀는 아름답다. / 그것은 크다.(작다)
하늘이 파랗다. / 춥다.(덥다)…등 – 위 문장의 동사를 물어보면

'학생이다, 의사이다, 자동차이다, 나의 것이다, 방 안에 있다. 서울에 있다. 키가 크다,
행복하다, 아름답다, 크다, 작다, 파랗다, 춥다, 덥다"라고 대개 말한다. → 전부 아니다.

하지만 다행히도 눈에 보이는 동사가 있다.(잘～～봐라) be동사 뜻이 '이다, 있다'이니

학생이다, 의사이다, 자동차이다, 나의 것이다, 그녀의 것이다. ➡ 동사 이다.
방안에 있다, 서울에 있다, 교실에 있다, 고양이가 있다. ➡ 동사 있다.

문제는 우리말 형용사는 전부 '–다'로 이를 동사로 사용한다. 하지만 영어인 형용사는 전부
'–ㄴ, –의' 뜻으로 우리말 형용사처럼 동사가 아니다.

우리말	영어
키가 크다.	tall 키가 큰
행복하다.	happy 행복한
크다. / 작다.	big 큰 / small 작은
파랗다. / 노랗다.	blue 파란 / yellow 노란
춥다. / 덥다.	cold 추운 / hot 더운
흐리다.	cloudy 흐린

따라서 영어인 형용사 '-ㄴ'이 우리말 형용사인 '-다'로 되기 위해서는 영어인 형용사 앞에 be동사를 붙여주면 우리말 형용사인 '-다'로 된다. 즉 '-다'에 해당하는 동사는 be동사인 것이다.

키가 큰	tall	→	키가 크다.	be tall
아름다운	beautiful	→	아름답다.	be beautiful
행복한	happy	→	행복하다.	be happy
큰, 작은	big, small	→	크다, 작다.	be big, be small
추운, 더운	cold, hot	→	춥다, 덥다.	be cold, be hot
파란, 검은	blue, black	→	파랗다, 검다.	be blue, be black

주어에 따라서 be동사가 바뀌기 때문에 be로 해 놓았다.

참고 •blue [형용사 파란 / 명사 파란색] •black [형용사 검은 / 명사 검은색]

예 그는 키가 크다. → 동사 다(be동사) → He is tall.
나는 행복하다. → 동사 다(be동사) → I am happy.
하늘이 파랗다. → 동사 다(be동사) → The sky is blue.

② 일반동사 – 'be동사'와 '조동사'를 제외한 '-다'로 끝나는 모든 동사이다. 일반동사는 비교적 구분이 쉽다. 왜냐하면 이것은 눈에 바로 보이기 때문이다.

예 나는 학교에 간다. → 동사 간다. go
그는 영어를 공부한다. → 동사 공부한다. study(3인칭 단수 동사 표시는 안 한다.)
그들은 빵을 먹는다. → 동사 먹는다. eat

하지만 일반동사도 주의해야 할 것이 있다.

운동(축구, 농구 등)을 하다, 게임을 하다. ➡ 이때의 동사는 '하다'인 'do'가 아니라 'play'이다.

악기를(피아노, 기타, 피리… 등) 연주하다. ➡ 이때도 역시 연주하다는 'play'이다.

③ 조동사 + 동사 ┌─ 우리말 어순은 '동사 + 조동사' 순이지만
　　　　　　　　　　　(be동사, 일반동사)
　　　　　　　　└─ 영어는 '조동사 + 동사' 순으로 우리말과 반대이다.
　　　　　　　　　　　(be동사, 일반동사)

참고 조동사 ➡ will + 동사원형 = be going to + 동사원형 − ～할 것이다.

can + 동사원형 = be able to + 동사원형 − ～할 수 있다.

may + 동사원형 − ～해도 좋다.(된다), ～일지도 모른다.

must + 동사원형 − ～해야 한다.(= have(has) to + 동사원형),

～임에 틀림없다.

should + 동사원형 − ～해야 한다.

우리말		영어		
노래할 것이다.	➡	～할 것이다. will + 노래하다. sing	⋯	will sing
먹을 수 있다.	➡	할 수 있다. can + 먹다. eat	⋯	can eat
가도 된다.	➡	해도 된다. may + 가다. go	⋯	may go
아플지도 모른다.	➡	～일지도 모른다. may + 아프다.	⋯	may be sick
		우리말 형용사다 ➡ ～다(be동사) + 아픈		
공부해야한다.	➡	해야 한다. must + 공부하다. study	⋯	must study
아픔에 틀림없다.	➡	임에 틀림없다. + 아프다.	⋯	must be sick
사야한다.	➡	해야 한다. should + 사다. buy	⋯	should buy

01 그는 학생이다.

　　　[주어] 그는 He

　　　[동사] ～이다 is

　　　[동대] 학생 a student

　　　He is a student.

02 그들은 간호사이다.

　　　[주어] 그들은 They

　　　[동사] ～이다 are

　　　[동대] 간호사 nurses

　　　They are nurses.

03 나의 여동생은 선생님이다.

　　　[주어] 나의 여동생은 My sister

　　　　　　　　　　　　(소유격 + 명사)

　　　[동사] ～이다 is

　　　[동대] 선생님 a teacher

　　　My sister is a teacher.

04 그의 아빠는 의사이다.

　　　[주어] 그의 아빠는 His father

　　　　　　　　　　　　(소유격 + 명사)

　　　[동사] ～이다 is

　　　[동대] 의사 a doctor

　　　His father is a doctor.

05 내가 가장 좋아하는 운동은 축구이다.

　　　[주어] 내가 가장 좋아하는 운동은 My favorite sport

　　　　　　　　　　　　　　　　(소유격 + 형용사 + 명사)

　　　[동사] ～이다 is

　　　[동대] 축구 soccer

　　　My favorite sport is soccer.

　　　축구는 내가 가장 좋아하는 운동이다.

　　　[주어] 축구는 soccer

　　　[동사] ～이다 is

　　　[동대] 내가 가장 좋아하는 운동 my favorite sport

　　　Soccer is my favorite sport.

06 그의 새로운 자동차는 검은색이다.

> 주어 그의 새로운 자동차는 His new car
> 동사 ~이다 is   (소유격 + 형용사 + 명사)
> 동대 검은색 black

His new car is black.

07 이것은 그의 새로운 자동차이다.

> 주어 이것은 This
> 동사 ~이다 is
> 동대 그의 새로운 자동차 his new car

This is his new car.

08 이 책은 나의 것이다.

> 주어 이 책은 This book
> 동사 ~이다 is
> 동대 나의 것 mine

This book is mine.

09 저 인형은 그녀의 것이다.

> 주어 저 인형은 That doll
> 동사 ~이다 is
> 동대 그녀의 것 hers

That doll is hers.

10 이 새 자동차는 비싸다.

> 주어 이 새 자동차는 This new car
> 동사 ~다 (be동사) is
> 동대 (형용사) 비싼 expensive

This new car is expensive.

11 저 새 책은 재미있다.

> 주어 저 새 책은 That new book
> 동사 ~다 (be동사) is
> 동대 (형용사) 재미있는 interesting

That new book is interesting.

쓰고 말하기 쉬운 Fun English

12 나는 행복하다.

> **주어** 나는 I
>
> **동사** ~다 (be동사) am
>
> **동대** (형용사) 행복한 happy

I am happy.

13 그는 키가 크다.

> **주어** 그는 He
>
> **동사** ~다 (be동사) is
>
> **동대** (형용사) 키가 큰 tall

He is tall.

14 하늘이 파랗다.

> **주어** 하늘이 The sky
>
> **동사** ~다 (be동사) is
>
> **동대** (형용사) 파란 blue

The sky is blue.

15 저 자동차는 빠르다.

> **주어** 저 자동차는 That car
>
> **동사** ~다 (be동사) is
>
> **동대** (형용사) 빠른 fast

That car is fast.

16 나는 그녀를 좋아한다.

> **주어** 나는 I
>
> **동사** 좋아한다 (일반동사) like
>
> **동대** 그녀를 her

I like her.

17 그녀는 8시에 학교에 간다.

> **주어** 그녀는 She
>
> **동사** 간다 (일반동사) goes

주어가 3인칭 단수 – 일반동사 끝이 's, ch, sh, o, x'로 끝나면 es를 붙인다.

> **동대** (부사구) 학교에 to school / 8시에 at 8

She goes to school at 8.

> **참고** 주어가 3인칭 단수 일 경우 '17번 18번' 설명 외의 경우는 일반동사 끝에 –s를 붙인다.

18 그는 영어를 공부한다.

    [주어] 그는 He

    [동사] 공부한다 studies

    [동대] 영어를 English

> 주어가 3인칭 단수 – 동사에 es를 붙인다.
> 자음 + y ➡ y를 I로 바꾸고 es.

He studies English.

---

19 그들은 서울에 산다.

    [주어] 그들은 They

    [동사] 산다 live

    [동대] 서울에 in Seoul

They live in Seoul.

---

20 나는 내일 서울에 갈 것이다.

    [주어] 나는 I

    [조동사] ~할 것이다 will

    [동사] 가다 go

    [동대] (부사구) 서울에 to Seoul / 내일 tomorrow

I will go to Seoul tomorrow.

---

21 그녀는 피아노를 연주할 수 있다.

    [주어] 그녀는 She

    [조동사] 할 수 있다 can

    [동사] 연주하다 play

    [동대] 피아노를 the piano

She can play the piano.

---

22 너는 지금 집에 가도 된다.

    [주어] 너는 You

    [조동사] 해도 된다 (좋다) may

    [동사] 가다 go

    [동대] (부사) 집에 home / 지금 now

You may go home now.

23   그녀는 아플지도 모른다.

주어 그녀는 She

조동사 ~일지도 모른다 may

동사 ~다 (be동사) be

동대 (형용사) 아픈 sick

She may be sick.

---

24   너는 열심히 공부해야 한다.

주어 너는 You

조동사 해야 한다 must

동사 공부하다 study

동대 (부사) 열심히 hard

You must study hard.

---

25   그는 아픔에 틀림없다.

주어 그는 He

조동사 ~임에 틀림없다 must

동사 ~다 (be동사) be

동대 (형용사) 아픈 sick

He must be sick.

---

26   너는 너의 방을 매일 청소해야 한다.

주어 너는 You

조동사 해야 한다 should

동사 청소하다 clean

동대 너의 방을 your room

부사 매일 every day

You should clean your room every day.

---

*   영어를 말하는 것은 쉽다.

주어 (to 부정사 주어) 영어를 말하는 것은 To speak English

동사 ~다 (be동사) is

동대 (형용사) 쉬운 easy

To speak English is easy

= It is easy to speak English − It: 가주어 / to + 동원: 진주어

③ 동사의 대상(이하 동대) – 동사의 대상이 1개 올지 2개 올지는 이 모든 것은 '동사'에 의해서 결정되기 때문에 동사의 뜻을 정확하게 외워야 한다.

① 동사의 대상을 1개 오게 하는 동사 – 대부분의 동사가 이에 해당한다.

• 주어 + 동사/동사의 대상(이하 동대)

명사	→	He is a doctor. 그는 의사이다.
대명사	→	I like her. 나는 그녀를 좋아한다.
형용사	→	He is tall. 그는 키가 크다.
부사	→	She runs fast. 그녀는 빨리 달린다.
현재분사	→	We are eating lunch. 우리는 점심을 먹고 있다.
과거분사	→	I am tired. 나는 피곤하다.
to부정사 (to + 동사원형)	→	I want to eat pizza. 나는 피자 먹기를 원한다.
동명사 (동사원형 + ~ing)	→	She enjoys playing the piano. 그녀는 피아노 치는 것을 즐긴다.
구 (형용사구, 부사구)	→	They are in the room. 그들은 방 안에 있다. ← 부사구
절	→	I think that she is honest. 나는 그녀가 정직하다고 생각한다.

└ 즉 동사의 대상은 무엇이든지 가능하다.

참고 동사의 대상 중 '명사, 대명사, 형용사, 부사, 구(형용사구, 부사구)'는 이 책에서 설명할 것이다. '현재분사, 과거분사'는 분사 편에서 설명할 예정이다. 'to부정사, 동명사, 절'은 일반 동사 편에서 설명할 예정이다.

② 동사의 대상을 2개(주된 것) 오게 하는 동사 – '일반동사' 편에서 설명할 것이다.

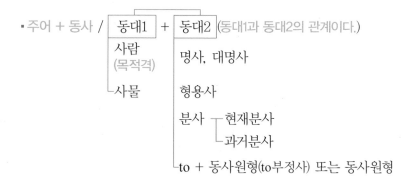

• 주어 + 동사 / 동대1 + 동대2 (동대1과 동대2의 관계이다.)

동대1 ─ 사람(목적격)
      └ 사물

동대2 ─ 명사, 대명사
       형용사
       분사 ─ 현재분사
            └ 과거분사
       to + 동사원형(to부정사) 또는 동사원형

※ 동사의 대상

┌ • 주(主) 된 것 – 명사(대명사), 형용사
│   참고 명사의 확장 – to부정사의 명사용법, 동명사, 명사절
└ • 부가적인 것 – "장소, 방법, 시간(이하 장방시 또는 방장시), 목적…등'을
             의미하는 부사나 부사구

참고 여기서는 동사의 대상이 1개인 경우에 집중하기 바란다. 동사의 대상이 2개 오는 경우를 여기서 설명한 이유는 '동대1 + 동대2'가 어떻게 이루어져 있는지 한번 보여주기 위함이다. 따라서 가볍게 한번 읽어보고 넘기길 바란다. 동사의 대상을 2개 오게 하는 동사는 일반동사 편에서 자세하게 설명한다.

참고 동대1에 인칭대명사가 올 경우 반드시 목적격이어야 한다.

설명
① 동사의 대상에 무엇이 올지는 동사의 뜻을 잘 생각해 보면 된다. 예를 들어 '동사 eat(먹다)'의 대상은 eat 다음에 '무엇을' 먹는지가 와야 한다는 것이다.

② 동사의 대상이 1개 올지 2개 올지는 동사의 뜻에 따라서 결정되기 때문에 동사의 뜻을 정확하게 외워야 한다.

또한 어떠한 자리는 형용사가 오고 / 어떻게 자리는 부사가 온다는 것도 기억해 두기 바란다.

am			무엇
are	~이다.	→	어떠한(형용사)
is	~있다.	→	어디에
sing	노래하다.	→	어떻게(부사)
	~을 부르다.	→	무엇을
look	~하게 보이다.	→	어떠한(형용사)
	~을 보다. (look at)	→	무엇을
become	~이 되다.	→	무엇이
play	놀다.	→	어디에서, 함께, ~을 가지고
	(악기를)연주하다.	→	악기를
	(게임, 스포츠 경기를)하다.	→	게임을, 스포츠 경기를 (축구, 배구, 야구, 농구… 등)
go	가다.	→	어디에, 함께
eat	~을 먹다.	→	무엇을
like	좋아하다.	→	무엇을, 누구를
want	~을 원하다.	→	무엇을
enjoy	즐기다.	→	무엇을
teach	~을 가르치다.	→	무엇을 — 동사의 대상이 1개
	누구에게 ~을 가르치다. 동대1　동대2	→	누구에게 + 무엇을 — 동사의 대상이 2개 동대1　　동대2
see	~을 보다	→	누구를, 무엇을 — 동사의 대상이 1개
	누가 ~하는 것을 보다. 동대1　동대2	→	누가 + 동작 — 동사의 대상이 2개 동대1　동대2
give	누구에게 ~을 주다. 동대1　동대2	→	누구에게 + 무엇을 — 동사의 대상이 2개 동대1　　동대2
think of	~을(를) 생각하다.	→	누구, 무엇
think about	~에 대해 생각하다.	→	누구, 무엇　동사의 대상이 1개
think that절	~(that절)라고 생각하다.		

동대('that 주어 +동사'를 that절이라고 한다.) — that절은 일반동사 편에서 배운다.

쓰고 말하기 쉬운 Fun English

make	～을 만들다.	→	무엇을 — 동사의 대상이 1개
	누구에게 ～을 만들어 주다.	→	누구에게 + 무엇을
	_{동대1}　_{동대2}		_{동대1}　　　_{동대2}

make　～을 만들다.　　　　　　→　무엇을 — 동사의 대상이 1개

누구에게 ～을 만들어 주다.　→　누구에게 + 무엇을
　동대1　동대2　　　　　　　　　　동대1　　　동대2

누구를～ 로 만들다.　　　　　→　누구를 + 무엇
　동대1　동대2　　　　　　　　　　동대1　　동대2

누구를 ～하게 만든다(한다).　→　누구 + 어떠한(형용사)
　동대1　동대2　　　　　　　　　　동대1　　　동대2
　　　└ 【주의】 '～하게'라고 해서 부사를 사용하면 안 된다.

누가(누구에게) ～하도록 시키다(하다).　→　누가 + 동작(동사원형)
　동대1　　　　동대2　　　　　　　　　　동대1　　동대2

동사의 대상이 2개

… 등

【결론】

① 영어는 동사에 의해 모든 것이 결정되기 때문에 동사의 뜻을 정확하게 외우길 바란다.

② 영어는 동사가 없으면 영어가 아님을 명심하라. 동사 없는 영어는 존재할 수 없다.

【예문】

영어의 핵심 – 주어 + 동사/동대(동사의 대상)

주어 :
동사 :
동대 :

주어 :
동사 :
동대1 :
동대2 :

01　be동사　◆ ～이다.　・무엇

동대

・어떠한(형용사)

그는 학생이다.
【주어】 그는 He
【동사】 ～이다 is
【동대】 (무엇) 학생 a student
He is a student.

그는 친절하다.
【주어】 그는 He
【동사】 ～이다 is
【동대】 (어떠한) 친절한 kind
He is kind.

	◆ ～있다.	▪ 어디에	그는 방 안에 있다.

◆ ～있다. · 어디에
　　동대

그는 방 안에 있다.

주어 그는 He

동사 ～있다 is

동대 (어디에) 방안에 in the room

He is in the room.

---

02 look

◆ ～하게 보인다. · 어떠한(형용사)
　　동대

그녀는 젊게 보인다.

주어 그녀는 She

동사 ～하게 보인다 looks

동대 (어떠한) 젊은 young

She looks young.

◆ ～을 보다. · 누구를
　　동대

그녀는 나를 본다.

주어 그녀는 She

동사 ～을 본다 looks at

동대 (누구를) 나를 me

She looks at me.

---

03 became

◆ ～되었다. · 무엇이
　　동대

나는 선생님이 되었다.

주어 나는 I

동사 되었다 became

동대 (무엇이) 선생님이 a teacher

I became a teacher.

---

04 play

◆ 논다. · 어디에서
　　동대

그는 운동장에서 논다.

주어 그는 He

동사 논다 plays

동대 (어디에서) 운동장에서
　　　　in the playground

He plays in the playground.

◆ 논다. · 함께(가지고)
　　동대

그녀는 개와 함께(인형을 가지고) 논다.

주어 그녀는 She

동사 논다 plays

동대 (부사구) 개와 함께 with her dog
　　　　인형을 가지고 with a doll

She plays with her dog.
She plays with a doll.

◆ 연주하다.　•악기를

동대

그녀는 피아노를 연주한다.

주어 그녀는　She

동사 연주한다　plays

동대 피아노를　the piano

She plays the piano.

◆ (게임을)하다.　•게임을

동대

그들은 컴퓨터게임을 한다.

주어 그들은　They

동사 (게임을)한다　play

동대 컴퓨터 게임을　computer games

They play computer games.

◆ (스포츠 경기를)하다.　•경기를

동대

그는 축구를 한다.

주어 그는　He

동사 한다　plays

동대 (무엇을) 축구를　soccer

He plays soccer.

◆ (스포츠 경기를)하다.　•경기를 + 누구

동대

그는 친구들과 함께 축구를 한다.

주어 그는　He

동사 한다　plays

동대 (무엇을) 축구를　soccer

부사구 친구들과 함께　with his friends

He plays soccer with his friends.

05 go　◆ 간다.　•어디에

동대

그들은 학교에 간다.

주어 그들은　They

동사 간다　go

동대 (어디에) 학교에　to school

They go to school.

06 eat　◆ 먹는다.　•무엇을

동대

나는 피자를 먹는다.

주어 나는　I

동사 먹는다　eat

동대 (무엇) 피자를　pizza

I eat pizza.

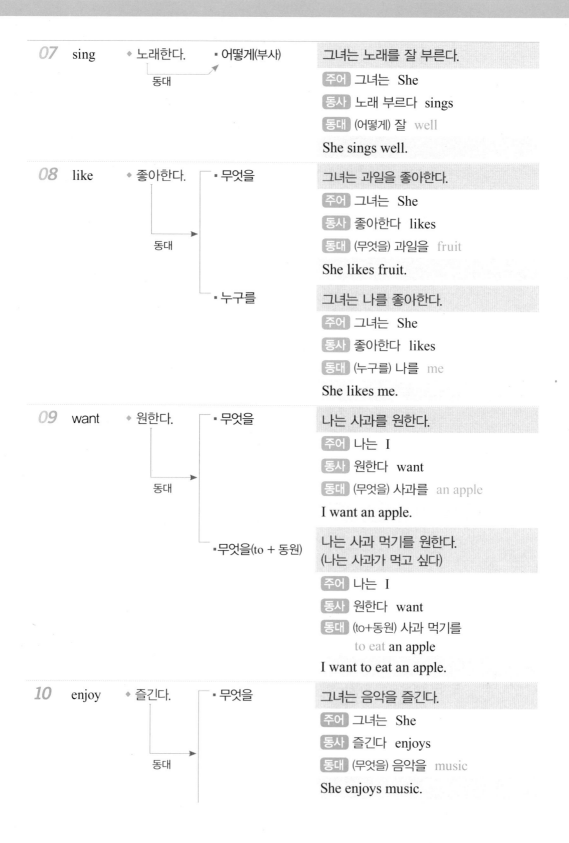

07   sing   ◆ 노래한다.   ▪ 어떻게(부사)

동대

그녀는 노래를 잘 부른다.

주어 그녀는 She
동사 노래 부르다 sings
동대 (어떻게) 잘 well

She sings well.

08   like   ◆ 좋아한다.   ▪ 무엇을

동대

그녀는 과일을 좋아한다.

주어 그녀는 She
동사 좋아한다 likes
동대 (무엇을) 과일을 fruit

She likes fruit.

▪ 누구를

그녀는 나를 좋아한다.

주어 그녀는 She
동사 좋아한다 likes
동대 (누구를) 나를 me

She likes me.

09   want   ◆ 원한다.   ▪ 무엇을

동대

나는 사과를 원한다.

주어 나는 I
동사 원한다 want
동대 (무엇을) 사과를 an apple

I want an apple.

▪ 무엇을(to + 동원)

나는 사과 먹기를 원한다.
(나는 사과가 먹고 싶다)

주어 나는 I
동사 원한다 want
동대 (to+동원) 사과 먹기를
to eat an apple

I want to eat an apple.

10   enjoy   ◆ 즐긴다.   ▪ 무엇을

동대

그녀는 음악을 즐긴다.

주어 그녀는 She
동사 즐긴다 enjoys
동대 (무엇을) 음악을 music

She enjoys music.

┗ ▪ 무엇을
 (동명사(동사 + ing))

그녀는 음악을 듣는 것을 즐긴다.

주어 그녀는 She

동사 즐긴다 enjoys

동대 (동명사 – 동사 + ing) 음악을 듣는 것을
listening to music

She enjoys listening to music.

---

11 teach ◆ 가르치다. ▪ 무엇을
          동대

나는 영어를 가르친다.

주어 나는 I

동사 가르친다 teach

동대 (무엇을) 영어를 English

I teach English.

◆ 누구에게 ~을 가르치다. ┐ 동대
  동대1   동대2
          ▪ 누구에게 + 무엇을
          동대1   동대2

참고 동대1의 인칭대명사는 '목적격'이다.

나는 그녀에게 영어를 가르친다.

주어 나는 I

동사 가르친다 teach

동대1 (누구) 그녀에게 her

동대2 (무엇을) 영어를 English

I teach her English.

---

12 see ◆ ~을 보다. ▪ 무엇을
         동대

나는 영화를 본다.

주어 나는 I

동사 본다 see

동대 (무엇을) 영화를 a movie

I see a movie

◆ 누가 ~하는 것을 보다. ┐ 동대
  동대1   동대2
          ▪ 누가 + 동작

나는 그녀가 공원에서 달리는 것을 보았다.

주어 나는 I

동사 보았다 saw

동대1 (누가) 그녀가 her

동대2 (원형부정사) 달리는 것을 run

부사구 공원에서 in the park

I saw her run in the park.

13　give　◆ 누구에게 ~을 주다.　┐동대

　　　　　　　　동대1　동대2

　　　　　　　　　　・누구에게 + 무엇을

그는 그녀에게 꽃을 주었다.

　[주어] 그는　He
　[동사] 주었다　gave
　[동대1] (누구) 그녀에게　her
　[동대2] (무엇을) 꽃을　a flower
　He gave her a flower.

14　think of　◆ ~을(를) 생각하다.　┐동대

　　　　　　　　　　・누구를(무엇을)

나는 항상 너를 생각한다.

　[주어] 나는　I
　[빈도부사] 항상　always – 일반동사 앞
　　　　　　　　　all the time (부사구) 문장 끝
　[동사] ~를 생각하다　think of
　[동대] (누구를) 너를　you
　I always think of you.
　= I think of you all the time.

think about　◆ ~에 대하여 생각하다.　┐동대

　　　　　　　　　　・누구(무엇) ◄

나는 나의 미래에 대해 생각한다.

　[주어] 나는　I
　[동사] ~에 대해 생각하다　think about
　[동대] (무엇을) 나의 미래　my future
　I think about my future.

think that　◆ ~(that절)라고 생각하다.　┐동대

　　　　　　　　　　・that절 ◄

　　　　('that + 주어 + 동사'를 that절이라고 한다.)

나는 그가 좋은 선생님이라고 생각한다.
　　　　　that절 – that +주어+동사

　[주어] 나는　I
　[동사] 생각한다　think
　[동대] (that절) 그가 좋은 선생님이라고
　　　　　that he is a good teacher
　그는 좋은 선생님이다.
　[주어] 그는　He
　[동사] ~이다　is
　[동대] (무엇) 좋은 선생님　a good teacher
　I think that he is a good teacher.
　　　　　└ that 생략 가능

나는 그가 정직하다고 생각한다.
that절 – that + 주어 + 동사

주어 나는 I
동사 생각한다 think
동대 (that절) 그가 정직하다고
　　　 that he is honest
그는 정직하다.
주어 그는 He
동사 ~이다 is
동대 (어떠한) 정직한 honest

I think that he is honest.
　　　　　└ that 생략 가능

---

15 make　◆ 만든다.　·무엇을
　　　　　　　└ 동대 ┘

그녀는 드레스를 만든다.

주어 그녀는 She
동사 만든다 makes
동대 (무엇을) 드레스를 a dress
She makes a dress.

◆ 누구에게 ~을/를 만들어 주다. **동대**
　 동대1　　동대2
　　　·누구에게 + 무엇을

그녀는 나에게 드레스를 만들어주었다.

주어 그녀는 She
동사 만들어주었다 made
동대1 (누구) 나에게 me
동대2 (무엇) 드레스를 a dress
She made me a dress.

◆ 누구를 ~로 만들다. **동대**
　 동대1　　동대2
　　　·누구를 + 무엇

그녀는 나를 선생님으로 만들었다.

주어 그녀는 She
동사 만들었다 made
동대1 (누구) 나를 me
동대2 (무엇) 선생님으로 a teacher
She made me a teacher.

◆ 누구를 ∼하게 만든다. ┌─ 동대
　　동대1　동대2　　• 누구를 + 어떠한

그녀는 나를 행복하게 만든다.(한다.)

[주어] 그녀는　She

[동사] 만든다　makes

[동대1] (누구) 나를　me

[동대2] (형용사) 행복한　happy

She makes me happy.

◆ 누가 ∼하도록 하다. ┌─ 동대
　　동대1　동대2　　• 누가 + 동작

그녀는 내가 그곳에 가도록 했다.

[주어] 그녀는　She

[동사] 하도록 하다　made

[동대1] (누가) 내가　me

[동대2] (원형부정사) 가도록　go

[부사(구)] 그곳에　there

She made me go there.

…등

결론▶

① 위 예문에서 보듯 동사의 대상으로 주된 것이든 부가적인 것이든 한 개 올 경우 영어의 핵심인 '주어 + 동사'를 쓰고 동사 뒤에 동사의 대상(한 개)을 써주면 된다.

② 동사의 대상으로 '주된 것 + 부가적인 것'일 경우
　– 우리말 '을, 를'에 해당하는 단어가 있을 경우 '주어 + 동사'를 쓰고 그다음 '을, 를'에 해당하는 단어를 먼저 쓰고 나머지를 써 주면 된다.
　예 동사 play – 그는 친구와 함께 축구를 한다.　He plays soccer with his friends.

더 자세한 것은 부사 편에 있습니다. ◑ 196쪽 '부사' 편을 먼저보세요.

③ 동대2에 주된 것인 '명사(대명사), 형용사, to부정사(원형 부정사)'를 오게 하는 동사는 이 역시 '주어 + 동사'를 쓴 다음 ① ⋯ ② 어순으로 써 주면 된다.

예 누구에게 ~을 주다.(동사 - give)　　누구를 ~로 만들다.(동사 - make)
　　　① 　　② 　동사　　　　　① 　② 　　동사
　　　(동대①이 인칭대명사일 경우 반드시 목적격이어야 한다.)

참고 예문에서 보는 것과 같이 동사의 대상이 1개 올지 2개(주된 것) 올지는 동사의 뜻에 따라서 달라지기 때문에 동사의 뜻을 정확하게 외워야 한다.

이상으로 동사의 대상에 대해 알아보았다. 다시 한 번 말하지만 여기서는 동사의 대상이 1개인 경우에 집중하기 바란다. 동사의 대상이 2개(동대1 + 동대2)인 경우는 그냥 한번 참고사항으로 읽어 보기 바란다. 일반 동사 편에서 다시 설명한다.

3
각 품사의
자리와 종류

각 품사의 자리

단어를 외울 경우 단어의 품사가(명사인지, 동사인지, 형용사인지, 부사인지) 무엇인지 정확하게 구분해서 외우자. 왜냐고?? 단어는 자기가 가야 할 자리가 정해져 있기 때문이다.

☀ 영어의 핵심 – 주어 · 동사/동대
　　　　　　　 (은는이가) (~다)

(1) 명사(대명사) – ① 주어 자리에 온다.

　　　　　　　　 ② 동사의 대상 – 동사 뒤에 와서 주어나 동대1을 설명한다.

(2) 동사 – 동사 자리에 온다. ← 유일한 자리이다.

(3) 조동사 – 동사 앞에 온다. – 조동사 + 동사원형(이하 동원) ← 유일한 자리이다.

　　　　　　　 참고 동사원형 – 동사의 원래 형태

(4) 형용사 – ① 형용사가 명사를 수식할 경우 – **명사 앞에서 수식한다.**

　　　　　형용사 + 명사
　　　　　　└───→

　　　　　② 동사의 대상 – 동사 뒤에 와서 주어를 설명한다.

　　　　　주어 + 동사 + 형용사

(5) 부사 – 부사는 **동사, 형용사, 부사, 문장 전체를 수식하는 단어이다.**

　　　　　① 동사를 수식할 경우 – 동사 앞이나 뒤, 문장 끝에 온다.
　　　　　② 강조부사가 형용사, 부사를 수식할 경우 – 형용사, 부사 앞에 온다.
　　　　　③ 문장 전체를 수식할 경우 – 문장 맨 앞에 온다.(강조의 느낌)

여러 부사 중 '빈도부사'는 be동사나 조동사 뒤, 일반 동사 앞에 온다.
'비조뒤 일앞'으로 외우자!

(6) 구 자리 (주로 "전치사 + 명사(대명사)")

'구'가 형용사처럼 쓰여 명사를 수식할 경우 '명사 뒤'에서 수식한다. 이를 '형용사구'라고 한다.
'구'가 부사처럼 쓰여 '동사, 형용사, 부사'를 수식할 경우 '동사, 형용사, 부사' 뒤에 와서 이들
을 수식한다. 이를 '부사구'라고 한다.

다시 한 번 말하지만, 단어를 외울 경우
단어의 품사가 '명사인지, 동사인지, 형용사인지, 부사인지' 정확하
게 구분해서 외우자.
왜냐고? 단어는 자기가 가야 할 자리가 정해져 있기 때문이다.

Ⓐ 명사(名詞)

사람, 사물, 장소 등… 눈에 보이든 보이지 않던 이 세상의 모든 이름(名-이름 명)을 나타내
는 단어이다. 그럼 어떤 것들이 있는지 알아보자!

이수빈, 문예진, 이수민, 소년, 소녀, 책 ,책상, 가방, 연필, 학교, 병원, 공원, 가족, 사람들,
태양, 지구, 달, 하늘, 서울, 미국, 중국, 사랑, 평화, 희망, 물, 주스, 커피, 돈, 빵… 등 수없이
많은 이름이 있다.

이게 바로 명사(名詞) 이다. 그런데 왜??? 명사를 공부하지!??? 왜 왜? 명사는 주어자리와 동
사의 대상으로 사용하기 위해서이다.

중요 ▶ 우리말에 명사라는 말이 들어가면 무조건 주어자리나 동대자리에 사용된다.

예 • 명사, 대명사
  • 명사구(to부정사, 동명사) ─┐
  • 동명사   ├ (나중에 배운다.)
  • 명사절   ─┘

※ 명사는 셀 수 있는 것과 셀 수 없는 것이 있다.

• 셀 수 있는 명사 – 한 개(한사람), 두 개(두 사람), 세 개(세 사람)…등 셀 수 있는 것이다.

(1) 셀 수 있는 명사의 특징

a, an(하나의)을 붙일 수 있고 "−s/−es"로 복수(∼들)가 가능하다.
수사로(one, two, three…) 수식할 수 있다.

= 셀 수 있는 명사가 한 개(한사람)인 것을 단수라고 하고 '한 개, 한사람'을 표현할 경우 명사 앞에 'a, an'을 붙인다. 명사의 첫 알파벳이 자음으로 발음되면 'a'를 모음으로 발음되면 'an'을 붙인다.
셀 수 있는 명사가 두 개(두 사람) 이상인 것을 복수라고 하고 명사 뒤에 "−s나 −es"를 붙인다.

예 • 책 book ⋯ 책(한 권) a book   책들(여러 권) books   책 두 권 two books
  • 사과 apple ⋯ 사과(한 개) an apple   사과들(여러 개) apples   사과 세 개 three apples
  • 소년 boy ⋯ 소년(한 명) a boy   소년들 boys   세 소년들 three boys
  • 소녀 girl ⋯ 소녀(한 명) a girl   소녀들 girls   다섯 명의 소녀들 five girls

(2) 셀 수 있는 명사의 복수형 만드는 방법

① 규칙 – 명사 뒤에 −s 나 −es를 붙인다.(우리말 '−들'에 해당한다.)

▶ 대부분의 명사 뒤에 −s를 붙인다.

▪ cat 고양이 ⋯▸ cats	▪ book 책 ⋯▸ books	▪ egg 계란 ⋯▸ eggs	▪ chair 의자 ⋯▸ chairs

▶ 단어 끝이 '−s, −ch, −sh, −x'로 끝나면 −es를 붙인다. [발음−이즈]

▪ bus 버스 ⋯▸ buses	▪ class 수업 ⋯▸ classes	▪ watch 손목시계 ⋯▸ watches
▪ dish 접시 ⋯▸ dishes	▪ box 상자 ⋯▸ boxes	

▶ 단어의 끝이 '자음 + o'로 끝나면 −es를 붙이고 '모음 + o'로 끝나면 −s를 붙인다. [발음−즈]

▪ 자음 + O ➡	▪ potato 감자 ⋯▸ potatoes	▪ tomato 토마토 ⋯▸ tomatoes
	▪ hero 영웅 ⋯▸ heroes	▪ volcano 화산 ⋯▸ volcanoes
▪ 모음 + O ➡	▪ zoo 동물원 ⋯▸ zoos	▪ radio 라디오 ⋯▸ radios ▪ video 비디오 ⋯▸ videos

* 예외 '자음 + o'이라도 s만 붙인다.

    ▪ piano 피아노 ⋯▸ pianos   ▪ photo 사진 ⋯▸ photos   ▪ cello 첼로 ⋯▸ cellos

▶ 단어의 끝이 '자음 + y'로 끝나는 경우 −y를 i로 바꾸고 −es를 붙인다. [발음−즈]

▪ baby 아기 ⋯▸ babies	▪ city 도시 ⋯▸ cities	▪ fly 파리 ⋯▸ flies

* '모음+y'는 −s만 붙인다.

    ▪ boy 소년 ⋯▸ boys   ▪ toy 장난감 ⋯▸ toys   ▪ monkey 원숭이 ⋯▸ monkeys
    ▪ key 열쇠 ⋯▸ keys

▶ 단어의 끝이 'f나 fe'로 끝나는 경우 '−f나 fe'를 v로 바꾸고 −es를 붙인다. [발음−브즈]

▪ wolf 늑대 ⋯▸ wolves	▪ wife 아내 ⋯▸ wives	▪ knife 칼 ⋯▸ knives
▪ leaf 나뭇잎 ⋯▸ leaves	▪ life 삶, 인생, 생활 ⋯▸ lives	

* 예외 'f나 fe'로 끝날지라도 −s만 붙인다.

    ▪ roof 지붕 ⋯▸ roofs   ▪ safe 금고 ⋯▸ safes   ▪ proof 증거 ⋯▸ proofs

참고 −s, −es 의 발음

- 단어 끝 발음이 무성음 뒤 − (p, f, t, k) + s ➡ [s − 스]
- 단어 끝 발음이 유성음이나 모음 발음 뒤 − (b, d, g, l, m, n …) + s ➡ [z − 즈]
- 단어 끝 발음이 − (s, z, ʃ[쉬], ʤ[쥐], ʧ[취]) 뒤 ➡ [iz − 이즈]

예
- book ···➤ books [s]
- cat ···➤ cats [s]
- desk ···➤ desks [s]
- boy ···➤ boys [z]
- dog ···➤ dogs [z]
- bed ···➤ beds [z]
- apple ···➤ apples [z]
- dish ···➤ dishes [iz]
- glass ···➤ glasses [iz]
- watch ···➤ watches [iz]

▸ 항상 복수 − 짝을 이루는 명사

· glasses 안경	· shoes 신발	· socks 양말
· pants 바지	· gloves 장갑	· chopsticks 젓가락

▸ 단수, 복수 모양이 같은 경우

· deer 사슴 ···➤ deer	· fish 물고기 ···➤ fish	· sheep 양 ···➤ sheep

② 불규칙 − 복수형 모양이 완전히 다르다.

· man 남자 ···➤ men	· woman 여자 ···➤ women (위민)	· foot 발 ···➤ feet 양발
· tooth 이, 치아 ···➤ teeth	· goose 거위 ···➤ geese	· ox 소 ···➤ oxen
· child 어린이 ···➤ children	· mouse 쥐 ···➤ mice	
· this 이것. 이사람 ···➤ these	· that 저것, 저사람 ···➤ those	

- 셀 수 없는 명사 − 한 개(한 사람), 두 개(두 사람) …등으로 셀 수 없는 것이다.

(1) 셀 수 없는 명사의 특징

원칙 ㉠ 셀 수 없기 때문에 'a, an'을 붙일 수 없고 복수가(−s, −es) 불가능하다.

㉡ 수사(one, two, three…)로 직접 수식할 수 없다.

예 • 빵 a bread (X)　　　　breads (X)　　　two breads (X)

예외 셀 수 없는 명사를 보통명사화할 경우 "a, an, 복수, 수사"가 가능하다.

① 사람 이름, 나라 이름, 도시 이름, 월(月), 언어…등 ← 첫 글자 항상 대문자.

• 사람이름 →	• 탐(남자) Tom	• 제인(여자) Jane	• 이수빈 Lee soo-bin	
• 나라(도시)이름 →	• 한국 Korea	• 일본 Japan	• 런던 London	• 서울 Seoul
	• 뉴욕 New York			
• 월 →	• 1월 January	• 3월 March	• 5월 May	
• 언어 →	• 한국어 Korean	• 미국어 American	• 중국어 Chinese	
	• 일본어 Japanese			

참고 '한국인, 미국인, 중국인, 일본인'의 뜻일 경우 셀 수 있다.

② 나누어도 형태가 그대로 인 것 – 고체, 액체, 기체

• 고체 →	• 소금 salt	• 설탕 sugar	• 밀가루 flour	• 빵 bread
	• 고기 meat	• 쌀, 밥 rice	• 머리카락 hair	• 닭고기 chicken
	• 종이 paper	• 금 gold	• 케이크 cake	• 피자 pizza
	• 치즈 cheese …등			

참고 '케이크, 피자' – 조각으로 되기 전 완전한 한판이면 셀 수 있다. 하지만 조각으로 나누면 셀 수 없다. 따라서 단위명사나 용기로 센다. ○ 43쪽 ⑵번 참고
머리카락 한 개, 동물인 닭, 신문이나 논문의 뜻일 경우 셀 수 있다.

예 • a cake 통 케이크 하나, two cakes 통 케이크 두 개　→ a piece of cake 케이크 한 조각
　　 • a pizza 피자 한판, two pizzas 피자 두 판　　　　→ a piece of pizza 피자 한 조각
　　 • 머리카락 한 개 a hair, 닭 두 마리 two chickens　• 신문, 논문 a paper

나는 케이크(피자)를 먹었다. I ate cake.(pizza.) ← 이때의 케이크(피자)는 한판을 통째로 먹는 것이 아니라 조각으로 먹는 것으로 봐서 셀 수 없다.

· 액체	➡	· 우유 milk	· 비 rain	· 눈 snow	· 물 water
		· 콜라 coke	· 수프 soup	· 커피 coffee	· 맥주 beer
		· 주스 juice	· 차(음료) tea	· 소다 soda …등	

참고 음료인 'water, coke, coffee, beer, juice, tea, soda… 등'은 구어(회화)체에서 셀 수 있는 명사로 사용한다.

예 · a water 물 한잔 또는 물 한 병　 · a coffee 커피 한 잔　 · two coffees 커피 두 잔
· two cokes 콜라 두 개　　　　· two orange juices 오렌지 주스 두 개

참고 수프(soup) – 수프의 종류를 의미할 땐 셀 수 있다. ⊙ (사전 참고)

| · 기체 | ➡ | · 공기 air | · 가스 gas | · 바람 wind | · 연기 smoke …등 |

③ 눈에 보이지 않는 생각이나 개념 / 운동 명, 과목 명, 식사 명

· 생각, 개념	➡	· 사랑 love	· 평화 peace	· 정보 information
		· 뉴스 news	· 우정 friendship	· 숙제 homework
		· 충고 advice	· 날씨 weather	
· 운동명	➡	· 축구 soccer	· 배구 basketball	· 야구 baseball
		· 테니스 tennis	· 골프 golf	
· 과목명	➡	· 영어 English	· 수학 math	· 음악 music
		· 미술 art	· 과학 science	· 역사 history
		· 사회 social studies		
· 식사명	➡	· 아침식사 breakfast	· 점심식사 lunch	· 저녁식사 dinner

참고 식사명 앞에 형용사가 있을 경우 a 가능 – a good dinner(lunch)

④ 총칭을 나타내는 단어는 셀 수 없지만 그것을 구성하는 개개의 것은 셀 수 있다.

참고 총칭: 여러 가지 다른 것들을 모아 한 단어로 말하는 것.
사과, 배, 바나나, 귤, 수박, 참외, 멜론 …등 이들을 한마디로 과일(총칭)이라고 부른다.

개개 구성물 – 단수 복수가 가능	총칭 – 셀 수 없다
• 달러 dollar, 지폐 bill, 센트 cent, 동전 coin 등 **예** two dollars 2달러, 25 cents 25센트, 동전들 coins	→ 돈 money
• 사과 an apple, 배 a pear, 바나나 a banana **예** two apples 사과 두 개, two bananas 바나나 두 개	→ 과일 fruit
• 책상 a desk, 의자 a chair, 침대 a bed **예** three desks 책상 3개, desks 책상들	→ 가구 furniture
• 편지 a letter, 엽서 a postcard, 이메일 an e-mail 메시지 a message, 문자메시지 a text message	→ 우편(물) mail
• 드레스 a dress, 치마 a skirt, 재킷 a jacket 스웨터 a sweater ⋯▸ 복수 sweaters	→ 의류 clothing

• 개개의 음식(마시거나 먹는 것 – 너무 많다.) – 셀 수 있는 것과 셀 수 없는 것이 있다.

셀 수 있는 것	셀 수 없는 것 **○** 41쪽 ②번 참고	
캔디 candy 햄버거 hamburger 샌드위치 sandwich 쿠키 cookie …등	빵 bread 물 water 쌀 rice 닭고기 chicken …등	→ 음식 food

참고 총칭을 의미하는 animal 동물, flower 꽃, vegetable 야채, 채소 등은 셀 수 있다.
fruit, food – 과일의 종류, 음식의 종류를 의미할 땐 셀 수 있다. **○** (사전 참고)

(2) 셀 수 없는 명사의 수량표시 – 단위명사나 용기로 표현한다.

한 개		두 개 이상 – a를 기수(숫자)로 바꾸고 단위나 용기를 복수로 한다.	
a cup of	coffee 커피 한 잔 tea 차 한 잔	→ two cups of coffee 커피 두 잔 three cups of tea 차 세 잔	**비교** cup 주로 따뜻한 음료
a glass of	milk 우유 한 잔 water 물 한잔 juice 주스 한잔	→ two glasses of milk 우유 두 잔 two glasses of water 물 두 잔 two glasses of juice 주스 두 잔	glass 주로 차가운 음료

a bottle of	water 물 한 병 juice 주스 한 병 beer 맥주 한 병	→	three bottles of water 물 세 병 two bottles of juice 주스 두 병 four bottles of beer 맥주 네 병
a slice of (얇게 썬)	bread 빵 한 조각 pizza 피자 한 조각 cheese 치즈 한 조각 cake 케익 한 조각	→	two slices of bread 빵 두 조각 five slices of pizza 피자 다섯 조각 three slices of cheese 치즈 세 조각 two slices of cake 케익 두 조각
a piece of (slice보다 더 큼)	bread 빵 한 조각 pizza 피자 한 조각 cake 케익 한 조각	→	three pieces of bread 빵 세 조각 three pieces of pizza 피자 세 조각 two pieces of cake 케익 두 조각
a piece of	advice 한마디 충고 information 한편의 정보	→	two pieces of advice 두 가지 충고 two pieces of information 두 편의 정보
a bowl of	rice 밥 한 공기 soup 수프 한 그릇	→	two bowls of rice 밥 두 공기 two bowls of soup 수프 두 그릇
a loaf of	bread 빵 한 덩어리	→	two loaves of bread 빵 두 덩어리
a sheet of	paper 종이 한 장	→	three sheets of paper 종이 세 장
a bag of (부대, 봉지)	rice 쌀 한 부대, 한 봉지 sugar 설탕 한 부대, 한 봉지 flour 밀가루 한 부대, 한 봉지	→	two bags of rice 쌀 두 부대, 두 봉지 three bags of sugar 설탕 두 부대, 두 봉지 four bags of flour 밀가루 네 부대, 네 봉지
a can of	coke 콜라 한 캔 beer 맥주 한 캔	→	five cans of coke 콜라 다섯 캔 two cans of beer 맥주 두 캔

···등

참고 book, desk → 책과 책상은 과연 몇 개일까?

아마도 여러분 모두는 **한** 개라고 대답했을 것이다. → 틀렸다.

명사가 몇 개인지 정보를 주는 것은 'a, an(한 개) 또는 -s, -es(여러 개)'이다. 따라서
셀 수 있는 명사 앞에 'a, an' 또는 명사 뒤에 '-s, -es'를 붙여 몇 개인지를 표시해 주어야 한다.

- book ⋯ a book 책(한 권)
- desk ⋯ a desk 책상(하나)
- car ⋯ a car 차(하나)
- watch ⋯ a watch 시계(하나)

books 책 여러 권(두 권 이상)
desks 책상 여러 개(두 개 이상)
cars 차 여러 개(두 대 이상)
watches 시계 여러 개(두 개 이상)

⋯등

실전 Test

> **1** 다음 단어의 단수와 복수형을 쓰시오.

정답 p.53

	한글	단수	복수
1	사과 apple		
2	고양이 cat		
3	책 book		
4	계란 egg		
5	학생 student		
6	손목시계 watch		
7	개 dog		
8	가방 bag		
9	물고기 fish		
10	장난감 toy		
11	도시 city		

한글	단수	복수
12 소년 boy		
13 버스 bus		
14 자동차 car		
15 사슴 deer		
16 상자 box		
17 지우개 eraser		
18 컴퓨터 computer		
19 늑대 wolf		
20 꽃 flower		
21 인형 doll		
22 침대 bed		
23 오렌지 orange		
24 여자 woman		
25 아기 baby		
26 아이 child		

쓰고 말하기 쉬운 Fun English

27	동물원 zoo		
28	피아노 piano		
29	남자 man		
30	의사 doctor		

≫ **2** 다음 셀 수 없는 명사를 영어로 쓰시오.　　　　정답 p.53

1 서울, 한국

2 영어, 수학

3 축구, 야구

4 케이크

5 커피

6 종이

7 정보

8 치즈

9 돈

10 음악

11 비, 눈

12 음식

13 우유

14 공기

15 물

16 3월

17 제인

18 숙제

19 빵

20 과일

21 수프

22 한국어

쓰고 말하기 쉬운 Fun English

23 소금	24 쌀, 밥

25 중국	26 고기, 닭고기

27 아침(점심, 저녁)식사	28 머리카락

29 피자	30 주스, 차(음료)

실전 Test

>>> **3** 다음 우리말을 영어로 쓰시오.

정답 p.53

1 커피 한 잔 →

2 커피 세 잔 →

3 물 한 병 →

4 물 한 잔 →

각 품사의 자리와 종류

5	물 두 병	→	

6	물 세 잔	→	

7	피자 한 조각 (piece)	→	

8	피자 다섯 조각	→	

9	빵 한 조각 (piece)	→	

10	빵 세 조각	→	

11	빵 한 덩어리	→	

12	빵 세 덩어리	→	

13	콜라 한 캔	→	

14	콜라 세 캔	→	

15	우유 한 잔	→	

16	차 한 잔	→	

쓰고 말하기 쉬운 Fun English

17 우유 두 잔 →

18 차 세 잔 →

19 밥 한 공기 →

20 밥 두 공기 →

21 케이크 한 조각 (piece) →

22 케이크 세 조각 →

23 주스 한 병 →

24 주스 한 잔 →

25 주스 세 병 →

26 주스 두 잔 →

27 수프 한 그릇 →

28 수프 두 그릇 →

29	쌀 한 봉지(부대)	→	

30	쌀 두 봉지(부대)	→	

31	종이 한 장	→	

32	종이 다섯 장	→	

33	치즈 한 조각 (slice)	→	

34	치즈 세 조각	→	

1 다음 단어의 단수와 복수형을 쓰시오.

① an apple / apples
⑨ a fish / fish
⑰ an eraser / erasers
㉕ a baby / babies

② a cat / cats
⑩ a toy / toys
⑱ a computer/ computers
㉖ a child / children

③ a book / books
⑪ a city / cities
⑲ a wolf / wolves
㉗ a zoo / zoos

④ an egg / eggs
⑫ a boy / boys
⑳ a flower / flowers
㉘ a piano / pianos

⑤ a student / students
⑬ a bus / buses
㉑ a doll / dolls
㉙ a man / men

⑥ a watch / watches
⑭ a car / cars
㉒ a bed / beds
㉚ a doctor / doctors

⑦ a dog / dogs
⑮ a deer / deer
㉓ an orange / oranges

⑧ a bag / bags
⑯ a box / boxes
㉔ a woman / women(위민)

2 다음 셀 수 없는 명사를 영어로 쓰시오.

① Seoul, Korea
⑨ money
⑰ Jane
㉕ China

② English, math
⑩ music
⑱ homework
㉖ meat, chicken

③ soccer, baseball
⑪ rain. snow
⑲ bread
㉗ breakfast, lunch, dinner

④ cake
⑫ food
⑳ fruit
㉘ hair

⑤ coffee
⑬ milk
㉑ soup
㉙ pizza

⑥ paper
⑭ air
㉒ Korean
㉚ juice, tea

⑦ information
⑮ water
㉓ salt

⑧ cheese
⑯ March
㉔ rice

3 다음 우리말을 영어로 쓰시오.

① a cup of coffee
⑩ three pieces of bread
⑲ a bowl of rice
㉘ two bowls of soup

② three cups of coffee
⑪ a loaf of bread
⑳ two bowls of rice
㉙ a bag of rice

③ a bottle of water
⑫ three loaves of bread
㉑ a piece of cake
㉚ two bags of rice

④ a glass of water
⑬ a can of coke
㉒ three pieces of cake
㉛ a sheet of paper

⑤ two bottles of water
⑭ three cans of coke
㉓ a bottle of juice
㉜ five sheets of paper

⑥ three glasses of water
⑮ a glass of milk
㉔ a glass of juice
㉝ a slice of cheese

⑦ a piece of pizza
⑯ a cup of tea
㉕ three bottles of juice
㉞ three slices of cheese

⑧ five pieces of pizza
⑰ two glasses of milk
㉖ two glasses of juice

⑨ a piece of bread
⑱ three cups of tea
㉗ a bowl of soup

B 대명사

명사(사람이나 사물의 이름)를 대신 나타내는 단어를 말한다.

※ 대명사의 종류 – 여기서 대(代)가 한자로 **대신할 대(代)**이다.

① 인칭대명사(人; 사람인) – 사람을 대신 나타내는 단어이다.

② 지시대명사(指; 가리킬지) – 사람, 사물, 동물을 가리키는 단어이다

③ 의문대명사(疑問; 의심하여 물음) – 사람이나 사물, 동물에 대해 **의문의 뜻**을 나타내는 단어이다.

④ 부정대명사(不定; 정해지지 않음) – 정확하게 정해져 있지 않은 사람, 사물, 수, 양, 등을 나타내는 단어이다. (다음 기회에 하기로 한다.)

⑤ 재귀대명사(再歸; 원래 자리로 되돌아옴) – 주어의 행동이 주어 자신에게 돌아오거나 주어의 행위를 강조한다. (다음 기회에 하기로 한다.)

그런데 대명사는 어디에 사용하지??

명사에서도 말했듯이 **대명사 역시** 주어자리와 동사의 대상으로 **사용한다.**

설명

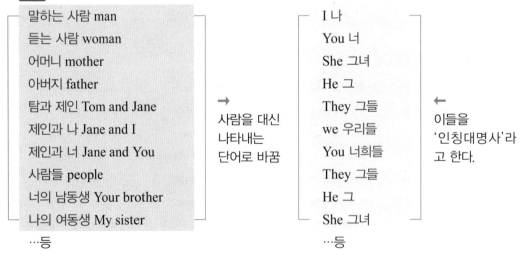

말하는 사람 man
듣는 사람 woman
어머니 mother
아버지 father
탐과 제인 Tom and Jane
제인과 나 Jane and I
제인과 너 Jane and You
사람들 people
너의 남동생 Your brother
나의 여동생 My sister
…등

→ 사람을 대신 나타내는 단어로 바꿈

I 나
You 너
She 그녀
He 그
They 그들
we 우리들
You 너희들
They 그들
He 그
She 그녀
…등

← 이들을 '인칭대명사'라고 한다.

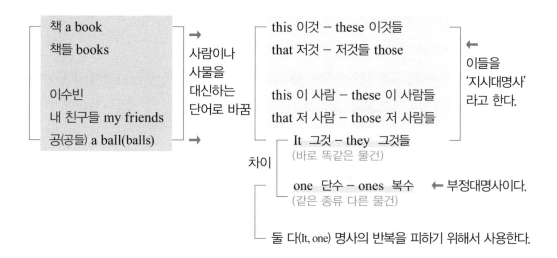

책 a book
책들 books

이수빈
내 친구들 my friends
공(공들) a ball(balls)

사람이나 사물을 대신하는 단어로 바꿈

this 이것 – these 이것들
that 저것 – 저것들 those

this 이 사람 – these 이 사람들
that 저 사람 – those 저 사람들

It 그것 – they 그것들
(바로 똑같은 물건)

차이

one 단수 – ones 복수
(같은 종류 다른 물건)

이들을 '지시대명사'라고 한다.

← 부정대명사이다.

둘 다(It, one) 명사의 반복을 피하기 위해서 사용한다.

① 인칭대명사

인칭		주격 (은, 는, 이, 가)	소유격 (~의)	목적격 (을, 를, 에게)	소유대명사 (~의 것)
단수	1인칭	I 나	my 나의	me 나를	mine 나의 것
	2인칭	You 너	your 너의	you 너를	yours 너의 것
	3인칭	He 그 – 남자 She 그녀 – 여자	his 그의 her 그녀의	him 그를 her 그녀를	his 그의 것 hers 그녀의 것
복수	1인칭	We 우리들	our 우리의	us 우리를	ours 우리의 것
	2인칭	You 너희들	your 너희들의	you 너희들을	yours 너희들의 것
	3인칭	They 그들	their 그들의	them 그들을	theirs 그들의 것

참고 It 그것, they 그것들 – 지시대명사로 사용한다. 즉 they는 인칭(지시)대명사 둘 다 사용한다.

목적격 '~에게' → (나, 너, 그, 그녀, 우리, 너희들, 그들)에게 이다.

＊ 참고

① 형용사는 명사를 수식하지만, 인칭대명사는 수식하지 않는다.

・아름다운 소녀 → a beautiful girl (O)　　아름다운 그녀 – beautiful she(her) (X)

② · 1인칭 - 무조건 'I(we)'

　· 2인칭 - 무조건 'You'

　· 3인칭 - 'I(we)와 you'를 제외한 모든 것이다. - 단수인지 복수인지는 나중에 알게 된다.
　　　　다시 말하면 **3인칭은 무조건** I(we)와 you를 제외한 모든 것이라는 것이다.

③ it's 와 its - (it's = it is 의 줄임말, its = it의 소유격)

④ · 둘 중 무조건 I가 있으면 복수는? - We　　· Jane and I　　→ We

　· 둘 중 무조건 You가 있으면 복수는? - You　· Tom and you　→ You

　· I와 you 둘 다 있으면 복수는? - We　　· You and I　　→ We

　· 둘 중 'I와 you'가 없으면 복수는? - they　· Mike and Tom　→ They

　　　　　　　　　　　　　　　　　　· She and he　　→ They

　　　　　　　　　　　　　　　　　　· My mom and dad　→ They

⑤ 앞에 나온 명사를 **다시** 말할 때 대명사를 사용한다.

　· 제인은 내 친구이다.　　　　　　　그녀는 친절하다.
　　Jane is my friend.　　→　She is kind.

　· 제인과 탐은 내 친구이다.　　　　　나는 그들을 좋아한다.
　　Jane and Tom are my friends.　→　I like them.

　· 너의 엄마는 매일 산책하니?　　　　응, 해
　　Does your mom take a walk every day?　→　Yes, she does.

(1) 인칭대명사의 쓰임

① 주격 – 주어로 쓰인다. (우리말 "~은, ~는, ~이, ~가" 가 이에 해당한다.)

> ▸ 그녀는 나의 여동생이다.
>
> 　주어　그녀는 she
>
> 　동사　~이다 is
>
> 　동대　(무엇) 나의 여동생 my sister
>
> 　She is my sister.

• 나는 학생이다. I am a student.	• 그는 피자를 먹는다. He eats pizza.
• 너는 친절하다. You are kind.	• 그녀는 예쁘다. She is pretty.
• 우리들은 친구이다. We are friends.	• 그들은 의사이다. They are doctors.

② 소유격 – 소유를 나타낸다(우리말 "~의"가 이에 해당한다). 소유격은 절대로 혼자서 쓸 수 없다. 반드시 소유격 + 명사로 사용한다. 소유격 다음에 오는 명사가 한 개일지라도(단수) 'a/an, the'를 절대로 붙이지 않는다. 복수는 가능하다.

단 a(n)을 소유격과 사용할 경우 이중소유격으로 한다. (59쪽 '이중소유격' 참고)

• 내 차 my car ➡ a my car (X)　• 내 자동차들 my cars (O)

참고 '소유격 + 명사'의 인칭

'(my, your, his, her, our, their) + 명사'는 3인칭이다. 단수인지? 복수인지는? 소유격 다음에 오는 명사가 명사 그 자체이면 3인칭 단수이고, 명사에 '–s나 –es'를 붙이면 3인칭 복수이다.

예 • 너의 자동차 your car　　3인칭 단수　⋯　• 너의 자동차들 your cars　　3인칭 복수
　　 • 우리들의 집 our house　　3인칭 단수　⋯　• 우리들의 집들 our houses　　3인칭 복수
　　 • 그들의 집 their house　　3인칭 단수　⋯　• 그들의 집들 their houses　　3인칭 복수

왜 이렇게 설명하느냐 하면 다들

I(1인칭 단수)에서 온 'my + 명사'를   1인칭 단수로
you(2인칭 단수)에서 온 'your + 명사'를   2인칭 단수로   *
we(1인칭 복수)에서 온 'our + 명사'를   1인칭 복수로   'his(her) + 명사'는
you(2인칭 복수)에서 온 'your + 명사'를   2인칭 복수로   당연히 3인칭이다.
they(3인칭 복수)에서 온 'their + 명사'를   3인칭 복수로 알고 있기 때문이다.

다시 한 번 말하지만 '소유격 + 명사'는 3인칭이고 단수, 복수는 소유격 뒤에 오는 명사에 따라서 결정된다는 것을 명심 또 명심하자.

- (나의, 너의, 그의, 그녀의) 차는 크다.   ···→   (My, Your, His, Her) car is big.
                                              3인칭 단수   단수동사

- (나의, 너의, 그의, 그녀의) 차들은 크다. ···→   (My, Your, His, Her) cars are big.
                                              3인칭 복수   복수동사

- (우리들의, 너희들의, 그들의) 차는 크다. ···→   (Our, Your, Their) car is big.
                                              3인칭 단수   단수동사

- (우리들의, 너희들의, 그들의) 차들은 크다. ···→   (Our, Your, Their) cars are big.
                                              3인칭 단수   복수동사

<소유격의 쓰임>

우리말 어순과 동일하게 사용한다. 단 무생물의 소유격은 우리말과 반대이다.

ⓐ '소유격 + 명사'

소유격 다음에 오는 명사가 셀 수 있는 단수 명사(한 개)일지라도 a/an/the를 붙이지 않는다. 하지만 복수는 가능!

· 나의 책(내 책) my book	· 나의 책들 my books
· 너의 친구 your friend	· 너의 친구들 your friends
· 그녀의 가방 her bag	· 그녀의 가방들 her bags
· 우리들의 책 our book	· 우리들의 책들 our books
· 그들의 자동차 their car	· 그들의 자동차들 their cars

ⓑ 사람, 동물의 소유격 – 명사's (이를 '아포스트로피 s'라고 부른다.)
                  └ '~의'

• 's뒤에 명사가 있으면 '~의'로 소유격

　　　my sister's book. 나의 누나의 책

　　　• 's뒤에 명사가 없으면 '~의 것'으로 소유대명사

　　　my sister's 나의 누나의 것,　Tom's 탐의 것

• 아버지의 자동차 a father's car　⋯⋯　나의 아버지의 자동차 my father's car

• 내 여동생의 가방 my sister's bag	• 고양이의 꼬리 a cat's tail
• 제인의 모자 Jane's cap	• 소년의 자전거 a boy's bike

'-s'로 끝나는 복수명사의 소유격은 (')만 붙인다. -s로 끝나지 않는 복수명사는 ('s)

　　　• 소년들의 모자 boys' cap　　• 여자 신발 women's shoes

ⓒ 무생물의 소유격　• the　A　of　B　← (수식어구로 한정 한정되기 때문에 the 붙임)

　　　　　　　　　　　　　└→ '~의'

　　　　　　　• 우리말 'A 의 B'를 영어로 표현방법 → 'B of A'로 한다.(반대로 쓴다)

• 책상의 다리들 the legs of the desk	• 그 책의 이름 the name of the book
• 한국의 수도 the capital of Korea	• 차 문(자동차의 문) the door of the car
• 그 집의 지붕 the roof of the house	예외 오늘의 신문 today's paper

ⓑ 이중소유격

＊ a, an, this, that, some … 등은 소유격과 함께 쓰지 못한다. 따라서 'a(n) ~ some' 등을 소유격과 함께 사용할 경우 'a(an, this, that,…)명사 of 소유대명사(또는 명사 's)'로 바꿔서 사용하는 것을 '이중소유격'이라고 한다. 즉 of의 소유와 소유대명사(또는 명사 's)의 소유로 이중소유격이라고 부른다.

• 내 책 a my book	⋯⋯	a book of mine (O)
• 그녀의 이 가방 her this bag	⋯⋯	this bag of hers (O)
• 너의 그 자전거 your that bike	⋯⋯	that bike of yours (O)
• 나의 몇 명의 친구들 my some friends	⋯⋯	some friends of mine (O)
• 탐의 책 a Tom's book (X)	⋯⋯	a book of Tom's (O)

③ 목적격 – 동사나 전치의 대상으로 인칭대명사가 올 경우 '목적격'을 쓴다.
(동사의 대상은 우리말 '을, 를, 에게'가 이에 해당한다)

▶ 나는 그녀를 사랑한다.

주어 나는 I

동사 사랑한다 love

동대 (누구) 그녀를 her

I love her.

▶ 그는 우리들을 가르친다.

주어 그는 He

동사 가르친다 teaches

동대 우리들을 us

He teaches us.

• 그녀는 나를 사랑한다. She loves me. | • 나는 너를 알고 있다. I know you.
• 그는 그들을 사랑한다. He loves them. | • 그는 그녀에게 책을 주었다. She gave her a book.
• 나는 그녀와 함께 학교에 간다. I go to school with her. ← (전치사의 대상)

---

④ 소유대명사 – 소유를 나타낸다.(우리말 '~의 것'이 이에 해당한다)

소유격은 '소유격 + 명사'와 사용하지만 소유대명사는 '소유격 + 명사'를 대신하여 사용하는 것이기 때문에 소유대명사 뒤에 명사가 오지 않는다.

• 이것은 누구의 책이니? Whose book is this?

그것은 나의 것이다. It's mine. (= my book.)

• 저 모자는 너의 것이다. That cap is yours. (= your cap.)

• 이 가방은 그녀의 것이다. This bag is hers. (= her bag.)

• 이 지우개는 그의 것이다. This eraser is his. (= his eraser.)

• 이것은 너의 가방이다. This is your bag.

⋮

이것이 너의 가방이니? Is this your bag?

⋮

예, 그것은 나의 것이다. Yes, It's mine. (= my bag)

• 나의 가방은 그녀의 것보다 더 크다. My bag is bigger than hers. (= her bag)

• 이 자전거는 탐의 것이다. This bike is Tom's. (= Tom's bike.)

's뒤 명사가 있고 없음의 차이 – '59쪽 맨 위 설명 참고'

참고 인칭을 제대로 알자.

- I: 1인칭 단수 ——————— • We: 1인칭 복수
- You: 2인칭 단수 ——————— • You: 2인칭 복수 ← 단수, 복수의 형태는 동일 – 뜻이 다르다.
  (너는) (너희들은)
- 3인칭 단수 ——————— • 3인칭 복수
  너무 많다.

학생들에게 3인칭을 물어보면 대부분 'he, she, it, they'만 대답한다.~~답답하다.
그럼

책상 desk, 의자 chair, 연필 pencil, 책 book, 선풍기 fan, 돈 money, 주스 juice,
공기 air, 사랑 love … 등은 몇 인칭일까?

그 He, 그녀 She, 그것 It 자동차 a car, 책 a book 내 책 my book, 돈, 주스 너의 책 your book, 공기 그녀의 책 her book 우리들의 집 our house 그의 돈 his money …등	그들은 They, 그것들은 They 자동차들 cars, 책들 books 내 책들 my books 너의 책들 your books 그녀의 책들 her books 우리들의 집들 our houses …등
3인칭 단수	3인칭 복수

설명 위에 있는 것들이 'I(We)'이니? 그럼 'You'이니?

둘 다 아니지!!! 그럼 몇 인칭??? → 3인칭 (단수, 복수는 '명사' 편에서 참고하자.)

앞에서 'I(We)와 You'가 아니면 무조건 3인칭이라고 설명했다.

또한 '소유격 + 명사' 역시

'my book'이	→	I(We) 이니? you 이니?'
'your book'이	→	I(We) 이니? you 이니?' 둘 다 아니지?
'our car' 'their cars'가	→	I(We) 이니? you 이니?'

그럼 몇 인칭??? → 3인칭이다. (단수, 복수는 명사에 따라 결정된다고 이미 설명했다.)

결론 'I(We)와 you가 아닌 모든 것'은 **3인칭**임을 알기 바란다.

실전 Test 〉 **1** 다음 표의 빈칸을 쓰시오.
정답 p.70

	인칭	주격 (은, 는, 이, 가)	소유격 (~의)	목적격 (을, 를, 에게)	소유대명사 (~의 것)
단수	① 1인칭				
	② 2인칭				
	③ 3인칭				
복수	④ 1인칭				
	⑤ 2인칭				
	⑥ 3인칭				

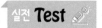
》2 다음 우리말을 영어로 쓰고
인칭과 수(단수, 복수)를 쓰시오.

정답 p.70

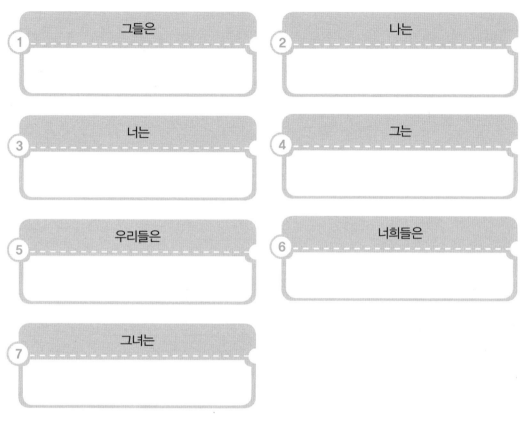

1 그들은

2 나는

3 너는

4 그는

5 우리들은

6 너희들은

7 그녀는

참고 1인칭 단수(복수) – 1단(복) / 2인칭 단수(복수) – 2단(복) / 3인칭 단수(복수) – 3단(복)

8 나의 형

9 나의 형들

10 그들의 차

11 그들의 차들

12 우리의 집

13 우리들의 집

14 너의 가방

15 너의 가방들

16 그녀의 책

17 그녀의 책들

18 너희들의 컴퓨터

19 너희들의 컴퓨터들

20 그의 친구

21 그의 친구들

참고 '소유격 + 명사'는 무조건 3인칭이고 단(복)수는 소유격 뒤 명사에 따라 정해진다.

쓰고 말하기 쉬운 Fun English

1 그를

2 나를

3 우리를

4 너희들의 것

5 나의 것

6 너를

7 그들을

8 그의 것

9 너희들을

10 그들의 것

11 그녀의 것

12 우리들의 것

13 너의 것

14 그녀를

1 탐(남자)   →

2 제인(여자)   →

3 나의 여동생   →

4 그들의 형   →

5 그 가방   →

6 그 가방들   →

7 제인과 나   →

8 탐과 제인   →

9 그와 그녀   →

10 너와 나   →

11 너의 여동생과 너   →

12 나의 형과 나 →

13 그들의 집 →

14 그들의 집들 →

15 우리의 자동차 →

16 우리의 자동차들 →

17 김씨와 이 부인 →

18 메리(Mary–여자) →

19 내 친구(남자) →

20 내 친구들(여자) →

각 품사의 자리와 종류

1. 나의 가방 →

2. 너의 친구 →

3. 그녀의 지우개 →

4. 그의 자동차 →

5. 나의 여동생 →

6. 그들의 학교 →

7. 우리들의 방 →

8. 너희들의 선생님 →

9. 아버지의 자동차 →

10. 나의 아버지의 자동차 →

11. 여동생의 가방 →

12	너의 여동생의 가방	→	
13	남동생의 책	→	
14	그의 남동생의 책	→	
15	내 친구의 가방	→	
16	탐의 지우개	→	
17	강아지의 꼬리	→	
18	한국의 수도	→	
19	책상의 다리	→	
20	그 책의 이름	→	

1 다음 표의 빈칸을 쓰시오.

① I / my / me / mine
② You / your / you / yours
③ He / his / him /his,   She / her / her / hers

④ We /our / us / ours
⑤ You / your / you / yours
⑥ They / their / them / theirs

2 다음 우리말을 영어로 쓰고 인칭과 수(단수, 복수)를 쓰시오.

① They (3복)
② I (1단)
③ You (2단)
④ He (3단)
⑤ We (1복)
⑥ You (2복)

⑦ She (3단)
⑧ my brother (3단)
⑨ my brothers (3복)
⑩ their car (3단)
⑪ their cars (3복)
⑫ our house (3단)

⑬ our houses (3복)
⑭ your bag (3단)
⑮ your bags (3복)
⑯ her book (3단)
⑰ her books (3복)
⑱ your computer (3단)

⑲ your computers (3복)
⑳ his friend (3단)
㉑ his friends (3복)

3 다음 우리말을 영어로 쓰시오.

① him
② me
③ us
④ yours

⑤ mine
⑥ you
⑦ them
⑧ his

⑨ you
⑩ theirs
⑪ hers
⑫ ours

⑬ yours
⑭ her

4 다음 우리말을 영어로 쓰고 인칭, 수(단수, 복수)를 쓴 다음 대명사로 바꿔 쓰시오.

① Tom (3단) → He
② Jane (3단) → She
③ my sister (3단) → She
④ their brother (3단) → He
⑤ the bag (3단) → It
⑥ the bags (3복) → They
⑦ Jane and I (1복) → We

⑧ Tom and Jane (3복) → They
⑨ He and She (3복) → They
⑩ You and I (1복) → We
⑪ Your sister and you (2복) → You
⑫ My brother and I (1복) → We
⑬ their house (3단) → It
⑭ their houses (3복) → They

⑮ our car (3단) → It
⑯ our cars (3복) → They
⑰ Mr. Kim and Mrs. Lee (3복) → they
⑱ Mary (3단) → She
⑲ My friend (3단) → He
⑳ my friends (3복) → They

5 다음 우리말을 영어로 쓰시오.

① my bag
② your friend
③ her eraser
④ his car
⑤ my sister

⑥ their school
⑦ our room
⑧ your teacher
⑨ a father's car
⑩ my father's car

⑪ a sister's bag
⑫ your sister's bag
⑬ a brother's book
⑭ his brother's book
⑮ my friend's bag

⑯ Tom's eraser
⑰ a dog's tail
⑱ the capital of Korea
⑲ the legs of the desk
⑳ the name of the book

(2) 지시 대명사

① 지시대명사

단수(하나) / 복수(둘 이상)	뜻	쓰임
this	이것 이 사람(이 분, 이 아이)	가까이 있는 사물이나 사람을 가리킨다.
these	이것들 이 사람들(이 분들, 이 아이들)	
that	저것 저 사람(저 분, 저 아이)	조금 떨어져 있는 사물이나 사람을 가리킨다.
those	저것들 저 사람들(저 분들, 저 아이들)	
it	그것	사물이나 동물을 가리키거나 앞에 나온 명사를 대신한다.
they	그것들	

② 지시대명사의 격변화

주격 (은, 는, 이, 가)	소유격 (~의)	목적격 (을, 를)
It 그것	its	it
They 그것들	their	them

참고 • They(그들)는 사람을 대신하는 인칭대명사이기도 하다.

• 지시대명사는 전부 3인칭이다. ← I(we), you가 아니면 전부 3인칭이라고 이미 말했다. 단(복)수는 위 도표 참고

• 지시대명사의 소유대명사는 없다.

01

이것은 가방이다.

주어 이것은 This

동사 ~이다 is

동대 (무엇) 가방 a bag

This is a bag.

02

저것은 호랑이다.

주어 저것은 That

동사 ~이다 is

동대 (무엇) 호랑이 a tiger

That is a tiger.

03

이것들은 자전거이다.

주어 이것들은 These (복수)

동사 ~이다 are

동대 자전거 bikes

These are bikes.

04

저것들은 자동차이다.

주어 저것들은 Those (복수)

동사 ~이다 are

동대 자동차 cars

Those are cars.

05

이 사람은(이분은) 나의 어머니이다.

주어 이 사람은 This

동사 ~이다 is

동대 나의 어머니 my mother

This is my mother.

06

저 사람은(저분은) 나의 아버지이다.

주어 저 사람은 That

동사 ~이다 is

동대 나의 아버지 my father

That is my father.

07	이분들이 나의 부모님이다.
	주어 이분들이 These
	동사 ~이다 are
	동대 나의 부모님 my parents
	These are my parents.
08	저 사람들이 나의 형들이다.
	주어 저 사람들이 Those
	동사 ~이다 are
	동대 나의 형들 my brothers.
	Those are my brothers.

참고 'This(these), That(Those)' – 사람을 뜻할 때 나보다 연장자이면 이분(저분). 나이가

비슷하거나 적으면 '이사람(저사람) / 이 아이(저 아이)'

- 이 아이는 내 아들이고 저 아이는 내 딸이다. This is my son and that is my daughter.
- 이 사람은 내 친구 이다. This is my friend.
- 이 사람들은 내 친구들이다. These are my friends.
- 저 사람은 내 친구이다. That is my friend.
- 저 사람들은 내 친구들이다. Those are my friends.
- 이분은 나의 아버지이시고 저분은 나의 선생님이다. This is my father and that is my teacher.

▸ It(단수) / They(복수)

그것은 책상이다.	그것들은 책이다.
주어 그것은 It	주어 그것들은 They
동사 ~이다 is	동사 ~이다 are
동대 책상 a desk	동대 책 books
It is a desk.	They are books.

* 앞에 나온 명사를 다시 말할 때 대명사를 사용한다. – 명사의 반복을 피하기 위함이다.

나는 강아지 한 마리를 가지고 있다.	I have a dog.
그것은 매우 귀엽다.	It is very cute. ← 주격(명사대신)
나는 세 마리의 강아지를 가지고 있다.	I have three dogs.
그것들은 매우 귀엽다.	They are very cute. ← 주격(명사대신)
나는 고양이를 가지고 있다.	그것의 이름은 코코이다. ← It의 소유격(명사대신)
I have a cat.	Its name is coco.
나는 두 마리의 고양이를 가지고 있다.	그것들의 이름은 톰과 제리이다. ← They의 소유격(명사대신)
I have two cats.	Their names are Tom and Jerry.
이것은 오래된 자동차이다. 하지만 나는 그것을 좋아한다. ← It의 목적격(명사대신)	
This is an old car, but I like it.	
나는 많은 인형들을 가지고 있다.	나는 그것들을 매우 좋아한다. ← they의 목적격(명사대신)
I have many dolls.	I like them very much.

③ 지시 형용사

this(these), that(those)가 형용사처럼 명사를 수식하는 경우를 말한다. 이때 명사가 셀 수 있는 단수명사 일지라도 'a, an, the'를 붙이지 않는다.

【주의】 this(these), that(those)가 명사를 수식할 경우 '이 + 명사(들), 저 + 명사(들)'이라고 하지 '이것+명사(들), 저것+명사(들)'이라고 하지 않는다.

• 가까이 있는 것을 가리킬 때	이 명사	→	this	+ 단수명사
	이 명사들	→	these	+ 복수명사
• 멀리 있는 것을 가리킬 때	저 명사	→	that	+ 단수명사
	저 명사들	→	those	+ 복수명사

쓰고 말하기 쉬운 Fun English

예
- 이 책 this book
- 이 책들 these books
- 이 소년 this boy
- 이 소년들 these boys
- 이 소녀 this girl
- 이 소녀들 these girls

【주의】 이 책 a this book (X), 저 소년 a that boy (X) ← 즉 a, an, the를 붙이지 않는다는 것이다.

- 이 학생 this student
- 이 학생들 these students
- 이 남자 this man
- 이 남자들 this men
- 이 꽃 this flower
- 이 꽃들 these flowers

- 저 책 that book
- 저 책들 those books
- 저 소년 that boy
- 저 소년들 those boys
- 저 소녀 that girl
- 저 소녀들 those girls

- 저 시계 that watch
- 저 시계들 those watches
- 저 가방 that bag
- 저 가방들 those bags
- 저 지우개 that eraser
- 저 지우개들 those erasers

---

01 이 책은 재미있다.

주어 이 책은 This book (3인칭 단수)
동사 ～이다 is
동대 (형용사) 재미있는 interesting

This book is interesting.

---

02 이 책들은 지루하다.

주어 이 책들은 These books (3인칭 복수)
동사 ～이다 are
동대 (형용사) 지루한 boring

These books are boring.

참고 우리말 "-ㄴ, -의"로 끝나는 형용사를 "～다"로 할 경우 형용사 앞에 be동사를 붙이면 된다. 즉 "be + 형용사" ➡ **예** 큰 big ⋯ 크다 be big

---

03 저 가방은 나의 것이다.

주어 저 가방은 That bag (3단)
동사 ～이다 is
동대 나의 것 mine

That bag is mine.

---

04 저 가방들은 그녀의 것이다.

주어 저 가방들은 Those bags (3복)
동사 ～이다 are
동대 그녀의 것 hers

Those bags are hers.

---

① 줄임말

· This is	⋯➤	This's (X)	· These are	⋯➤	These're (O)	· Those are	⋯➤ Those're (O)
· That is	⋯➤	That's (O)	· It is	⋯➤	It's (O)	· They are	⋯➤ They're (O)

② 의문문에서　· this/that(단수) ~?으로 물어보면 대답은 it~으로 하고

　　　　　　　· these/those(복수) ~?로 물어보면 대답은 they~로 한다.

· 이것은(저것은) 너의 책이니?　　　Is this(that) your book?

　　　　　　　　　　　　　　　　Yes, it is / No, it isn't

· 이것들은(저것들은) 너의 책이니?　　Are these(those) your books?

　　　　　　　　　　　　　　　　Yes, they are / No, they aren't

③ 비인칭 주어 – It

　　· 지시대명사 – "그것"

　　　　　그것은 책상이다.　It is a desk.

　　· 비인칭 주어 (非人稱– 주어가 사람이 아닌 경우를 말한다.)
　　　(아닐비)

즉 '춥다', '덥다', '7시다', '일요일이다'… 등 – 이것들은 사람 주어로 할 수 없다.

따라서 '월, 요일, 날짜(씨), 시간, 계절, 거리, 명암…' 등을 주어로 할 경우 'It'을 사용한다. 이를 '비인칭 주어'라고 하고 '그것'으로 해석하지 않는다.

* 암기방법 ➡ 월요 날, 시계 (더 이상)거명(마라)　　참고　거명 – 말함

　　　　　(월요일 날에 쉬게(시계) ~~(더 이상) 거명마라!(말하지 마라))

• 월(月) – 12월이다.	⋯▸	It is December.
• 요일 – 일요일이다.	⋯▸	It is Sunday.
• 날씨 – 덥다, 춥다, 눈이 내린다.	⋯▸	It is hot. It is cold. It is snowy.
날짜 – 6월 10일 이다.	⋯▸	It is June 10th.
• 시간 – 7시다.	⋯▸	It is 7 o'clock.
여기서 5분이 걸린다.	⋯▸	It takes 5 minutes from here.
• 계절 – 겨울이다.	⋯▸	It is winter.
• 거리 – 역까지 2마일이다.	⋯▸	It is 2 miles to the station.
• 명암 – 여기는 매우 어둡다.	⋯▸	It is very dark here.

⋯등

참고 ▪ 날짜: (월 + 서수) 5월 20일 May 20th
　　　▪ 시간: 5시(정각) 5 o'clock.　　▪ 몇 시 몇 분: (기수 + 기수) 6시 10분(6:10) six ten
　　　▪ 날씨: 화창한 sunny　　　비 오는 rainy　　　눈 오는 snowy　　　바람 부는 windy
　　　　　　흐린, 구름 낀 cloudy　　추운 cold　　　더운 hot　　　따뜻한 warm

 Test ▸ **1** 다음 빈칸의 뜻을 쓰시오.

단수(하나) / 복수(둘 이상)	뜻	쓰임
① this		가까이 있는 사물이나 사람을 가리킨다.
② these		
③ that		조금 떨어져 있는 사물이나 사람을 가리킨다.
④ those		
⑤ it		사물이나 동물을 가리키거나 앞에 나온 명사를 대신한다.
⑥ they		

주격 (은, 는, 이, 가)	소유격 (~의)	목적격 (을, 를)
⑦ It 그것		
⑧ They 그것들		

정답 p.83

실전 Test

》 2 다음 빈칸에 알맞은 말을 쓰시오.

1   그것의

2   이것, 이사람

3   저것, 저 사람

4   그것들의

5   이것들, 이 사람들

6   그것

7   그것들

8   저것들, 저 사람들

9   그것을

10   그것들을

1

이 책	→	
저 책	→	
이 책들	→	
저 책들	→	

2

이 자동차	→	
저 자동차	→	
이 자동차들	→	
저 자동차들	→	

3

이 가방	→	
저 가방	→	
이 가방들	→	
저 가방들	→	

4

이 꽃 →

저 꽃 →

이 꽃들 →

저 꽃들 →

5

이 집 →

저 집 →

이 집들 →

저 집들 →

6

이 소년 →

저 소년 →

이 소년들 →

저 소년들 →

7

이 소녀 →

저 소녀 →

이 소녀들 →

저 소녀들 →

쓰고 말하기 쉬운 Fun English

8

이 학생 →

저 학생 →

이 학생들 →

저 학생들 →

9

이 시계 →

저 시계 →

이 시계들 →

저 시계들 →

10

이 지우개 →

저 지우개 →

이 지우개들 →

저 지우개들 →

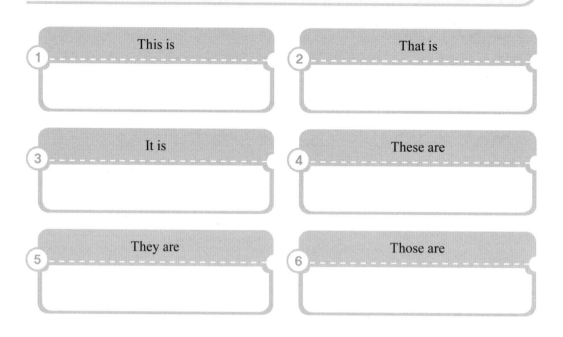

1 This is

2 That is

3 It is

4 These are

5 They are

6 Those are

실전 **Test** >>>> **5** 사람을 주어로 하지 않는
비인칭 주어를 사용할 경우를 쓰시오.

=

1 다음 빈칸의 뜻을 쓰시오.

① 이것, 이 사람(이 분, 이 아이)

② 이것들, 이 사람들(이 분들, 이 아이들)

③ 저것, 저 사람(저 분, 저 아이)

④ 저것들, 저 사람들(저 분들, 저 아이들)

⑤ 그것

⑥ 그것들

⑦ its, it

⑧ their, them

2 다음 빈칸에 알맞은 말을 쓰시오.

① its

② this

③ that

④ their

⑤ these

⑥ it

⑦ they

⑧ those

⑨ it

⑩ them

3 다음 우리말을 영어로 쓰시오.

① this book / that book / these books / those books

② this car / that car / these cars / those cars

③ this bag / that bag / these bags / those bags

④ this flower / that flower / these flowers / those flowers

⑤ this house / that house / these houses / those houses

⑥ this boy / that boy / these boys / those boys

⑦ this girl / that girl / these girls / those girls

⑧ this student / that student / these students / those students

⑨ this watch / that watch / these watches / those watches

⑩ this eraser / that eraser / these erasers / those erasers

4 다음을 줄여 쓰시오.

① This's (X)

② That's

③ It's

④ These're

⑤ They're

⑥ Those're

5 사람을 주어로 하지 않는 비인칭 주어를 사용할 경우를 쓰시오.

⊖ 월(月), 요일, 날짜, 날씨, 시간, 계절, 거리, 명암 등에 사용한다.

(3) 의문대명사 - 사람이나 사물, 동물에 대해 **의문의 뜻**을 나타내는 단어이다.

① 종류

▶ who(누구) - 묻는 대상이 **사람**일 때 사용한다.

주격 (은, 는, 이, 가)	소유격 (~의)	목적격 (을, 를/ ~에게)
who	whose	whom

▶ what(무엇) - 묻는 대상이 **사물, 동물, 직업**을 물어볼 때 사용한다.

▶ which(어느 것) - 여러 개 중 어느 것을 선택할 것인가를 물을 때 사용한다.

② 어순 - **의문사 + be동사 + 주어…? / 의문사 + do(es)/did + 주어 + 일반동사…?**

즉 be동사, 일반동사의 의문문에 의문사를 문장 맨 앞에 붙이면 된다.

예문	
01	who
	· Who am I? 나는 누구인가?
	· Who are they? 그들은 누구니?
	· Who drew the picture? 누가 그 그림을 그렸니? ← 의문사가 주어인 경우이다.
02	whose 누구의 ← 이때의 whose는 소유격 → Whose + 명사
	whose 누구의 것 ← 이때의 whose는 소유대명사
	· Whose book is this? 이것은 누구의 책이니?
	· Whose computer is that? 저것은 누구의 컴퓨터이니?
	· Whose is that computer? 저 컴퓨터는 누구의 것이니?
03	whom
	· Who(m) do you like? 너는 누구를 좋아하니?
	· Who(m) did you meet yesterday? 너는 어제 누구를 만났니?

① what(무엇)

· What is this? 이것은 무엇이니?

· What is that? 저것은 무엇이니?

· What is your name? 너의 이름은 무엇이니?

· What do you want? 너는 무엇을 원하니?

· What do you like? 너는 무엇을 좋아하니?

· What are you doing now? 너는 지금 무엇을 하고 있니?

· What do you do after school? 너는 방과 후에 무엇을 하니?

· What does he do? 그는 무엇을 하니? - 직업을 물어보는 표현이다.

② which(어느 것)

· Which is your book? 어느 것이 너의 책이니?

· Which is faster, a bus or a taxi? 버스와 택시 중 어느 것이 더 빠르니?

· Which do you like better, coffee or tea? 너는 커피와 차중 어느 것을 더 좋아하니?

참고 ▶ what ┌ 의문대명사로 사용할 경우 - 무엇
          └ 의문형용사로 사용할 경우 - 어떤, 무슨, 몇

  What + 명사 ← 명사 앞에 와서 이 명사를 수식한다.

▶ which ┌ 의문대명사로 사용할 경우 - 어느 것
        └ 의문형용사로 사용할 경우 - 어느

  Which + 명사 ← 명사 앞에 와서 이 명사를 수식한다.

· What color do you like? 너는 어떤 색깔을 좋아하니?

· What time do you get up? 너는 몇 시에 일어나니?

· What day is it? 무슨 요일이니?

· Which book is yours? 어느 책이 너의 것이니?

· Which bag is hers? 어느 가방이 그녀의 것이니?

누구(누가) who
무엇 what   의문 대명사
어느 것 which

언제 when
어디에 where   의문 부사
왜 why
어떻게 how

자세한 쓰임은 be동사의 응용 편에서 한다.
여기서는 어떤 것이 의문사인지만 알고 넘어가도 된다.

실전 Test

1 다음 의문대명사(형용사)의 뜻을 쓰시오.

정답 p.89

who	→	
1 whose	→	
whom	→	

2 what	→	

3 which	→	

실전 Test

2 다음 빈칸에 알맞은 의문사를 쓰시오.

1 _____ is she?

2 _____ is your name?

쓰고 말하기 쉬운 Fun English

3   broke the cup?

4   time did you get up?

5   do you like better, pizza or chicken?

6   is your favorite color?

7   is your favorite singer?

8   do you do after school?

9   is faster, a bus or a taxi?

10   did you do yesterday? － I watched a movie.

11   bag is this?

12   is this bag?

13   do you want? 너는 무엇을 원하니?

14   do you like? － I like soccer.

15   do you like? － I like Tom.

16) _____ is that car?

17) _____ car is that?

18) _____ do you do (for a living)?

19) _____ is your bag?

20) _____ did you meet yesterday?

21) _____ does he/she do (for a living)?

22) _____ sports do you like?

23) _____ is that girl?

24) _____ is your smartphone?

1 다음 의문대명사(형용사)의 뜻을 쓰시오.

① 누구(누가) / 누구의 / 누구를

③ (의문 대명사)어느 것 / (의문 형용사)어느

② (의문 대명사)무엇 / (의문 형용사)어떤, 무슨, 몇

2 다음 빈칸에 알맞은 의문사를 쓰시오.

① who	⑧ what	⑮ who(m)	㉒ what
② what	⑨ which	⑯ whose	㉓ who
③ who	⑩ what	⑰ whose	㉔ which
④ what	⑪ whose	⑱ what	
⑤ which	⑫ whose	⑲ which	
⑥ what	⑬ what	⑳ who(m)	
⑦ who	⑭ what	㉑ what	

C 관사

명사 앞에 온다.

1 종류

- 부정(不定)관사 : a, an - 정해지지 않은(不定) 막연한 어느 하나를 말한다. - 불특정한 것
- 정(定)관사 : the - 특별히 정한(定) 것을 말한다. - 특정한 것

> 예 a book (불특정한 한 권의 책) / books 책들(불특정한 여러 권의 책)
>
> the book (특정한 한 권의 책) / the books (특정한 책들)

2 쓰임

(1) 부정관사(a, an) - 하나의 (굳이 해석하지 않는다.)

① 셀 수 있는 명사가 한 개일 경우 반드시 명사 앞에 'a/an'을 붙인다.

▶ 명사의 첫 알파벳이 자음으로 발음될 때 - "a"를 명사 앞에 붙인다.

- book ⋯ a book 책　　　　• pen ⋯ a pen 펜　　　　• cat ⋯ a cat 고양이

【주의】　uniform　⋯　a uniform 유니폼　　u가 모음이지만 발음이 /ju/로
　　　　　university　⋯　a university 대학　　자음발음이다. 따라서 a를 붙인다.

▶ 명사의 첫 알파벳이 모음(a, e, i, o, u)으로 발음될 때 (알파벳 자체가 아니다.) - "an"을 붙인다.

- ant ⋯ an ant 개미　　• egg ⋯ an egg 계란　　• orange ⋯ an orange 오렌지

- umbrella ⋯ an umbrella 우산　　• hour ⋯ an hour 1시간
　　　　　　　　　　　　　　　　　　(첫 글자 "h"가 발음되지 않는다. - 묵음)

- animal ⋯ an animal 동물　　　　• MP3 player ⋯ an MP3 player
　　　　　　　　　　　　　　　　　(첫 글자가 M이 자음이지만 발음이 엠(em)으로 모음으로 시작한다.)

설명 ▶ ・명사 앞에 형용사가 있을 경우 형용사 앞에 'a, an'을 붙이고 형용사의 첫 알파벳 발음
이 자음인지 모음인지에 따라서 'a, an'이 결정된다.(명사가 아니다)

・형용사 앞에 부사가 있을 경우 부사 앞에 'a, an'을 붙이고 부사의 첫 알파벳 발음이
자음인지 모음인지에 따라서 'a, an'이 결정된다.

<도식화>

・a/an + 명사   ← 명사의 첫 알파벳의 발음에 따라서 'a/an'이 결정된다.

・a/an + 형용사 + 명사   ⌉ ← 형용사나 부사의 첫 알파벳의 발음에(명사가 아니다)

・a/an + 부사 + 형용사 + 명사 ⌋   따라서 'a, an'이 결정된다.

        └ 이때의 부사는 주로 강조부사인 'very(매우) 나 really(정말)'이다.

▶ 자동차 a car   ・멋진 자동차   ····   a nice car

              ・매우 멋진 자동차   ····   a very nice car   ・nice(형용사) 멋진

              ・오래된 자동차   ····   an old car   ・old(형용사) 오래된

              ・매우 오래된 자동차   ····   a very old car

▶ 남자 a man   ・정직한 남자   ····   an honest man   ← h가 묵음이라서

              ・매우 정직한 남자   ····   a very honest man   모음 'o'로 발음된다.

             참고 honest(형용사) 정직한

▶ 시간 hour   ・한 시간   ····   an hour   ← h가 묵음이라서 모음 'o'로 발음된다.

▶ 동물 an animal   ・유용한 동물   ····   a useful animal   ← u가 모음이지만

               ・매우 유용한 동물   ····   a very useful animal   발음이 /ju/로

               참고 useful(형용사) 유용한   자음발음이다.

▶ 책 a book   ・재미있는 책   ····   an interesting book

             ・정말 재미있는 책   ····   a really interesting book

            참고 interesting(형용사) 재미있는

▶ 영어는 무관사   ····   English   하지만 영어선생님은   ····   an English teacher

                                          └ 영어의 첫 알파벳이 모음이다.

【주의】 명사가 **복수명사이거나 셀 수 없는 명사**이면 "a, an"(부정관사)을 붙이지 않는다.

- 작은 가방들   ⋯▸   small bags
- 뜨거운 물   ⋯▸   hot water
- 매우 작은 가방들   ⋯▸   very small bags
- 매우 뜨거운 물   ⋯▸   very hot water

② a/an(부정관사)을 붙일 수 없는 경우 ← 셀 수 있는 명사가 한 개일 경우 붙인다. (더 자세한 사항은 96쪽 '관사의 생략' 편에 있다.)

▸ 셀 수 없는 명사 앞 – 나라이름, 사람이름… 등 (40쪽 '명사' 편을 참고하자.)

• Korea 한국	⋯▸	a Korea (X)	• Mary 메리	⋯▸	a Mary (X)
• money 돈	⋯▸	a money (X)	• water 물	⋯▸	a water (X)

▸ 복수명사 앞

• a book (O) ⋯▸ a books (X)	• a car (O) ⋯▸ a cars (X)	• women (O) ⋯▸ a women (X)

▸ 형용사 앞(형용사만 있을 경우) ← 【주의】 형용사 뒤에 셀 수 있는 단수명사가 있으면 붙인다.

• kind(형용사) 친절한	⋯▸	a kind (X)	⇔	a kind boy 친절한 소년
• tall(형용사) 키가 큰	⋯▸	a tall (X)	⇔	a tall girl 키가 큰 소녀

▸ 소유격 앞

- 책 ⋯▸ a book

  my book 나의 책 ⋯▸ a my book (X)   굳이 관사와 소유격을 함께 표현할 경우
  이중 소유격으로 표현한다. ⋯▸ a book of mine
  └ a(an) 명사 + of + 소유대명사(또는 명사's)

- 가방 ⋯▸ a bag ⋯▸ her bag 그녀의 가방

  a her bag (X) ⋯▸ 이중소유격 ⋯▸ a bag of hers (O)

(2) 정관사(the – 그) – **특정한 것 앞에 붙인다. 특별히 정(定; 정할 정)한 것을 말한다. 군이** '그라고 말하지 않는다. **'셀 수 있는 명사(단수, 복수) 앞이나 셀 수 없는 명사 앞' 다 가능하다.**

① 말하는 사람과 듣는 사람이 무엇에 대해 말하는지 **서로 알 때** 'the'를 사용한다.(정한 것) 만약 a를 붙이면 여러 개 중 어느 것을 말하는지 모른다.

Please, open the window. 창문 좀 열어 주세요.	Look at the whiteboard. 화이트보드를 봐라.	She is in the kitchen. 그녀는 부엌에 있다.
Where is the bank? (post office, station, key, bathroom) 은행(우체국, 역, 열쇠, 화장실)은 어디에 있나요?		when does the movie start? 그 영화는 언제 시작하나요?

② 앞에 나온 명사를 다시 말할 경우 'the'를 붙인다.(정한 것)

I have a book.   ➡   The book is interesting.
나는 책을 가지고 있다.   그 책은 재미있다.

③ 세상에 하나밖에 없는 명사 앞에 'the'를 붙인다.

설명▶ 우주에는 수많은 태양, 달, 하늘… 등이 있다. 그중에서 지구에만 있는 것으로 보아 특정한 것이다.

- the sun 태양, 해 · the moon 달 · the sky 하늘 · the earth 지구 · the sea 바다
- the world 세상 · the(east, south, west, north) (동, 서, 남, 북)쪽
- the right 오른쪽, the left 왼쪽 …등 ← **예** · to the right 오른쪽으로 · to the left 왼쪽으로

④ 악기이름 앞 – 악기마다 특정의 소리가 정해져있다. (연주할 때)

- the piano 피아노 · the guitar 기타 · the violin 바이올린 · the cello 첼로
- 피아노를 연주하다. play the piano. · 기타를 연주하다. play the guitar.
- 바이올린을 연주하다. play the violin. · 첼로를 연주하다. play the cello.

⑤ '서수, 최상급' 앞이나 'the only 유일한, the very 바로 그, the same 같은'… 등에 'the'를 붙인다. 설명 위 단어들은 뜻 자체로 정한 것이 된다.

참고 · 서수 – 순서를 말한다. 첫 번째 the first, 두 번째 the second, 세 번째 the third
　　　　　　…등
　　　· 최상급 – 여러 개 중에서 '가장 ~한' ➡ the 형용사-est

the first bus 첫 번째 버스 – 두 번째 세 번째도 아닌 첫 번째라고 정함.

the tallest boy 가장 키가 큰 소년 – 여러 명 중에서 가장 키가 큰 소년이라고 정함.

the only thing 유일한 것 – 유일한 것이라고 정함.

the very man 바로 그 남자 – 여러 명 중에서 바로 그 남자라고 정함.

the same thing 같은 것 – 여러 개 중에서 같은 것이라고 정함.

【주의】 서수, 최상급 앞에 소유격이 오면 'the'를 생략한다.
　　　　· My oldest friend 나의 가장 오래된 친구
　　　　· My first love 나의 첫사랑

⑥ 구(=전치사+명사)가 명사 뒤에서 이 명사를 수식하여 한정할 경우 'the'를 사용한다.
　　　즉 우리말 '~ㄴ + 명사'를 ➡ 'The 명사 + 전치사 + 명사'로 표현하는 방법이다.
　　　　　　　　　우리말과 반대 구조이다. 자세한 것은 '전치사' 편을 참고하자.

· 병 안에 물이 있다.　　There is water in the bottle.
　　　　　　　　　　　　부사구(전치사 + 명사)
　　　　　　　　　　　물은 셀 수 없는 명사로 a, an, the를 붙이지 않는다. 또한
　　　　　　　　　　　'There is + 단수명사'구문은 the(특정)를 사용할 수 없다.

· 병 안에 있는 그 물은 차갑다.　　The water in the bottle is cold.
　　　　　　　　　　　　　　　　여러 곳에 물이 있을 수 있지만 병 안에 있는 물이라고 딱 한정했다.
　　　　　　　　　　　　　　　　따라서 물 앞에 the를 붙인다.

- 테이블 위에 책이 있다.　　There is a book on the table.
                                          └ 부사구
                              └ a book은 정해지지 않은 어느 하나의 책이다.

- 테이블 위에 있는 그 책은 나의 것이다.　The book on the table is mine.
                                              ▲
                              └ 여러 곳에 책이 있을 수 있지만 테이블 위에 있는 책이라고
                                 딱 한정했다. 따라서 책 앞에 the를 붙인다.

⑦ the + 형용사(복수 보통명사) – ~한 사람들(= '형용사 + people'로 바꿔 쓸 수 있다.)
　　└ 특정의 사람들로 정함

- the rich (= rich people) 부유한 사람들　　　- the old (= old people) 노인들
- the poor (= poor people) 가난한 사람들　　　- the young (= young people) 젊은이들

⑧ 기타

- in the morning 아침에　　　　　　on the way 도중에 = on one's way
- in the afternoon 오후에　　　　　the internet 인터넷 / the radio 라디오
- in the evening 저녁에　　　　　　go to the movies 영화 보러 가다
　　　　　　　　　　　　　　　　　by the way 그런데

참고

▶ 다음과 같은 시간을 나타내는 말은 'the'없이 표현한다.

- at noon 정오에　　　- at night 밤에　　　- at midnight 한밤중에
- at dawn 새벽에　　　- all day (long) 하루 종일

▶ 'the'의 발음　　- 명사의 첫 알파벳이 자음일 경우 – [더]

　　　　　　　　　　·the book　　·the car　　·the desk　　·in the morning

　　　　　　　　- 명사의 첫 알파벳이 모음(a, e, I, o, u)일 경우 – [디]

　　　　　　　　　　·the apple　　·the end　　·in the afternoon　　·in the evening

③ 관사의 생략(a, an, the를 붙이지 않는다는 것이다.)

(1) 다음의 경우(①~⑤) 셀 수 있는 명사가 한 개일지라도 "a, an,/ the"를 붙이지 않는다. 복수역시 'a ,an, the'없이 표현한다. ← 복수이니 당연히 'a, an'을 안 붙인다.

① **'소유격 + 명사'**일 경우 붙이지 않는다. (58쪽 '소유격의 쓰임' 참고)

   – 소유격은 인칭대명사의 소유격 / 사람, 동물의 소유격 / 의문사 소유격 'whose(누구의)'가 있다.

  예 • 내 책 my book (O)   • 내 책들 my books (O) / a my book 또는 my a book (X)

       • 누구의 책 whose book (O)   • 누구의 책들 whose books (O) / a whose book (X)

② **this(these), that(those) + 명사**'로 'this(these) 또는 that(those)'이 명사를 수식하여 '이, 저' 뜻일 경우 (74쪽 참고)

  예 • 이 가방 this bag (O) / a this book (X)   • 저 가방 that bag (O) / a that bag (X)

       • 이 책 this book / a this book (X)   • 저 책 that book / a that book (X)

       • 이 책들 these books (O)   • 저 책들 those books (O)

③ **'what + 명사**'로 what이 명사를 수식하여 '무슨, 어떤'의 뜻일 경우 붙이지 않는다.

  예 • 어떤(무슨) 영화 what movie (O) / what a movie (X)   • 어떤 색깔 what color (O)

       • 어떤 영화들 what movies (O)   • 어떤 색깔들 what colors (O)

④ **'what kind of + 명사'** ➡ '어떤 종류의 명사' 뜻일 경우 붙이지 않는다.

  예 • 어떤 종류의 책 what kind of book (O) / what kind of a book (X)

       • 어떤 종류의 책들 what kind of books (O)

⑤ **'no + 명사'** – no 뒤에 셀 수 있는 명사가 한 개일지라도 'a, an'을 붙이지 않는다.

  예 • 나는 친구가 한 명도 없다. I have no friend. (O)

       • 나는 친구들이 조금도 없다. I have no friends. (O)

설명 'no'뒤에 주로 복수명사를 사용한다. 단 하나도 없다는 것을 강조 할 경우 단수명사가 가능하다.

(2) 식사이름 앞

• breakfast 아침식사	• lunch 점심식사	• dinner 저녁식사

참고 • 아침(점심, 저녁) 식사로 for breakfast, for lunch, for dinner
　　　∘ we ate pizza for lunch. 우리는 점심식사로 피자를 먹었다.
　　• 식사이름 앞에 형용사가 오면 붙인다.
　　　∘ a nice dinner 근사한 저녁식사

(3) 운동이름 앞

• baseball 야구	• soccer 축구	• tennis 테니스	• table tennis 탁구 …

예 • 야구를 하다. play baseball.　　• 축구를 하다. play soccer.
　　• 테니스를 치다. play tennis.　　• 탁구를 치다. play table tennis.
　　• 바둑을 두다. play baduk.　　• 체스를 두다. play chess.

참고 • 게임을 하다 – play a game (어느 한 게임) = play games (여러 게임)
　　• 컴퓨터게임을 하다 play a computer game = play computer games

(4) 과목이름 앞

• 영어 Englishl　• 수학 math　• 음악 music　• 과학 science　• 역사 history… 등

예 I like math. 나는 수학을 좋아한다.

(5) 사람이름, 도시이름, 나라이름, 언어, 월(月) 앞 ← 고유명사 – 첫 글자 대문자

예 • 사람이름　　Tom 탐, Jane 제인
　　• 도시이름　　Seoul 서울, Boston 보스톤
　　• 나라이름　　Korea 한국, Japan 일본, China 중국
　　• 언어　　　　Korean 한국어, English 영어, Japanese 일본어, Chinese 중국어
　　• 월(月)　　　March 3월, May 5월, October 10월

⑹ every: 형용사 – 모든, 매, 마다

① 모든(하나하나 전부)

▶ every + **단수명사** + 단수동사

        └→ 이 명사가 셀 수 있는 단수명사일지라도 'a, an, the'를 붙이지 않는다.

• 모든 학생 every student   • 모든 소녀 every girl

② (주로)빈도 부사로 쓰여 – 매, 마다

▶ every + **단수명사**

        └→ 이 명사가 셀 수 있는 단수명사일지라도 'a, an, the'를 붙이지 않는다.

• 매분(1분마다) every minute   • 매시간 every hour

    참고 • 1분 a minute   • 한 시간 an hour

• 매일 아침(오후, 밤) every morning(afternoon, night)

• 매일(주, 달, 년) every day(week, month, year)

    비교 • every + 기수 + 복수명사   • every + 서수 + 단수명사 (187쪽을 참고하자.)

⑺ 건물 등이 **본래의 목적**으로 사용될 경우

관사생략 – 본래 목적	관사 붙임 – 건물(시설)
• go to school 학교에(공부목적) 가다.	• go to the school 학교에 가다.
• go to church 교회에(예배목적)에 가다.	• go to the church 교회에 가다.
• go to bed 자러 가다.	• go to the bed 침대에 가다.
• go to market 시장에(장 보러) 가다.	• go to the market 시장에 가다.
• in prison 수감 중	• in the prison 감옥에
• at table 식사 중인	• at the table 테이블에

참고 • I go to the school to meet a teacher. 나는 선생님을 만나기 위해 학교에 간다.
        학교(건물)

      • We go to school. 우리는 학교에(공부목적) 간다.
           학교(공부)

      • School starts at 8:30 a.m. 수업(학교)은 8시 30분에 시작한다.
       수업(학교)

참고 · go to bed 잠자리에 들다(자러 가다). − (잠을 자기 위한 준비로 아직 안 잠)

· sleep 잠자다.(잠이 든 상태)

(8) by + 교통수단: ~타고(로)

· by bus 버스를 타고(버스로)	· by taxi 택시를 타고	· by bike 자전거를 타고
· by car 자동차를 타고	· by train 기차를 타고	· by subway 지하철을 타고

참고 걸어서 on foot

예 I go to school by bus. 나는 버스를 타고 학교에 간다.

(9) 기타

· at home 집에	· watch TV TV를 보다.	· listen to music 음악을 듣다.

실전 Test 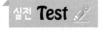 › **1** 다음 우리말을 영어로 쓰시오. (a /an / 붙이지 않는다.) 정답 p.106

소녀	인형
1	2

동물	사과
3	4

연필	공
5	6

7 우산

8 손목시계

9 한 시간

10 돈

11 영어

12 영어 선생님

13 자동차

14 오래된 자동차

15 책

16 재미있는 책

17 나의 책

18 많은 책

19 계란

20 우유

쓰고 말하기 쉬운 Fun English

21 책상	22 책상들

23 MP3	24 유니폼

25 물	26 그녀의 휴대폰

27 빵	28 한국

29 친절한	30 친절한 소녀

31 남자들	32 여자들

33 키가 큰	34 키가 큰 소년

각 품사의 자리와 종류

≫ **2** 다음 우리말을 영어로 쓰시오.

(the, 붙이지 않는다. / 악기는 연주로 본다.)

정답 p.106

1 영어 →

2 피아노 →

3 태양(해) →

4 저녁식사 →

5 세계 →

6 바다 →

7 아침식사 →

8 축구 →

9 지구 →

10 테니스 →

11 기타(악기) →

(12) 수학, 음악	→	
(13) 점심식사	→	
(14) 야구, 배구	→	
(15) 바이올린	→	
(16) 오른쪽, 왼쪽	→	
(17) 동쪽, 남쪽	→	
(18) 달	→	
(19) 하늘	→	
(20) 한국, 서울	→	
(21) 인터넷	→	
(22) 라디오	→	
(23) 이 책	→	

24	저 책	→	

25	일요일, 금요일	→	

26	3월, 5월	→	

정답 p.106

실전 Test

3 다음 우리말을 영어로 쓰시오.

1	축구를(야구를) 하다.	→	
2	테니스(탁구)를 치다.	→	
3	바둑(체스를) 두다.	→	
4	게임을 하다.	→	
5	컴퓨터 게임을 하다.	→	
6	TV를 보다.	→	
7	음악을 듣다.	→	
8	잠자리에 들다.(자러 가다.)	→	
9	자동차를 타고	→	
10	기차를(지하철을) 타고	→	
11	택시를 타고	→	
12	자전거를 타고	→	

쓰고 말하기 쉬운 Fun English

13	피아노를(기타를) 연주하다.	→	
14	바이올린(첼로를)을 연주하다.	→	

15	아침(점심. 저녁)을 먹다.	→	
16	피자를 먹다.	→	
17	점심으로 피자를 먹다.	→	

18	아침에	→	
19	오후에	→	
20	저녁에	→	
21	정오에	→	
22	집에	→	
23	밤에	→	
24	도중에	→	
25	가난한 사람들	→	
26	부유한 사람들	→	
27	학교에 가다(공부목적)	→	
28	학교에 가다(건물 자체)	→	

1 다음 우리말을 영어로 쓰시오. (a /an / 붙이지 않는다.)

① a girl	⑩ money	⑲ an egg	㉘ Korea
② a doll	⑪ English	⑳ milk	㉙ kind
③ an animal	⑫ an English teacher	㉑ a desk	㉚ a kind girl
④ an apple	⑬ a car	㉒ desks	㉛ men
⑤ a pencil	⑭ an old car	㉓ an MP3	㉜ women
⑥ a ball	⑮ a book	㉔ a uniform	㉝ tall
⑦ an umbrella	⑯ an interesting book	㉕ water	㉞ a tall boy
⑧ a watch	⑰ my book	㉖ her cell phone	
⑨ an hour	⑱ many books	㉗ bread	

2 다음 우리말을 영어로 쓰시오.(the, 붙이지 않는다. / 악기는 연주로 본다.)

① English	⑧ soccer	⑮ the violin	㉒ the radio
② the piano	⑨ the earth	⑯ the right(left)	㉓ this book
③ the sun	⑩ tennis	⑰ the east(south)	㉔ that book
④ dinner	⑪ the guitar	⑱ the moon	㉕ Sunday, Friday
⑤ the world	⑫ math, music	⑲ the sky	㉖ March, May
⑥ the sea	⑬ lunch	⑳ Korea, Seoul	
⑦ breakfast	⑭ baseball, basketball	㉑ the internet	

3 다음 우리말을 영어로 쓰시오.

① play soccer / play baseball	⑮ have breakfast / have lunch / have dinner
② play tennis / play table tennis	⑯ eat pizza
③ play baduk / play chess	⑰ eat pizza for lunch
④ play a game = play games	⑱ in the morning
⑤ play a computer game = play computer games	⑲ in the afternoon
⑥ watch TV	⑳ in the evening
⑦ listen to music	㉑ at noon
⑧ go to bed	㉒ at home
⑨ by car	㉓ at night
⑩ by train / by subway	㉔ on the way = on one's way ← one's − 소유격
⑪ by taxi	㉕ the old
⑫ by bike	㉖ the rich
⑬ play the piano / play the guitar	㉗ go to school
⑭ play the violin / play the cello	㉘ go to the school

D 전치사 (굉장히 중요하다. 잘 정리해 두기 바란다.)

1 전치사의 쓰임

이들을 **전치사의 대상**(전치사의 목적어)이라고 한다.

• 전치사 + 명사
• 전치사 + 대명사(목적격)　　　외우는 방법: **전치사 +** 명 대 동
• 전치사 + 동사원형 + ing

참고 전치사의 대상으로 'to부정사(to + 동사원형)'는 쓰지 않는다.

설명

▶ 전치사는 절대로 혼자서 사용할 수 없다. 따라서 반드시

전치사 + **명사**
전치사 + **대명사(목적격)**　　　와 함께 사용해야 한다. ← 이들을 '**구**'라고 부른다.
전치사 + **동사원형 + ing(동명사)**

설명 전치사 뒤에 ┌ • 명사가 올 경우 ➡ 명사를 그대로 쓴다.
　　　　　　　　　├ • 인칭대명사가 올 경우 ➡ 목적격을 쓴다.
　　　　　　　　　└ • 동사가 올 경우 ➡ 동사원형에 "–ing"를 붙여 쓴다.

【사용상 주의】 전치사는 항상 우리말과 반대로 사용한다는 것에 주의를 하기 바란다.

우리말	영어(전치사 + 명, 대, 동)
밤에	에밤 at night (전 + 명)
책상 아래에	아래에 책상 under the desk (전 + 명)
그녀 뒤에	뒤에 그녀 behind her (전 + 대명사(목적격))
점심 식사 후에	후에 점심 식사 after lunch = after having lunch 　　　　　　　　(전 + 명)　　　　동사가 왔으니 – ing
…등	

예 • 전치사 + 명사

at night 밤에, at 5 5시에, on the desk 책상 위에

in the room 방안에, in Seoul 서울에, on Sunday 일요일에

in the park 공원에, under the tree 나무 아래에 …등

• 전치사 + 대명사(목적격)

with her 그녀와 함께, for him 그를 위해

without you 너 없이, beside me 내 옆에

• 전치사 + 동사원형 + ~ing How about playing soccer? 축구 하는 게 어때?

He is good at playing soccer. 그는 축구를 잘한다.

② 전치사의 종류

참고 장소나 시간을 나타내는 전치사 "at, on, in"은 우리말은 무조건 '~에(서)'이지만 영어는 장소나 시간에 따라서 전치사가 다르다는 것을 미리 생각하고 공부하길 바란다.

(1) 장소를 나타내는 전치사 – '~에(서)' at, on, in

① at+장소: at 다음에 오는 장소의 어느 한 곳(지점)에 있다는 것이다. / 행사 장소

at 다음에 오는 장소는 이 장소에 딸린 지역을 포함한 장소이다.

참고 딸리다. – 속하거나 붙어있다.

예 at the corner 모퉁이에 ···▶ 모퉁이 근처에 ◯──여기를 말한다.

at the door 문에 ···▶ 문 근처에

at home 집에 ···▶ (집안, 밖 ⇒ 마당, 주차장, 정원…)등을 포함한 장소이다.

at the library 도서관에 ···▶ (도서관 안, 밖 ⇒ 주차장, 휴식 공간, 뒤…)등을 포함한 장소

at the park 공원에 ···▶ (공원 안, 밖 ⇒ 주차장, 매표소…)등을 포함한 장소

at the party 파티에서 ◀··· 행사장소

따라서 누구는 at 다음에 오는 장소의 어느 한 곳(지점)에 있다는 것만 알면 되지 구체적으로 누가 어디에 있는 지는 상관하지 않는다.

② on + 장소: (표면에 접촉) ◠ ~(위)에 ◖ (벽) ◠ (천장) / (몇 층)에 ← 서수로 읽는다.

③ in + 장소: in 다음에 오는 장소의 안(공간)에 있다는 것이다.

설명 ▶ in 다음에 오는 장소가 좁든 넓든 무엇인가로 둘러싸여 형성된 공간 안에, 경계가 있는 장소(국가, 도시, 숲, 정원, …등) 안에 있다는 것을 말한다.

비교 • 그는 도서관에(at) 있다.   He is at the library.

그는 도서관(안에, 밖에, 뒤에, 주차장에 …등) ➡ 구체적으로 어디에 있는지는 모르지만 도서관의 어느 한 곳(지점)에 있다는 것이다.

• 그는 도서관에(in) 있다.   He is in the library.

그는 즉 공간을 이루고 있는 도서관 건물 안에 있다는 것이다.

<도식화>   at + 장소   /   in + 장소
              └ 어느 한 곳(지점) / 행사장소   └ 장소의 안에(공간) / 국가, 도시 등

• 도서관에 at the library   • 도서관(안)에 in the library
• 상점에 at the store   • 상점(안)에 in the store
• 공원에 at the park   • 공원(안)에 in the park

참고 at(in), at(on) ← 둘 다 가능하다는 것이다. / 방향을 나타낼 경우 당연히 "at, on, in" 대신에 "to"를 사용한다.

예 그는 도서관에(공원에) 간다. He goes to the library.(to the park.)

▶ **at + 장소** - 에(서) "~에"로 해서 말이 안 되면 "~에서"로 하면 된다는 것이다.

• 집에(home) at home   **참고** 집 안에 in the house

비교 home 편안함을 느낄 수 있는 곳(장소) / house 눈에 보이는 건물 그 자체

• 학교에 at school	• 역에 at the station
• 버스 정류장에 at the bus stop	• 지하철역에 at the subway station
• 공항에 at the airport	• 호텔에 at(in) the hotel
• 은행에 at(in) the bank	• 병원에 at(in) the hospital
• 상점에 at(in) the store	• 서점에 at(in) the bookstore

- 공원에 at(in) the park
- 식당에 at(in) the restaurant
- 해변에 at(on) the beach
- 파티에 at the party
- 콘서트에 at the concert ——— 행사장소
- 회의에 at the meeting

on+장소 – (위)에(서)

- 벽에 on the wall
- 책 위에 on the book
- 책상 위에 on the desk
- 길 위에(서) on the street
- 침대 위에 on the bed
- 바닥에 on the floor
- 소파 위에 on the sofa
- 식탁에 on the table
- 바다(위)에 on the sea
- 강(호수) 위에 on the river(lake)
- 2층에 on the second floor
- 10층에 on the tenth floor ← 서수로 읽는다.
- 인터넷에 on the internet
- tv에 **on** Tv / 농장에 **on** the farm

【주의】 "a, an, the" 없이 사용

비교

in+장소 – 에(서)

- 공간 안에

방에 in the room	교실(안)에 in the classroom
상자 안에 in the box	병 안에 in the bottle
가방 안에 in the bag	꽃병에 in the vase
바다에 in the sea	강(호수)에 in the river(lake)
수영장에 in the pool	병원에(입원 중인) in the hospital
하늘에 in the sky	세계에 in the world

- 경계가 있는 장소 안에

한국에(미국에) in Korea / in America	서울에 in Seoul
도시에 in the city	시골에 in the country
숲 속에 in the forest	정원에 in the garden
공원에 in(at) the park	

참고 말하는 사람과 듣는 사람이 서로 알고 있는 것을 말할 때 "the"를 사용하지만
'여러 곳(개) 중 어느 한 곳(하나)'을 말할 땐 "a"를 사용한다.
따라서 'the' 대신에 'a'가 가능하다. 단 반드시 'the'를 붙여 말하는 경우 "a"가 불가능하다.

쓰고 말하기 쉬운 Fun English

예 in a(the) city, at a(the) station, in a(the) room, at a(the) hotel, get on a(the) bus …등

반드시 'the' ➡ 서수, 층, 바다, 인터넷, 하늘에, 세계에, 아침에 …등 ('정관사' 93~94쪽을 참고하자.)

비교 · on + 탈것 – 걸어서 탈 수 있는 것

　　버스(기차, 비행기, 지하철)를 타다.　get on the bus(train, plain, subway)

· in + 탈것 – 몸을 구부려 탈 수 있는 것

　　자동차(택시)를 타다.　get in the car(taxi)

· take + 탈 것 ⟵ on + 탈것, in + 탈것 구분 없이 다 가능

　　버스(기차, 택시, 지하철, 비행기)를 타다.　take a bus(train, taxi, subway, plane)

· by + (무관사)교통수단: ～타고 ⟵ on + 탈것, in + 탈것 구분 없이 다 가능

　　자동차(버스, 택시, 지하철, 비행기, 자전거)를 타고 by car(bus, taxi, subway, plain, bike)

---

(2) 시간을 나타내는 전치사 – '～에' – at ＜ on ＜ in

설명　at: 구체적인 시각(몇 시 몇 분)

　　　on: 하루 – 요일, 날짜, 특정한 날 / 주말(토일), 평일(월~금)

　　　in: on보다 비교적 긴 시간 – 월(한 달), 계절(3개월), 년(12개월), 세기(100년)

① at: 구체적인 시각, 특정한 때 – ～에

【주의】 항상 우리말과 반대임을 명심하라~~ 즉, 에 + 7시 / 에 + 월요일 / 에 + 5월 1일

▶ 구체적인 시각　· 3시에 at 3 o'clock　　· 7시에 at 7　　· 7시 30분에 at 7:30

　　　　　　　　· 오전 9시에 at 9 a.m.　· 오후 3시에 at 3 p.m.

　　　　　　　참고 · 시 o'clock　　　· 오전 a.m.　　　· 오후 p.m.

　　　　　　　　　　└ 정각일 때 붙이고 "몇 시 몇 분"에는 안 붙인다.

▶ 특정한 때　· 정오에 at noon　· 밤에 at night　· 한밤중(자정)에 at midnight

　　　　　　· 새벽에 at dawn　**참고** 정오 – 낮 12시 / 자정 – 밤 12시

【주의】· 아침에 in the morning　· 오후에 in the afternoon　· 저녁에 in the evening

　　　설명 아침에(오후에, 저녁에)경우는 'the'를 붙여 사용하고 모음 앞의 the는 [디]로 발음

② on: 요일, 날짜, 특정한 날, 주말, 평일 - ~에

▶ on + 요일   • 일요일에 on Sunday   • 월요일에 on Monday
              • 수요일에 on Wednesday   • 금요일에 on Friday
         └── 요일 하루

         ┌── 요일마다(요일이 복수) - 규칙성을 의미한다.
▶ on 요일s   • 일요일 마다 on Sundays
              • 금요일마다 on Fridays
              • 토요일마다 on Saturdays

▶ 요일 아침에(오후에, 저녁에, 밤에)

  • 일요일 아침에(오후에) on Sunday morning(afternoon)

  • 토요일 저녁에(밤에) on Saturday evening(night)

▶ 날짜

  • 5월 1일에 on May first   • 6월 6일에 on June sixth

  • 3월 14일에 on March fourteenth   참고 "일"은 서수로 읽는다.

▶ 특정한 날

  • 크리스마스에 on Christmas ➡ C는 대문자

  • 어머니날에 on Mother's Day

  • 생일에 on one's birthday ➡ one's - 소유격
    참고 ◦ on Christmas 크리스마스에(당일)   ◦ at Christmas 크리스마스 시즌(철)에

  • 주말에 on the weekend   • 주말에(마다) on weekends
  • 평일에 on the weekday   • 평일에(마다) on weekdays   규칙성(s)
    참고 ◦ the 있음 - 특정한 주말, 평일   ◦ the 없음 - 막연한 주말, 평일

③ in: 긴 시간 - 월, 계절, 년도, 세기 / 특정 시간 - ~에

【주의】 항상 우리말과 반대임을 명심하라~~ 즉, 에 + 5월 / 에 + 봄 / 에 + 2015년

▶ 월   • 3월에 in March   • 5월에 in May
         • 7월에 in July   • 12월에 in December

▸ 계절	• 봄에 in spring	• 여름에 in summer
	• 가을에 in fall	• 겨울에 in winter
▸ 연도	• 2011년에 in 2011	• 2013년에 in 2013
	• 2015년에 in 2015	• 1998년에 in 1998
▸ 세기	• 21세기에 in the twenty-first century ← 세기는 서수로 읽는다.	
▸ 특정 시간	• 아침에 in the morning	• 과거에 in the past
	• 오후에 in the afternoon	• 미래에 in the future
	• 저녁에 in the evening	

비교	• 월은 30일이기 때문에 in	–	5월에 in May
	• 날짜인 5월 5일은 하루이기 때문에 on	–	5월 5일에 on May 5th
	• 연도(12개월)는 in	–	2015년에 in 2015
	• 2015년 5월은 한 달이기 때문에 in	–	2015년 5월에 in May 2015
	• 2015년 5월 5일은 하루이기 때문에 on	–	2015년 5월 5일에 on May 5, 2015

【주의】

▸ 무조건 장소, 시간 앞에 'at, on, in'을 붙이는 것이 아니라 우리말 '～에'라는 말이 있을 경우에 붙인다.

• 나의 집 근처에 공원이 있다. There is a park near my house.

• 그녀는 지금 공원에 있다. She is at the park now.

• 7시다. It is 7 o'clock.

• 나는 7시에 일어났다. I got up at 7 o'clock.

• 봄이다. It is spring.

• 나는 그녀를 봄에 만났다. I met her in spring.

• 월요일이다. It is Monday.

• 그 가게는 월요일에 연다. The store opens on Monday.

• 3월 1일이다. It is March first.

• 그것은 3월 1일에 시작한다. It starts on March first.

▶ 시간을 나타내는 명사 앞에 'yesterday, last, every, next, this, tomorrow'가 붙으면 우리말 '에'에 해당하는 at, on, in을 붙이지 않는다.

【암기방법】 어제 lent한 것(빌린 것) 내일 갚아라. • lent(렌트) − last, every, next, this의 첫 글자

• 어제 아침에(오후에, 저녁에)　　　yesterday morning(afternoon, evening)
　 참고 어제 밤에 last night　　　【주의】 요일 아침에(오후에, 저녁에)는 on을 붙인다.
• 오늘 아침에(오후에, 저녁에)　　　this morning(afternoon, evening)
　 참고 오늘 밤 tonight　　　◦ this − 오늘의, 이번
• 내일 아침에(오후에, 저녁에)　　　tomorrow morning(afternoon, evening)
　 참고 내일 밤에 tomorrow night

• 매일(아침에, 오후에, 저녁에)　　　every morning(afternoon, evening)
　 참고 every 모든, 매 ⋯▸ every + 단수명사 / every night 매일 밤
• 매일, 매주, 매달, 매년　　　every day(week, month, year)

• 지난 주, 이번 주, 다음 주　　　last week / this week / next week
• 지난 달, 이번 달, 다음 달　　　last month / this month / next month
• 작년, 올해, 내년　　　last year / this year / next year

▶ 장소나 시간을 나타내는 전치사 'at, on, in'은 우리말은 무조건 '~에(서)'이지만 영어는
　 장소나 시간에 따라서 전치사가 다르다는 것을 확인하기 바란다.

• 장소	그는 공원에 있다. He is in the park. (= at the park. 가능)
	그는 서울에 있다. He is in Seoul. ← 장소
	그는 서울에 간다. He goes to Seoul. ← 방향
	그는 의자 위에 앉아있다. He is sitting on the chair. ← 장소(접촉)
• 시간	수업은 9시에 시작한다. School begins at 9.
	그는 그녀를 일요일 아침에 만났다. He met her on Sunday morning.
	그는 2000년에 태어났다. He was born in 2000.

▶ 계절

봄	여름	가을	겨울
spring	summer	fall	winter

▶ 요일 – 첫 글자는 대문자

월요일	Monday	화요일	Tuesday
수요일	Wednesday	목요일	Thursday
금요일	Friday	토요일	Saturday
일요일	Sunday		

▶ 월(달) – 첫 글자는 대문자

1월	January	2월	February
3월	March	4월	April
5월	May	6월	June
7월	July	8월	August
9월	September	10월	October
11월	November	12월	December

(3) 기타 장소를 나타내는 전치사 – ~에(서)

【주의】 항상 우리말과 반대임을 명심 또 명심 ~~~ 에 + 장소

• 앞에　in front of　　　책상 앞에 in front of the desk
　　　　　　　　　　　 문 앞에 in front of the door
　　　　　　　　　　　 내 앞에 in front of me
　　　　　　　　　　　　　　└── 전치사 뒤에 인칭대명사는 목적격

• 뒤에　behind　　　　　 문 뒤에 behind the door
　　　　　　　　　　　 너 뒤에 behind you
　　　　　　　　　　　 그녀 뒤에 behind her

• 아래에 under	식탁 아래에 under the table 책상 아래에 under the desk 바다 아래에 under the sea	
• 옆에 next to beside by	은행(학교) 옆에 next to the bank(school) 책상(의자, 차) 옆에 beside the desk(chair, car) 강(호수) 옆에(가에) by the river(lake) 내 옆에 by(= next to = beside) me 참고 besides 게다가	
• 주변(위)에 around	우리 주변(위)에 around us 여기 주변에 around here 학교 주변에 around the school	
• 근처에, 가까이에 near	학교 근처에 near the school 나의 집 근처에 near my house 이 근처에 near here 참고 around 주변을 둘러싼 느낌 near (거리상) 가까이에	
• (둘) 사이에 between	(둘) 사이에 - between + 복수 A와 B 사이에 - between A and B 두 차(나라) 사이에 between the two cars / between the two countries 한국과 일본 사이에 between Korea and Japan	

(4) 기타 시간을 나타내는 전치사

▸ for: 〔불특정 시간(기간)〕 동안(쭉~지속) ← 비교 for와 during의 차이
└ 어떤 일이 언제 일어났는지 불확실하다.(불특정)

설명▶

"for"다음에 오는 시간(기간)이 **언제부터** 한 시간인지(하루인지, 한주인지, 한 달인지, 일 년인지…)모른 채 **시간의 길이만 나타낸다**는 것이다. 따라서 주로 숫자와 함께 사용한다.

예 "나는 어제 2시간 동안 공부했다"라고 하면 어제 언제부터 2시간인지 모른다는 것이다.(2시간이라는 시간의 길이만 나타낸다.)

"나는 내년에 한 달 동안 미국을 방문할 것이다."하고 하면 내년 언제부터 한 달인지 모른다는 것이다.(이 역시 한 달이라는 시간의 길이만 나타낸다.)

(단) 일정한 기간을 나타낼 경우 완료(과거부터 현재까지)로 표현한다.

➡ have(has) + pp ～ for + 시간

<도식화> for + a 시간(기간)의 단수 / for + 2 이상의 기수 + 시간(기간)의 복수

└──── 시간의 길이를 나타내는 시간(기간)명사 – 불특정

· 잠시 동안 for a while / 잠깐 동안 for a moment 　참고 시간 while ≫ moment	
· 며칠 동안 for a few days	· 오랫동안 for a long time
· 한 시간 동안 for an hour	· 두 시간 동안 for two hours
· 하루 동안 for a day	· 3일 동안 for three days
· 일주일 동안 for a week	· 2주 동안 for two weeks
· 한 달 동안 for a month	· 3달 동안 for three months
· 일 년 동안 for a year	· 2년 동안 for two years

…등

▶ during: [특정기간] 동안(쭉～), ～중에(한번 또는 몇 차례)

└ 어떤 일이 언제 일어났는지 확실하다. 즉 during 다음에 오는 특정 기간 내에 일어난다는 것이다. 따라서 특정기간임을 알려주는 'the, 소유격, this(these), that(those)… 등과 함께 주로 사용한다.

　참고 특정기간 – '어느 하루(a day), 어느 한 해(a year) ◀… a(불특정) …등'이 아니라 정해져 있는 그(the)날, 그 해, 그 회의, 이(this) 계절, 그(that) 시간 …등

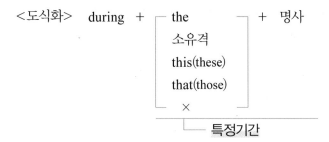

<도식화>   during + ┌ the ─────────┐ + 명사
                    │ 소유격   │
                    │ this(these)   │
                    └ that(those) ───┘
                          ×
                    └── 특정기간

▪ 1500년대에(동안)	during the 1500s
▪ 낮 동안(하루 동안)	during the day
▪ 밤 동안(중에)	during the night
▪ 회의 동안(중에)	during the meeting
▪ 콘서트(공연) 동안(중에)	during the concert / during the performance
▪ 방학 동안	during the vacation
▪ 여름(겨울) 방학 동안	during the summer(winter) vacation
▪ 내 삶 동안	during my life
▪ 이 계절 동안	during this season
▪ 그 시간 동안	during that time
▪ 그 5년 동안	during those five years
▪ 점심시간 동안	during lunch time – 점심시간은 이미 정해져 있어 the를 사용하지 않는다.

…등

예문		
01	나는 한 시간 동안 잤다.	I slept for an hour.
	나는 회의 동안(중에) 잤다	I slept during the meeting.
02	그는 2일 동안 서울에 머물렀다.	He stayed in Seoul for two days.
		└─ 시간의 길이
03	그 2일 동안 나는 매우 바빴다.	During the two days, I was very busy.
		특정한 기간
04	나는 10년 동안 영어를 공부하고 있다.	I have studied English for ten years.
		현재완료 일정한 시간의 길이

▶ 전에 before · 자기 전에 before going to bed. ←… 전치사 뒤에 동사 ing

· 아침(점심, 저녁) 먹기 전에 before breakfast(lunch, dinner)

▶ 후에 after · 방과 후에 after school 참고 A/S − after sales service 서비스는 후에

· 아침(점심, 저녁) 먹은 후에 after breakfast(lunch, dinner)

참고 before, after − 둘 다 접속사로도 사용한다.

(5) 자주 쓰는 전치사

【주의】 항상 우리말과 반대임을 명심 또 명심 ～ …→ 위해 + 너를 / 함께 + 그와 / 없이 + 물
인칭대명사는 목적격이다. **그와 함께** 라고 하니 거의 다 "with he (X)"라고 말함～～

▶ ～위해 for · 너를 위해 for you 그를 위해 for him

· 그녀를 위해 for her 〈you, him, her ←… 목적격〉

┌ ▶ 함께
└ (도구, 수단) ～을 가지고, (으)로 ── with

· 그와 함께 with him
· 내 친구들과 함께 with my friends

· 공을 가지고(공으로) with a ball
· 연필을 가지고(연필로) with a pencil

▶ ～없이 without · 물 없이 without water · 공기 없이 without air

· 너 없이 without you

┌ ▶ ～에 대하여(대해), ～에 관하여(관한)
│
└ 부사: (보통 숫자 앞에서) 대략, 약 ── about
       = (미) around

· 그녀의 생일에 대해 about her birthday
· 그 영화에 대해 about the movie
· 동물에 관한 about animals

· 약 3시에 at about three o'clock
· 약 2미터 about 2 meters

┌─ ▶ (방향): 에(로), 으로 ─┐   • 학교에 to school
│   │ to   • 서울에 to Seoul   • 공원에 to the park
└─ (사람)에게 ───────────┘   • 오른쪽으로 to the right   • 왼쪽으로 to the left ─┐
                                   • 너에게 to you   • 그녀에게 to her   │비교│ to 방향 │
                                   • 나의 남동생에게 to my brother   on 장소   │

│참고│ ① • on one's right 누구의 오른쪽에   • on one's left 누구의 왼쪽에 ⋯ 장소
• one's − 소유격 ⋯▶ on your right 너의 오른쪽에   • on your left 너의 왼쪽에 ⋯ 명사(오른쪽, 왼쪽)

② • turn right(left). 오른쪽(왼쪽)으로 돌아라.   이때의 right(left)는 '오른쪽(왼쪽)으로' 부사이다.

│비교│ ┌─ to school 학교에 ⋯ 방향 ─┐   school 앞에 관사 생략 − 본래 목적
       │ at school 학교에 ⋯ 장소 │   즉 공부목적
       └─ in school 재학 중인(학교에 다니고 있는) ┘

        • 그는 학교에 간다. He goes to school.

        • 그는 학교에 있다. He is at school.

        • 그는 재학 중이다. He is in school.

③ 구의 쓰임: 전치사 + 명사 ◀ 이를 '구'라고 부른다.

'구'의 쓰임은 정해져 있는 것이 아니다. 즉

'구'가 형용사처럼 쓰여 명사를 수식할 경우 '명사 뒤'에서 수식한다. 이를 '형용사구'라고 한다.

        즉 우리말 '∼ㄴ + 명사'를 'The 명사 + 전치사 + 명사'로 표현하는 방법이다.

                (우리말과 반대 구조이다.)

'구'가 부사처럼 쓰여 동사, 형용사, 부사를 수식할 경우 '동사 뒤, 형용사 뒤, 부사 뒤'에서

수식한다. 이를 '부사구'라고 한다.

01 desk ➡ 구 변형(전치사 + 명사) ➡ on the desk 책상 위에

책상 위에 있는 그 책 ➡ The book on the desk

비교 ▪ 책상 위에 있는 그 책은 나의 것이다.

　　주어 책상 위에 있는 그 책은 The book on the desk

　　동사 ～이다 is

　　동대 (누구) 나의 것 mine

　　The book on the desk is mine. – 구가 명사 뒤에 와서 명사를 수식한다. – 형용사구

▪ 그 책은 책상위에 있다.

　　주어 그 책은 The book

　　동사 ～있다 is

　　동대 (어디에) 책상 위에 on the desk

　　The book is on the desk. – 구가 동사 뒤에 와서 동사를 수식한다. – 부사구

02 room ➡ 구 변형(전치사 + 명사) ➡ in the room 방안에

방 안에 있는 그 아기 ➡ The baby in the room

비교 ▪ 방 안에 있는 그 아기는 내 여동생이다.

　　주어 방 안에 있는 그 아기는 The baby in the room

　　동사 ～이다 is

　　동대 (누구) 내 여동생 my sister

　　The baby in the room is my sister. – 구가 명사 뒤에 와서 명사를 수식한다. – 형용사구

▪ 그 아기는 방 안에 있다.

　　주어 그 아기는 The baby

　　동사 ～있다 is

　　동대 (어디에) 방안에 in the room

　　The baby is in the room. – 구가 동사 뒤에 와서 동사를 수식한다. – 부사구

03 morning → 구 변형(전치사 + 명사) → in the morning 아침에

- 나는 아침에 일찍 일어난다.

주어 나는 I

동사 일어나다 get up

동대 (부사) 일찍 early

(부사구) 아침에 in the morning

I get up early in the morning. – 구가 부사 뒤에 와서 부사를 수식한다. – 부사구

04 sky → 구 변형(전치사 + 명사) → in the sky 하늘에

하늘에 있는 별들을 봐라. → Look at the stars in the sky. ← 명사수식 – 형용사구

하늘에 많은 별들이 있다. → There are many stars in the sky. ← 동사수식 – 부사구

05 vase → 구 변형(전치사 + 명사) → in the vase 꽃병에

꽃병에 있는 그 장미는 매우 아름답다.

→ The rose in the vase is very beautiful. ← 명사수식 – 형용사구

꽃병에 많은 꽃이 있다.

→ There are many flowers in the vase. ← 동사수식 – 부사구

06 tree → 구 변형(전치사 + 명사) → under the tree 나무 아래에

비교 · 나무 아래에 있는 그 소녀는 내 여동생이다.

→ The girl under the tree is my sister. ← 명사수식 – 형용사구
　　　　　　　　　　　　동사 동대

· 한 소녀가 나무 아래에 있다.

→ There is a girl under the tree. ← 동사수식 – 부사구

…등

　예문에서 보는 바와 같이 구는(형용사구, 부사구) 정해져 있는 것이 아니라 수식하는 단어에 따라서 '형용사구'와 '부사구'가 정해진다.

1 다음 우리말을 영어로 쓰시오.
(at / on / in) 둘 다 가능하면 둘 다 쓰시오.

정답 p.131

① 장소의 어느 한 곳 / 행사장소

모퉁이에

문에(창문에)

집에(home)

비교 집 안에

학교에(서)

버스정류장에

공항에(서)

호텔에(서)

해변에(서)

은행에(서)

병원에(서)

식당에(서)

파티에(서)	회의에(서)

콘서트에(서)

② 접촉

벽에	책상(책) 위에

바닥에	침대(소파) 위에

머리(식탁) 위에	인터넷에(Tv에)

농장에	바다(강, 호수) 위에

2층(3층, 5층, 10층)에

③ 공간 / 경계가 있는 장소

방 안에	교실(안)에

수영장에	상자(가방, 병) 안에

강(바다, 호수)에	병원에(입원중인)

하늘에	세계에

정원에	숲속에

시골에	도시에

한국에	중국에

서울에	미국에

뉴욕에

정답 p.131

실전 Test

》2 다음 우리말을 영어로 쓰시오. (①번 – the 대신 a 가능)

①

택시(자동차)를 타다.(get) ⇨

버스(지하철, 비행기)를 타다.(get) ⇨

택시(자동차, 버스, 지하철, 비행기)를 타다.(take) ⇨

택시(자동차, 버스, 지하철, 비행기, 자전거)를 타고 ⇨

②

6시에 ⇨	7시에 ⇨
7시 30분에 ⇨	오전 8시에 ⇨
오후 9시에 ⇨	정오에 ⇨
밤에 ⇨	한밤중에 ⇨

③

일요일(월요일, 화요일, 수요일, 목요일, 금요일, 토요일)에 ⇨

일요일마다 ⇨	월요일마다 ⇨

쓰고 말하기 쉬운 Fun English

금요일마다 ⇨   토요일마다 ⇨

일요일 아침에 ⇨   화요일 오후에 ⇨

금요일 저녁에 ⇨   토요일 저녁에 ⇨

토요일 밤에 ⇨

3월 1일에 ⇨   5월 5일에 ⇨

6월 10일에 ⇨   7월 15일에 ⇨

내 생일에 ⇨   주말에 ⇨

평일에 ⇨

4

2월(3월, 5월, 7월, 10월, 12월)에 ⇨

봄(여름, 가을, 겨울)에 ⇨

1989년에 ⇨   1997년에 ⇨

2011년에 ⇨   2013년에 ⇨

아침에(오후에, 저녁에) ⇨

미래에 ⇨

5

매일(매주, 매달, 매년) ⇨

지난 주 / 이번 주 / 다음 주 ⇨

지난 달 / 이번 달 / 다음 달 ⇨

작년 / 올해 / 내년 ⇨

---

⑥

내(그녀, 그) 앞에 ⇨	문 앞에 ⇨
문 뒤에 ⇨	내(너, 그녀) 뒤에 ⇨

책상(식탁, 바다) 아래에 ⇨

은행(학교) 옆에 ⇨

책상(의자, 자동차) 옆에 ⇨

강(호수) 옆에(가에) ⇨

내(그녀) 옆에 ⇨

학교 주변에 ⇨	우리 주변에 ⇨
나의 집 근처에 ⇨	학교 근처에 ⇨
이 근처에 ⇨	두 차 사이에 ⇨

한국과 일본 사이에 ⇨

---

⑦

잠시 동안 ⇨	며칠 동안 ⇨

오랫동안 ⇨

한 시간(세 시간) 동안 ⇨

하루(2일, 3일) 동안 ⇨

일주일(2주, 3주) 동안 ⇨

쓰고 말하기 쉬운 Fun English

한 달(두 달, 세달) 동안 ⇨

일 년(2년, 3년) 동안 ⇨

특정기간

하루 동안(낮 동안) ⇨   한주 동안 ⇨

밤중에 ⇨   회의 동안 ⇨

콘서트 동안(중에) ⇨   방학 동안 ⇨

여름 방학동안 ⇨   겨울 방학 동안 ⇨

점심시간 동안 ⇨

⑧

자기 전에 ⇨   방과 후에 ⇨

아침(점심, 저녁) 먹기 전에 ⇨

아침(점심, 저녁) 먹은 후에 ⇨

⑨

너를(나를, 그를, 그녀를) 위해 ⇨

내 친구와 함께 ⇨

나와(그녀와, 그와, 그들과) 함께 ⇨

공을 가지고(공으로) ⇨

연필을 가지고(연필로) ⇨

물 없이(공기 없이) ⇨

너 없이(그녀 없이) ⇨	
시험에 대해 ⇨	
그 영화에 대해 ⇨	
그 책에 관하여(관한) ⇨	
대략 3시에 ⇨	
약 2m ⇨	약 2kg ⇨

방향

학교에 ⇨	서울에 ⇨
오른쪽으로 ⇨	왼쪽으로 ⇨
너(그녀)에게 ⇨	내 남동생에게 ⇨

장소

너의 오른쪽에 ⇨	너의 왼쪽에 ⇨
오른쪽에 ⇨	왼쪽에 ⇨

쓰고 말하기 쉬운 Fun English

1 다음 우리말을 영어로 쓰시오. (at / on / in) 둘 다 가능하면 둘 다 쓰시오.

① at the corner

at home

at school

at the airport

at(on) the beach

at(in) the hospital

at the party

at the concert

at the door / at the window

in the house

at the bus stop

at(in) the hotel

at(in) the bank

at(in) the restaurant

at the meeting

② on the wall

on the floor

on the head(the table)

on the farm

on the second(third, fifth, tenth) floor

on the desk. (book)

on the bed. (sofa)

on the internet / on Tv

on the sea(river, lake)

③ in the room

in the pool

in the river(sea, lake)

in the sky

in the garden

in the country

in Korea

in Seoul

in New York

in the classroom

in the box(bag, bottle)

in the hospital

in the world

in the forest

in the city

in China

in America

2 다음 우리말을 영어로 쓰시오. (①번 – the 대신 a 가능)

① get in the taxi(car)

take a taxi(car, bus, subway, plane)

get on the bus(subway, plane)

by taxi(car, bus, subway, plane, bike)

② at 6

at 7:30

at 9 p.m.

at night

at 7

at 8 a.m.

at noon

at midnight

③ on Sunday(Monday, Tuesday, Wednesday, Thursday, Friday, Saturday)

on Sundays

on Fridays

on Sunday morning

on Mondays

on Saturdays

on Tuesday afternoon

on Friday evening	on Saturday evening
on Saturday night	
on March first	on May fifth
on June tenth	on July fifteenth
on my birthday	on the weekend / on weekends
on the weekday / on weekdays	

④ in February(March, May, July, October, December) | in spring(summer, fall, winter)

in 1989	in 1997
in 2011	in 2013
in the morning(afternoon, evening)	in the future

⑤ every day(week, month, year) | last week / this week / next week

last month / this month / next month	last year / this year / next year

⑥ in front of me(her, him) | in front of the door

behind the door	behind me(you, her)
under the desk(table, sea)	next to the bank(school)
beside the desk(chair, car)	by the river(lake)
by(= next to, beside) me / by(= next to, beside) her	
around the school	around us
near my house	near the school
near here	between the two cars
between Korea and Japan	

⑦ for a while | for a few days

for a long time	
for an hour / for three hours	for a day / for two days / for three days
for a week / for two weeks / for three weeks	for a month / for two months / for three months
for a year / for two years / for three years	
during the day	during the week
during the night	during the meeting
during the concert	during the vacation
during the summer vacation	during the winter vacation
during lunch time	

⑧ before going to bed | after school

before breakfast(lunch, dinner)	after breakfast(lunch, dinner)

⑨ for you(me, him, her) | with my friend

with me(her, him, them)	with a ball
with a pencil	without water / without air

without you(her)

about the test   about the movie

about the book   at about 3 o'clock = at around 3 o'clock

about 2 meters / about 2kg

to school   to Seoul

to the right   to the left

to you(her)   to my brother

on your right   on your left

on the right   on the left

E 형용사

사람이나 사물의 성질, 상태, 색깔, 날씨, 수량 등을 나타내는 단어이다.
우리말 '~ㄴ', '~의'로 끝나는 말이다.

1 형용사의 종류

(1) 성질, 상태 형용사

형용사	반대 형용사
행복한 happy	불행한 unhappy, 슬픈 sad
나이든, 오래된 old	젊은 young, 새로운 new
키가 큰 tall	키가 작은, 짧은 short ⇔ 긴 long
예쁜 pretty, 아름다운 beautiful	못생긴 ugly ⇔ 잘생긴 handsome
큰 big	작은 small
친절한 kind	불친절한 unkind
쉬운 easy	어려운 difficult
뚱뚱한 fat	날씬한 slim
늦은 (부사 – 늦게) late	이른, 초(조)기의 (부사 – 일찍) early
깨끗한 clean	더러운 dirty
좋은 good / 좋은, 멋진 nice	나쁜 bad
가난한 poor	부유한 rich
바쁜 busy	자유로운, 무료의 free
아픈 sick(= ill)	건강한 healthy
영리한, 똑똑한 smart	어리석은 stupid(= foolish)
느린 slow	빠른 (부사 – 빨리) fast
추운 cold /시원한, 멋진 cool	더운, 뜨거운, 매운 hot / 따뜻한 warm
게으른 lazy(= idle)	부지런한 diligent
비싼 expensive	싼 cheap
조용한 quiet	시끄러운 noisy
어두운 dark	밝은 bright
흥미로운, 재미있는 interesting	지루한 boring
배고픈 hungry	배부른, 가득 찬 full ⇔ 빈 empty
강한, 힘센 strong	약한 weak

공손한, 예의바른 polite	무례한 rude(= impolite)
틀린, 잘못된 wrong	옳은 right
위험한 dangerous	안전한 safe
무거운 heavy	가벼운 light

【기타】

피곤한 tired	가장 좋아하는 favorite	신선한 fresh
아주 멋진, 훌륭한 wonderful	화난 angry	목마른 thirsty
정직한 honest	졸린 sleepy	귀여운 cute
사랑스러운 lovely	심각한, 진지한 serious	용감한 brave
이상한 strange	친근한, 친절한 friendly	특별한 special
유명한 famous	인기 있는 popular	대단한, 위대한, 훌륭한 great
중요한 important	…등	

(2) 색깔 형용사 – 색깔은 **형용사, 명사 둘 다 사용한다.**

빨간, 빨간색 red	파란, 파란색 blue	노란, 노란색 yellow
분홍색의, 분홍색 pink	흰, 흰색의, 흰색 white	갈색의, 갈색 brown
검은, 검은색 black	초록색의, 초록색 green	오렌지색의, 오렌지색 orange

(3) 날씨 형용사

맑은 sunny	비가 오는(내리는) rainy	눈이 오는(내리는) snowy
바람이 부는 windy	구름이 낀, 흐린 cloudy	시원한(멋진) cool
더운(뜨거운, 매운) hot	추운 cold, 쌀쌀한 chilly	따뜻한 warm

(4) 맛 형용사

단 sweet / 짠 salty	매운 spicy, hot	신 sour
쓴 bitter	싱거운 bland	맛있는 delicious, tasty, yummy
바삭한(튀김) crispy	기름진 greasy	

(5) 수량 형용사 (예는 161쪽 참고)

① 많은 ┌ many + 셀 수 있는 명사의 복수(수) – 긍정문, 의문문, 부정문 다 가능

      ├ much + 셀 수 없는 단수명사(양) – 주로 의문문, 부정문에 사용

      └ a lot of(= lots of) + ┌ 셀 수 있는 명사의 복수(수) ┐ 둘 다 가능

                             └ 셀 수 없는 명사(양) ┘ – 긍정문, 의문문, 부정문 다 가능

> **설명** many와 much는 수, 양을 구분하지만 a lot of(= lots of)는 수, 양 둘 다에
> 사용한다.

> **참고** a lot 많이 / 겨울에 눈이 많이 내린다. It snows a lot in winter.

② 조금의(좀), 약간의 ┌ some ┐ + ┌ 셀 수 있는 명사의 복수 ─┐ 보통 이 둘의 형태로

                   └ any ┘   └ 셀 수 없는 명사 ─────┘ 사용한다.

        • some   긍정문, 권유나 요청의 의문문에 사용한다.

        • any   의문문, 부정문(조금도 ~ 없는), 조건문에 사용한다.

③ • 조금 있는 ┌ a few + 셀 수 있는 명사의 복수(수)

    (조금의, 몇몇의) └ a little + 셀 수 없는 명사(양)   a가 붙어 있으면 '조금 있는'

   • 거의 없는 ┌ few   + 셀 수 있는 명사의 복수(수)   뜻이고 a가 없으면 '거의 없는'

               └ little + 셀 수 없는 명사(양)   뜻이다.

> **참고** • 'a few나 a little' 앞에 'a'가 있다고 해서 셀 수 있는 단수 명사를 사용하면
> 안 된다.
>
> a few + 셀 수 있는 복수명사 ← 긍정문만 사용
>
> a little + 셀 수 없는 명사 ← 긍정문, 의문문에만 사용
>
> 하지만 'a little, little' 다음에 셀 수 있는 명사가 오면 '작은, 어린' 뜻이다.
>
> a little cat 어린 고양이, little cats 어린 고양이들
>
> • 'a little = a bit = a little bit'이 부사적으로 사용 ← 형용사나 부사 앞 사용
>
>   – 조금, 약간
>
> 난 조금 피곤하다. I am a little tired.

④ 조금도 ~ 없는 no + ┌ 셀 수 있는 명사의 단수 또는 복수 ─(o)┐ 둘 다 가능(수, 양)

                           └ 셀 수 없는 명사 ──────┘

【주의】 no 뒤에 셀 수 있는 명사가 한 개일지라도 'a, an'을 붙이지 않는다.

(6) 고유 형용사 – 고유명사에서 온 형용사 – **형용사, 명사** 둘 다 사용한다.

- 한국의, 한국인의 / 한국인, 한국어 ⋯⋙ Korean
- 미국의, 미국인의 / 미국인, 미국 영어 ⋯⋙ American
- 일본의, 일본인의 / 일본인, 일본어 ⋯⋙ Japanese
- 중국의, 중국인의 / 중국인, 중국어 ⋯⋙ Chinese

(7) 수사 – 숫자는 **형용사, 명사** 둘 다 사용한다.

- **기수** 일(하나), 이(둘), 삼(셋), 사(넷), 오(다섯), ⋯등으로 수를 세는 것이다.

  참고 ∘ 사람, 사물의 수나 숫자, 시간, 돈, 방 번호, 전화번호, 연도⋯ 등은 기수로 표현한다.

  ＊＊∘ 기수가 명사를 수식할 때 1(one)을 제외한 2(two) 이상은 복수이기 때문에 반드시 복수명사를 사용한다.

  two(three, four, five ⋯) + 복수명사 ⋯⋙ 책 두 권 two books

- **서수** 첫 번째의, 두 번째의, 세 번째의 ⋯ 등으로 순서를 나타내는 것이고 "the(정관사)"와 함께 사용한다. 쓰기 – 1, 2, 3을 제외한 전부 –th를 붙인다.

  참고 ∘ 주로 순서(첫 번째 버스), 층(1층, 2층), 학년(3학년), 날짜의 일(12월 5일)⋯ 등은 서수로 표현한다.

  ＊＊∘ 기수와는 다르게 서수가 명사를 수식할 땐 모든 서수 뒤에는 반드시 단수명사를 사용한다.

  the first(second, third ⋯) + 단수명사 ⋯⋙ 2층 the second floor

  ∘ 서수를 숫자로 표현할 경우 숫자 다음에 "–th"를 붙인다. 단 첫 번째, 두 번째, 세 번째는 숫자에 "–st, –nd, –rd"를 붙인다. ⋯⋙ 1st, 2nd, 3rd, 4th, 5th, 6th, 7th ⋯등

수	기수	서수	수	기수	서수
1	one	first	20	twenty	twentieth
2	two	second	21	twenty-one	twenty-first
3	three	third	22	twenty-two	twenty-second
4	four	fourth	23	twenty-three	twenty-third
5	five	fifth	24	twenty-four	twenty-fourth
6	six	sixth	25	twenty-five	twenty-fifth
7	seven	seventh	30	thirty	thirtieth
8	eight	eighth	40	forty	fortieth
9	nine	ninth	50	fifty	fiftieth
10	ten	tenth	60	sixty	sixtieth
11	eleven	eleventh	70	seventy	seventieth
12	twelve	twelfth	80	eighty	eightieth
13	thirteen	thirteenth	90	ninety	ninetieth
14	fourteen	fourteenth	100	one hundred	one hundredth
15	fifteen	fifteenth			
16	sixteen	sixteenth			
17	seventeen	seventeenth			
18	eighteen	eighteenth			
19	nineteen	nineteenth			

【주의】 ㉠ 21~99는 하이픈(-)을 붙인다.

㉡ 4 four / 40 forty(u가 빠짐)

㉢ nine ⋯ 서수: ninth(e가 빠짐)

㉣ 기수 15와 50은 "fifteen, fifty"이다.

㉤ five, twelve ⋯ 서수: ve를 f로 바꾸고, th를 붙인다.

㉥ 기수인 "twenty, thirty, ~ ninety"를 서수로 바꿀 때 끝에 있는 "y"를 "ie"로 바꾸고 "th"를 붙인다.

기수 13부터 19는 "-teen"을 붙이고
기수 20부터 90은 "-ty"를 붙인다.

(8) 수 읽는 방법

① 숫자 읽는 방법 - 기수로 읽고 3자리씩 끊어 읽는다. **【주의】** hundred, thousand, million, billion은 앞에 복수 숫자가 올지라도 끝에 -s(복수)를 붙이지 않는다. 단 돈의 단위인 "dollar와 cent"는 2 이상이면 -s(복수)를 붙인다.

* ○○○, ○○○, ○○○
     └ million   └ thousand   └ hundred

ⓐ 숫자가 1자리 일 경우 1자리를 "기수"로 읽는다.

ⓑ 숫자가 2자리 일 경우 두 자리를 한꺼번에 읽는다.

ⓒ 숫자가 3자리 일 경우 첫 숫자를 읽은 후 hundred를 붙이고 나머지 두 자리를 한꺼번에 읽는다.

ⓓ 숫자가 4자리 일 경우 첫 숫자를 읽은 후 thousand를 붙이고 나머지는 ⓒ번 순으로 읽는다.

ⓔ 숫자가 5자리 일 경우 두 자리를 한꺼번에 읽은 후 thousand를 붙이고 나머지는 ⓒ번 순으로 읽는다.

ⓕ 숫자가 6자리 일 경우 첫 숫자를 읽은 후 hundred를 붙이고 나머지 두 자리를 한꺼번에 읽은 후 thousand를 붙인다. 나머지 3자리는 ⓒ번 순으로 읽는다.

ⓖ 숫자가 7자리 일 경우 첫 숫자를 읽은 후 million을 붙이고 나머지는 ⓕ번 순으로 읽는다.

ⓗ 8자리는 두 숫자를 한꺼번에 읽은 후 million을 붙이고 나머지는 ⓕ번 순으로 읽는다.

ⓘ 9자리 일 경우 첫 숫자를 읽은 후 hundred를 붙이고 나머지 두 자리를 한꺼번에 읽은 후 million을 붙인다. 나머지는 ⓕ번 순으로 읽는다.

예
- 2 two
- 25 twenty-five
- 225 two hundred twenty-five.
- 5,356 five thousand three hundred five-six.
- 35,234 thirty-five thousand two hundred thirty-four.
- 751,987 seven hundred fifty-one thousand nine hundred eighty-seven.
- 8,632,973
  eight million six hundred thirty-two thousand nine hundred seventy-three.
- 28,439,861
  twenty-eight million four hundred thirty-nine thousand eight hundred sixty-one.
- 689,325,657
  six hundred eighty-nine million three hundred twenty-five thousand six hundred fifty-seven.

- 1 일 one
- 100 백 one hundred
- 10,000 만 ten thousand
- 1,000,000 백만 one million
- 100,000,000 1억 one hundred million

- 10 십 ten
- 1000 천 one thousand
- 100,000 십만 one hundred thousand
- 10,000,000 천만 ten million
- 1,000,000,000 10억 one billion

② 사람이나 사물의 수 – 기수로 읽는다.

- 세 명의 소녀들(소년들) three girls(boys)
- 여섯 명의 친구들 six friends
- 다섯 명의 학생들 five students

- 두 권의 책 two books
- 10개의 사과들 ten apples
- 7개의 인형들 seven dolls

③ 시각: '시+분' 순서로 기수로 읽는다.

- 9시 nine o'clock (정각)
- 7시 25분 seven twenty-five
- 12시 50분 twelve fifty

④ 날짜의 일(日), 순서, 학년, 층 …등은 서수로 읽는다.

<도식화> 미국 – 월 + (the) 일(서수) ⋯ 일(日) 앞의 the는 보통 생략해서 사용한다.

영국 – the 일(서수) of 월 ⋯ 일 앞의 the는 생략 안 한다.

2010년 5월 5일(서수) ⋯ 우리말과 반대이다. 즉 (미)월일, 연도 / (영)일월, 연도

- 3월 3일 March (the) third = the third of March
- 10월 21일 October twenty-first = the twenty-first of October
- 2010년 5월 5일 May fifth, twenty ten = the fifth of May, twenty ten
- 두 번째 집 the second house
- 세 번째 사람 the third person
- 3학년 the third grade
- 5학년 the fifth grade
- 6층 the six floor
- 7층 the seventh floor
- 나의 열 번째 생일 my tenth birthday
- 나의 둘째 아들 my second son ⋯ 소유격 + the (X)

⑤ 연도: 1999까지는 기수로 두 자리씩 끊어 읽는다. 단 2,000대는(2000~2009) 천 단위(thousand)로 읽고 2010년부터는 천 단위 또는 두 자리로 읽는다.

- 1900 nineteen hundred
- 2000 two thousand
- 2013 two thousand thirteen = twenty thirteen
- 1996 nineteen ninety-six
- 2009 two thousand nine

⑥ 방, 돈, 전화번호: 기수로 읽는다. 숫자 '0'은 'zero' 또는 'oh' [오]로 읽지만 'oh'가 일반적이다.

▶ 방 번호 – 숫자를 하나씩 읽든지 나눠서 읽을 수 있다.
  ⓐ 세 자리 – 숫자를 하나씩 읽거나 첫 숫자를 읽고 나머지 두 자리를 한꺼번에 읽는다.
  - 201 two oh one
  - 312 three one two = three twelve
  - 521 five two one = five twenty-one

  ⓑ 네 자리 – 숫자를 하나씩 읽거나 두 자리씩 끊어 읽는다.
  - 1205 one two oh five = twelve oh five
  - 1213 one two one three = twelve thirteen
  - 1526 one five two six = fifteen twenty-six

▶ 돈 읽기 – 기수로 읽는다. 2 이상일 경우 "dollar나 cent"에 -s(복수)를 붙인다. 숫자 읽는 방법과 동일하게 읽는다.

```
                    $00.00
dollar (기호: $) ┘     └ cent (기호:¢)
     $1                    1¢  penny 페니 – 일패(1패했다.)
     $2         and        5¢  nickel 니끌 – 오니?(5ni) 가니?
     $5                    10¢  dime 다임 – 쉽다.(10dime)
     $10                   25¢  quarter 쿼러 – 25쿼러
     $20
     $50     참고 dollar를 "buck"이라고도 한다.
     $100
```

- $1.00 one dollar   • $2.00 two dollars

- $00.01 one cent   • $00.02 two cents

- $5.00 five dollars   • $5.05 five dollars and five cents

- $7.10 seven dollars and ten cents

- $263 two hundred sixty–three dollars

- $1389 one thousand three hundred eight-nine dollars

▶ 전화번호 – 읽는 방법은 다양하지만 대체적으로 다음과 같이 읽는다.

  ⓐ 숫자를 하나씩 읽는다.

    • 1–359–782–0700 ➡ one, three five nine, seven eight two, oh seven oh oh

    • 1–512–733–5525 ➡ one, five one two, seven three three, five five two five

  ⓑ 같은 숫자가 반복될 경우 – "두 자리 double / 세 자리 triple"로 읽을 수 있다.

    • 1–359–782–0700

    ➡ one, three five nine, seven eight two, oh seven double oh

    • 098–121–7770 ➡ oh nine eight, one two one, triple seven oh

    • 010–2357–5526

    ➡ oh one oh, two three five seven, five five (또는 double five) two six

    • 02–563–7728

    ➡ oh two, five six three, seven seven (또는 double seven) two eight.

ⓒ 다수의 "0"으로 끝나는 경우 "–00" ➡ hundred / "–000" ➡ thousand로 읽을 수 있다.

- 1–800–216–3000 (8500)

➡ one, eight hundred, two one six, three thousand (eight five hundred)

⑦ 소수점 – 소수점은 point로 읽고 **소수점 앞뒤를 모두 기수**로 읽는다.

【주의】 소수점 이하는 하나씩 읽는다.

- 3.7 three point seven
- 22.56 twenty–two point five six
- 12.68 twelve point six eight.
- 0.5 zero point five

⑧ 분수 – "분자(기수) …› 분모(서수)" 순으로 읽는다. ‹… 우리말과 반대로 읽는다.

【주의】 · 분자가 1이면 ➡ one 또는 a/an

- 분모가 2인 경우 half로, 4인 경우 quarter 또는 fourth로 한다.
- 분자가 2 이상인 경우는 분모에 –s를 붙인다.
- 대분수는 정수 다음에 **and**를 넣고 분수를 읽는다.

$\frac{1}{2}$ one-half 또는 a half	$\frac{1}{3}$ one-third 또는 a third	
$\frac{1}{4}$ one(a) quarter 또는 one-fourth	$\frac{2}{3}$ two-thirds	
$\frac{3}{4}$ three quarters 또는 three-fourths	$\frac{1}{8}$ one-eighth 또는 an eighth e가 모음이므로 an	
$2\frac{3}{5}$ two and three-fifths		

형용사		반대 형용사	
1 행복한 ⇨		불행한 ⇨	슬픈 ⇨
2 나이든, 오래된 ⇨		젊은 ⇨	새로운 ⇨
3 키가 큰 ⇨		키가 작은, 짧은 ⇨	긴 ⇨
4 예쁜 ⇨	아름다운 ⇨	못생긴 ⇨	잘생긴 ⇨
5 큰 ⇨		작은 ⇨	
6 친절한 ⇨		불친절한 ⇨	
7 쉬운 ⇨		어려운 ⇨	
8 뚱뚱한 ⇨		날씬한 ⇨	
9 늦은(부사 – 늦게) ⇨		이른, 초(조)기의, (부사 – 일찍) ⇨	
10 깨끗한 ⇨		더러운 ⇨	
11 좋은 ⇨	좋은, 멋진 ⇨	나쁜 ⇨	
12 가난한 ⇨		부유한 ⇨	
13 바쁜 ⇨		자유로운, 무료의 ⇨	
14 아픈(=ill) ⇨		건강한 ⇨	

(15) 영리한, 똑똑한
⇨

어리석은(= foolish)
⇨

(16) 느린
⇨

빠른(부사 - 빨리)
⇨

(17) 추운
⇨

더운, 뜨거운, 매운   따뜻한
⇨   ⇨

(18) 게으른(= idle)
⇨

부지런한
⇨

(19) 비싼
⇨

싼
⇨

(20) 조용한
⇨

시끄러운
⇨

(21) 어두운
⇨

밝은
⇨

(22) 재미있는, 흥미로운
⇨

지루한
⇨

(23) 배고픈
⇨

배부른, 가득 찬   빈
⇨   ⇨

(24) 강한, 힘센
⇨

약한
⇨

(25) 공손한, 예의바른
⇨

무례한
⇨

(26) 틀린, 잘못된
⇨

옳은
⇨

(27) 위험한
⇨

안전한
⇨

(28) 무거운
⇨

가벼운
⇨

(29) 피곤한
⇨

(30) 가장 좋아하는
⇨

(31) 신선한
⇨

(32) 훌륭한, 멋진
⇨

(33) 화난
⇨

(34) 목마른
⇨

(35) 정직한
⇨

(36) 졸린
⇨

(37) 귀여운
⇨

(38) 사랑스러운
⇨

(39) 심각한, 진지한
⇨

(40) 용감한
⇨

(41) 이상한
⇨

(42) 친근한, 친절한
⇨

(43) 특별한
⇨

(44) 유명한
⇨

(45) 인기 있는
⇨

(46) 대단한, 훌륭한, 위대한
⇨

(47) 중요한
⇨

---

(48) 단   짠
⇨   ⇨

(49) 매운
⇨

(50) 신
⇨

(51) 쓴
⇨

(52) 맛있는
⇨

(53) 싱거운
⇨

(54) 바삭한
⇨

(55) 기름진

---

(56) 맑은
⇨

(57) 비가 오는(내리는)
⇨

(58) 눈이 오는(내리는)
⇨

(59) 바람이 부는
⇨

쓰고 말하기 쉬운 *Fun English*

(60) 구름이 낀, 흐린
⇨

(61) 시원한(멋진)
⇨

(62) 더운(뜨거운, 매운)
⇨

(63) 추운   쌀쌀한
⇨   ⇨

(64) 따뜻한
⇨

(65) 빨간, 빨간색
⇨

(66) 파란, 파란색
⇨

(67) 노란, 노란색
⇨

(68) 분홍색의, 분홍색
⇨

(69) 흰, 흰색의, 흰색
⇨

(70) 갈색의, 갈색
⇨

(71) 검은, 검은색
⇨

(72) 초록색의, 초록색
⇨

(73) 오렌지색의, 오렌지색
⇨

실전 Test 》 **2** 다음 우리말을 영어로 쓰시오.   정답 p.155

(1) 많은(4개)
⇨

(2) 조금 있는(수, 양)
⇨

거의 없는(수, 양)
⇨

(3) 몇몇, 약간의, 조금의
⇨

(4) 조금도 없는
⇨

(5) 한국의   중국의
⇨   ⇨

일본의   미국의
⇨   ⇨

실전 Test ≫ 3 다음 숫자를 기수와 서수로 쓰시오.

수	기수	서수	수	기수	서수
① 1			② 2		
③ 3			④ 4		
⑤ 5			⑥ 6		
⑦ 7			⑧ 8		
⑨ 9			⑩ 10		
⑪ 11			⑫ 12		
⑬ 13			⑭ 14		
⑮ 15			⑯ 16		
⑰ 17			⑱ 18		
⑲ 19			⑳ 20		
㉑ 21			㉒ 22		
㉓ 23			㉔ 24		
㉕ 25			㉖ 30		
㉗ 40			㉘ 50		

(29)	60		
(30)	70		
(31)	80		
(32)	90		
(33)	100		

기수 13부터 19는 "−teen"을 붙이고
기수 20부터 90은 "−ty"를 붙인다.

【주의】 ㉠ 21~99는 하이픈(–)을 붙인다.

㉡ 4 four / 40 forty(u가 빠짐)

㉢ nine ⋯→ 서수: ninth(e가 빠짐)

㉣ 기수 15와 50은 "fifteen, fifty"이다.

㉤ five, twelve ⋯→ 서수: ve를 f로 바꾸고, th를 붙인다.

㉥ 기수인 "twenty, thirty, ~ninety"를 서수로 바꿀 때 끝에 있는 "y"를 "ie"로 바꾸고 "th"를 붙인다.

실전 Test

>>> **4** 다음 숫자를 영어로 쓰시오.

정답 p.156

1	57	→	
2	368	→	
3	9,246	→	
4	2,879	→	
5	32,654	→	

6	721,890	→	
7	6,528,385	→	
8	83,769,236	→	
9	428,752,958	→	

>>>> **5** 다음 사람, 사물의 수를 영어로 쓰시오.

정답 p.156

1	세 명의 소년들
2	다섯 권의 책들(책 다섯 권)
3	열 명의 학생들
4	여섯 개의 가방들
5	여덟 명의 친구들
6	열개의 사과들
7	일곱 개의 인형들

1	1800	→	
2	1981	→	
3	1978	→	
4	1997	→	
5	2000	→	
6	2002	→	
7	2010	→	
8	2012	→	

9	9:00	→	
10	5:50	→	
11	8:25	→	
12	3:45	→	
13	2:37	→	
14	7:00	→	

15	$10	→	
16	$235	→	
17	$25.15	→	
18	$378.86	→	

19	$39.27	→	
20	$55.37	→	

1	12월 2일	→	
2	3월 1일	→	
3	5월 5일	→	
4	10월 21일	→	
5	1988년 7월 5일	→	
6	2009년 3월 22일	→	
7	1985년 8월 17일	→	
8	2013년 1월 9일	→	

9	두 번째 책상(버스)	→	
10	세 번째 남자 (소년, 소녀)	→	
11	나의 열세 번째 생일	→	
12	나의 둘째 아들	→	
13	나의 첫 사랑	→	

14 3층(5층, 7층, 9층, 13층, 28층)

→

15 2학년(3학년, 4학년, 5학년, 6학년)

→

실전 **Test** 〉〉〉〉〉〉 **8** 다음 방, 전화번호를 영어로 쓰시오.

정답 p.157

1 301 →

2 512 →

3 736 →

4 1201 →

5 1318 →

6 1521 →

7 1–537–675–3569 →

8 083–671–6540 →

9 1–364–772–800 →

10 858–372–3332 →

11 010–3619–5526 →

12 02–758–6439 →

13 1–800–289–8500 →

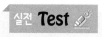
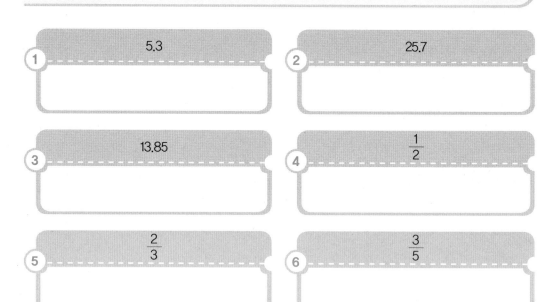

1. 5.3

2. 25.7

3. 13.85

4. $\frac{1}{2}$

5. $\frac{2}{3}$

6. $\frac{3}{5}$

Test 정답

1 다음 우리말을 영어로 쓰시오.

① happy / unhappy, sad
② old / young, new
③ tall / short, long
④ pretty, beautiful / ugly, handsome
⑤ big / small
⑥ kind / unkind
⑦ easy / difficult
⑧ fat / slim
⑨ late / early
⑩ clean / dirty
⑪ good, nice / bad
⑫ poor / rich
⑬ busy / free
⑭ sick(= ill) / healthy
⑮ smart / stupid(= foolish)
⑯ slow / fast
⑰ cold / hot, warm
⑱ lazy(= idle) / diligent
⑲ expensive / cheap
⑳ quiet / noisy
㉑ dark / bright
㉒ interesting / boring
㉓ hungry / full, empty
㉔ strong / weak
㉕ polite / rude(= impolite)
㉖ wrong / right
㉗ dangerous / safe
㉘ heavy / light
㉙ tired
㉚ favorite
㉛ fresh
㉜ wonderful
㉝ angry
㉞ thirsty
㉟ honest
㊱ sleepy
㊲ cute
㊳ lovely
㊴ serious
㊵ brave
㊶ strange
㊷ friendly
㊸ special
㊹ famous
㊺ popular
㊻ great
㊼ important
㊽ sweet, salty
㊾ spicy, hot
㊿ sour
(51) bitter
(52) delicious, tasty, yummy
(53) bland
(54) crispy
(55) greasy
(56) sunny
(57) rainy
(58) snowy
(59) windy
(60) cloudy
(61) cool
(62) hot
(63) cold, chilly
(64) warm
(65) red
(66) blue
(67) yellow
(68) pink
(69) white
(70) brown
(71) black
(72) green
(73) orange

2 다음 우리말을 영어로 쓰시오.

① many, much, a lot of, lots of
② a few, a little / few, little
③ some, any
④ no
⑤ Korean, Chinese, Japanese, American

3 다음 숫자를 기수와 서수로 쓰시오.

① one, first
② two, second
③ three, third
④ four, fourth
⑤ five, fifth
⑥ six, sixth
⑦ seven, seventh
⑧ eight, eighth
⑨ nine, ninth
⑩ ten, tenth

⑪ eleven, eleventh
⑫ twelve, twelfth
⑬ thirteen, thirteenth
⑭ fourteen, fourteenth
⑮ fifteen, fifteenth
⑯ sixteen, sixteenth
⑰ seventeen, seventeenth
⑱ eighteen, eighteenth
⑲ nineteen, nineteenth
⑳ twenty, twentieth

㉑ twenty-one, twenty-first
㉒ twenty-two, twenty-second
㉓ twenty-three, twenty-third
㉔ twenty-four, twenty-fourth
㉕ twenty-five, twenty-fifth
㉖ thirty, thirtieth
㉗ forty, fortieth
㉘ fifty, fiftieth
㉙ sixty, sixtieth
㉚ seventy, seventieth

㉛ eighty, eightieth
㉜ ninety, ninetieth
㉝ one hundred, one hundredth

4 다음 숫자를 영어로 쓰시오.

① fifty-seven
② three hundred sixty-eight
③ nine thousand two hundred forty-six
④ two thousand eight hundred seventy-nine
⑤ thirty-two thousand six hundred fifty-four
⑥ seven hundred twenty-one thousand eight hundred ninety
⑦ six million five hundred twenty-eight thousand three hundred eighty-five
⑧ eighty-three million seven hundred sixty-nine thousand two hundred thirty-six
⑨ four hundred twenty-eight million seven hundred fifty-two thousand nine hundred fifty-eight

5 다음 사람, 사물의 수를 영어로 쓰시오.

① three boys
② five books
③ ten students
④ six bags
⑤ eight friends
⑥ ten apples
⑦ seven dolls

6 다음 연도, 시각, 돈을 영어로 쓰시오.

① eighteen hundred
② nineteen eighty-one
③ nineteen seventy-eight
④ nineteen ninety-seven
⑤ two thousand
⑥ two thousand two
⑦ two thousand ten = twenty ten
⑧ two thousand twelve = twenty twelve
⑨ nine o'clock
⑩ five fifty
⑪ eight twenty-five
⑫ three forty-five
⑬ two thirty- seven
⑭ seven o'clock
⑮ ten dollars
⑯ two hundred thirty-five dollars

⑰ twenty-five dollars and fifteen cents

⑱ three hundred seventy-eight dollars and eighty-six cents

⑲ thirty-nine dollars and twenty-seven cents   ⑳ fifty-five dollars and thirty-seven cents

7 다음 날짜, 순서, 학년, 층을 영어로 쓰시오.

① December second = the second of December

② March first = the first of March

③ May fifth = the fifth of May

④ October twenty-first = the twenty-first of October

⑤ July fifth, nineteen eighty-eight = the fifth of July, nineteen eighty-eight

⑥ March twenty-second, two thousand nine = the twenty-second of March, two thousand nine

⑦ August seventeenth, nineteen eighty-five = the seventeenth of August, nineteen eighty-five

⑧ January ninth, twenty thirteen = the ninth of January, twenty thirteen

⑨ the second desk(bus)   ⑬ my first love

⑩ the third man(boy, girl)   ⑭ the third(fifth, seventh, ninth, thirteenth, twenty-eighth) floor

⑪ my thirteenth birthday   ⑮ the second(third, fourth, fifth, sixth) grade

⑫ my second son

8 다음 방, 전화번호를 영어로 쓰시오.

① three oh one   ⑫ oh two, seven five eight, six four three nine

② five one two = five twelve   ⑬ one, eight hundred, two eight nine, eight five hundred

③ seven three six = seven thirty-six

④ one two oh one = twelve oh one

⑤ one three one eight = thirteen eighteen

⑥ one five two one = fifteen twenty-one

⑦ one, five three seven, six seven five, three five six nine

⑧ oh eight three, six seven one, six five four oh

⑨ one, three six four, seven seven(또는 double seven) two, eight oh oh (double oh 또는 eight hundred)

⑩ eight five eight, three seven two, three three three(또는 triple three) two

⑪ oh one oh, three six one nine, five five(또는 double five) two six

9 다음 소수점, 분수를 영어로 쓰시오.

① five point three   ③ thirteen point eight five   ⑤ two thirds

② twenty-five point seven   ④ one(a) half   ⑥ three fifths

② 형용사의 자리 – 매우 중요하다. 형용사를 왜? 공부해???

① 형용사는 명사를 앞에서 수식한다.

② 동사의 대상으로(동사 뒤에 위치) '주어'를 설명한다.

(1) 형용사는 명사를 앞에서 수식한다.

셀 수 있는 명사가 한 개일 경우 반드시 명사 앞에 'a/an'을 붙여야 한다. (단 명사가 셀 수 없는 명사이거나 복수명사일 경우 a(an)을 붙이지 않는다.)

하지만 명사를 수식하는 형용사가 있을 경우 형용사 앞에 'a/an'을 붙이고 형용사를 수식하는 부사가 있을 경우 부사 앞에 'a/an'을 붙여야 한다고 이미 관사 편에서 설명하였다.

<도식화>   · a/an + 명사   ← 명사의 발음에 따라서 'a/an'이 결정된다.
          · a/an + 형용사 + 명사 ┐
          · a/an + 부사 + 형용사 + 명사 ┘ ← 형용사나 부사의 발음에(명사가 아니다) 따
              └ 이 어순은 예외 있음('부사' 편 참고)   라서 a, an 이 결정된다. ('관사' 편 참고)

▶ 형용사 + 명사 ← 형용사가 명사를 수식할 경우 거의 우리말 어순과 동일하다.(예외 있음)

① 성질, 상태 형용사

명사		형용사 명사	(강조)부사 형용사 명사
남자 a man	→	친절한 남자 a kind man	매우 친절한 남자 a very kind man
나무 a tree	→	큰 나무 a tall tree	매우 큰 나무 a very tall tree
방 a room	→	깨끗한 방 a clean room	매우 깨끗한 방 a very clean room
자동차 a car	→	작은 자동차 a small car	매우 작은 자동차 a very small car
물 water	→	뜨거운 물 hot water	매우 뜨거운 물 very hot water
소녀 a girl	→	예쁜 소녀 a pretty girl	정말 예쁜 소녀 a really pretty girl
책 a book	→	유용한 책 a useful book	매우 유용한 책 a very useful book

└ useful(júːsfəl) u의 발음이 j라서 a를 붙임

- 컴퓨터 a computer → 오래된 컴퓨터 ⋯→ an old computer ← old가 모음 o로 발음
  매우 오래된 컴퓨터 ⋯→ a very old computer
- 과학자 a scientist → 유명한 과학자 ⋯→ a famous scientist
  매우 유명한 과학자 ⋯→ a very famous scientist

그는 가수이다.

[주어] 그녀는 she
[동사] ～이다 is
[동대] 가수 a singer

He is a singer.

그는 유명한 가수이다.

[주어] 그녀는 she
[동사] ～이다 is
[동대] 유명한 가수 a famous singer

He is a famous singer.

그는 매우 유명한 가수이다.

[주어] 그녀는 she
[동사] ～이다 is
[동대] 매우 유명한 가수 a very famous singer

He is a very famous singer.

【주의】

- 소유격 + 명사 ┐
- this(that) + 명사 ┘ 이 둘의 경우 셀 수 있는 명사가 한 개일지라도 'a/an, the'를 붙이지 않는다고 이미 관사 편에서 설명했었다.

당연히 명사를 수식하는 형용사가 명사 앞에 올지라도 'a, an, the'를 붙이지 않는다.

- 소유격 + 형용사 + 명사
- this(that) + 형용사 + 명사 ⟶ these(those) + 형용사 + 복수명사

- 내(나의) 자동차 my car → 나의 새로운 자동차 my new car
- 그녀의 친구 her friend → 그녀의 오랜 친구 her old friend
- 그의 딸 his daughter → 그의 사랑스러운 딸 his lovely daughter

- 이 자동차 this car → 이 새 자동차 this new car
- 이 가방 this bag → 이 오래된 가방 this old bag
- 이 가방들 these bags → 이 새 가방들 these new bags
- 저 꽃 that flower → 저 아름다운 꽃 that beautiful flower
- 저 꽃들 those flowers → 저 아름다운 꽃들 those beautiful flowers

그것은 나의 새로운 자동차이다.

`주어` 그것은 It

`동사` ～이다 is

`동대` 나의 새로운 자동차 my new car

It is my new car.

그녀는 그의 사랑스러운 딸이다.

`주어` 그녀는 she

`동사` ～이다 is

`동대` 그의 사랑스러운 딸 his lovely daughter

She is his lovely daughter.

② 색깔, 날씨, 맛 형용사

- 꽃 a flower → 노란 꽃 a yellow flower
- 자동차 a car → 검은 자동차 a black car
- 드레스 a dress → 흰 드레스 a white dress
- 장미 a rose → 빨간 장미 a red rose
- 눈 eyes(복수) → 파란 눈 blue eyes

- 날 a day → 맑은(흐린, 비오는, 눈 오는)날 a sunny(cloudy, rainy, snowy) day
- 재킷 a jacket → 따뜻한 재킷 a warm jacket
- 장갑, 옷 gloves, clothes(복수) → 따뜻한 장갑(옷) warm gloves(clothes)
- 날씨 weather → 흐린(추운, 따뜻한, 더운, 쌀쌀한) 날씨
                  = cloudy(cold, warm, hot, chilly) weather

- 꿈 a dream 단(좋은) 꿈 → a sweet dream
- 음식 food → 짠(단, 매운, 신, 기름진, 맛있는) 음식
                = salty(sweet, spicy, sour, greasy, delicious) food

쓰고 말하기 쉬운 Fun English

그것은 노란 꽃이다.

주어 그것은 It

동사 ~이다 is

동대 노란 꽃 a yellow flower

It is a yellow flower.

그녀는 눈이 파랗다.

주어 그녀는 she

동사 ~가지고 있다 has

동대 파란 눈 blue eyes

She has blue eyes.

맑은(흐린) 날이다.

주어 It (비인칭 주어)

동사 ~이다 is

동대 맑은(흐린) a sunny(cloudy) day

It is a sunny(cloudy) day.

③ 수량 형용사 (136쪽 참고)

• 책 a book	→	많은 책 many books = a lot of(lots of) books
• 친구 a friend	→	많은 친구 many friends = a lot of(lots of) friends
• 사람들 people	→	많은 사람들 many people = a lot of(lots of) people
• 차 car	→	많은 차 many cars = a lot of(lots of) cars
• 돈 money	→	많은 돈 much money = a lot of(lots of) money
• 물 water	→	많은 물 much water = a lot of(lots of) water
• 음식 food	→	많은 음식 much food = a lot of(lots of) food
• 빵 bread	→	많은 빵 much bread = a lot of(lots of) bread

• 친구 a friend   •조금의(약간의) 친구 ── 긍정문 some friends
                                        └─ 의문문, 부정문 any friends

조금의 친구 a few friends / 친구가 거의 없음 few friends

•친구가 조금도 없음 no friend(한 명), no friends(여러 명)

- 돈 money
  - 조금의(약간의) 돈
    - 긍정문 some money
    - 의문문, 부정문 any money
  - 조금의 돈 a little money / 돈이 거의 없음 little money
  - 돈이 조금도 없음 no money

- 책 a book
  - 조금의(약간의) 책
    - 긍정문 some books
    - 의문문, 부정문 any books
  - 조금의 책 a few books / 책이 거의 없음 few books
  - 책이 조금도 없음 no book, no books

- 물 water
  - 조금의(약간의) 물
    - 긍정문 some water
    - 의문문, 부정문 any water
  - 조금의 물 a little water / 물이 거의 없음 little water
  - 물이 조금도 없음 no water

- 음식 food
  - 조금의(약간의) 음식
    - 긍정문 some food
    - 의문문, 부정문 any food
  - 조금의 음식 a little food / 음식이 거의 없음 little food
  - 음식이 조금도 없음 no food

나는 많은 책을 가지고 있다.

주어 나는 I

동사 가지고 있다 have

동대 많은 책을 many books = a lot of books = lots of books

I have many books. = I have a lot of books.(= lots of books)

나는 많은 돈을 가지고 있다.

주어 나는 I

동사 가지고 있다 have

동대 많은 돈을 a lot of money = lots of money

I have a lot of money.(= lots of money)

설명 much는 거의 긍정문에 사용하지 않는다.

　　a lot of(= lots of)를 주로 긍정문에 사용한다.

그녀는 돈을 좀 가지고 있다.

주어 그녀는 She

동사 가지고 있다 has

동대 조금의 돈 some money
　　　　　　　　셀 수 없는 명사

She has some money.

나는 돈이 조금도 없다.

주어 나는 I

동사 안 가지고 있다 don't have ── 일반동사 부정문 – 주어가 1인칭 – 동사 앞에 don't를 붙인다.

동대 조금의 돈 any money
　　　　　　　셀 수 없는 명사

I don't have any money. = I have no money.
　not ~ any = no

그는 친구가 좀 있다.

주어 그는 He

동사 가지고 있다 has

동대 조금의 친구 some friends

He has some friends

너는 친구가 좀 있니?

주어 너는 You ──

동사 가지고 있다 have ── 일반동사 의문문 – 주어가 2인칭 – 주어 앞에 Do를 붙인다.

동대 조금의 친구 any friends

Do you have any friends?

▶ '권유나 요청'의 의문문에 some을 사용한다. / Would you like~ ~하시겠습니까?

• (권유) 커피 좀 드시겠습니까? Would you like some coffee?

• (요청) 제가 물 좀 마실 수 있을 까요? Can I have some water?

나는 친구가 조금도 없다. (부정문)

주어 나는 I ──

동사 가가지고 있지 있다 don't have ── 일반동사 부정문 – 주어가 1인칭 – 동사 앞에 don't를 붙인다.
　　　　　　　　　　　　　　　　　　　not ~ any = no / do not의 줄임 – don't

동대 조금의 친구 any friends

I don't have any friends. = I have no friends.

나는 친구가 좀(몇 명) 있다.

주어 나는 I

동사 가지고 있다 have

동대 조금의 친구 a few friends

I have a few friends.

나는 친구가 거의 없다.

주어 나는 I

동사 가지고 있다 have

동대 친구가 거의 없음 few friends

I have few friends.

▶ ~있다 ➡ There is + 단수 명사(주어) + 장소 / There are + 복수 명사(주어) + 장소

▪ 병 안에 물이 조금 있다. There is a little water in the bottle.

▪ 책상 위에 많은 책이 있다. There are many books on the desk.

나는 돈을 조금 가지고 있다.

주어 나는 I

동사 가지고 있다 have

동대 조금의 돈 a little money

I have a little money.

그녀는 돈이 거의 없다.

주어 그녀는 She

동사 가지고 있다 has

동대 돈이 거의 없음 little money

She has little money.

▸ 조금도 ~ 없는 = no + 명사 = not + any + 명사

설명 ▶ 'no + 명사' ➡ 'no'뒤에 주로 복수명사를 사용한다. 단 하나도 없다는 것을 강조할 경우 단수명사가 가능하다. 셀 수 없는 명사도 당연히 가능하다.

그는 친구가 조금도 없다.

주어 그는 He

동사 가지고 있다 has

동대 친구가 조금도 없음 no friends

He has no friends. = He doesn't have any friends.

비교 그는 친구가 (한 명도) 없다. He has no friend.

나는 자동차가 조금도 없다.

주어 나는 I

동사 가지고 있다 have

동대 자동차가 조금도 없음 no cars

I have no cars. = I don't have any cars.

비교 나는 자동차가 (한 대도) 없다. I have no car.

나는 시간이 전혀 없다.

주어 나는 I

참고 time 시간 – 셀 수 없는 명사

동사 가지고 있다 have

times 번(횟수), 배(비교)　┌─ 셀 수 있는 명사

동대 시간이 전혀 없음 no time

└─ two times 두 번(배)

I have no time. = I don't have any time.

④ 고유 형용사

- 한국(중국, 일본, 미국) 음식 Korean(Chinese, Japanese, American) food
- 한국(중국, 일본) 식당 a Korean(Chinese, Japanese) restaurant
- 미국식당 an American restaurant ← 모음 A로 시작 – an
- 한국(미국, 중국, 일본) 문화 Korean(American, Chinese, Japanese) culture …등

내가 가장 좋아하는 한국 음식은 불고기이다.

주어 내가 가장 좋아하는 한국 음식은 My favorite Korean food

동사 이다 is

동대 불고기 Bulgogi

My favorite Korean food is Bulgogi.

⑤ 수사 – 사람, 사물의 수 ← 기수 / 순서, 학년, 층 ⋯ 서수

설명▶ 수사에서 이미 예문을 보았겠지만, 수사가 형용사로서 명사를 수식함을 보여주기 위해서 다시 한 번 써 놓았다.

- 세 명의 학생들 three students
- 다섯 명의 친구들 five friends

- 두 권의 책들 two books
- 네 대의 자동차들 four cars

- 두 번째 집 the second house
- 다섯 번째 선수 the fifth player
- 나의 열여덟 번째 생일 my eighteenth birthday

- 세 번째 사람 the third person
- 그녀의 둘째(두 번째) 딸 her second daughter
    └─ 소유격 다음 the는 붙이지 않음

- 3학년(4학년, 5학년, 6학년) the third(fourth, fifth, sixth) grade
- 5층(7층, 9층, 12층) the fifth(seventh, ninth, twelfth) floor

- 교실에는 10명의 학생들이 있다. – There are + 복수 주어 + 장소

  There are ten students in the classroom.

오늘은 나의 15번째 생일이다.

주어 오늘은 Today

동사 ~이다 is

동대 나의 15번째 생일 my fifteenth birthday

Today is my fifteenth birthday.

나는 지금 5학년이다.

주어 나는 I

동사 ~에 이다 am in

동대 5학년 the fifth grade

부사 지금 now

I am in the fifth grade now.

그는 10층에 산다.

주어 그는 He

동사 ~에 산다 lives on

동대 10층 the tenth floor

He lives on the tenth floor.

나는 지금 15달러를 가지고 있다.

주어 나는 I

동사 가지고 있다 have

동대 15달러를 fifteen dollars

부사 지금 now

I have fifteen dollars now.

참고

▸ 형용사가 '～thing(something, anything)'로 끝나는 대명사를 수식할 경우 대명사 **뒤**에 온다.

<도식화> 'something + 형용사' / something + (형용사) + to 동원

- 특별한 것 something special (긍정문) / anything special (부정문, 의문문)
- 중요한 것 something important
- 뜨거운 것 something hot
- 차가운 것 something cold
- 마실 것 something to drink
- 마실 차가운 것 something cold to drink

- 나는 뭔가 특별한 것을 원한다. I want something special. ┅ 긍정문이니 something
- 뭔가 특별한 것이 있니? Is there anything special? ┅ 의문문이니 anything

▸ such(형용사) – (명사 수식) – 그(이)런, 굉장한, 대단한

　　　　　　 (형용사가 있는 명사를 수식할 경우) – 정말(대단히)~한, 그(이)렇게

ⓐ 단수명사를 수식할 경우 a/an **앞**에 온다. / 복수, 셀 수 없는 명사 **앞**에서 수식

- such a thing 그런 것
- such a man 그런 사람
- such a story 그런 이야기
- such things 그런 것들
- such men 그런 사람들
- such a liar 굉장한 거짓말쟁이

ⓑ such가 형용사가 있는 명사를 수식할 경우의 어순에 주의하길 바란다.

- such + a(n) + 형용사 + 명사
  - 정말 좋은 사람 such a good man
  - 정말 좋은 날 such a lovely day
  - 정말 친절한 소년 such a kind boy

- 그는 정말 좋은 사람이다. He is such a good man.

- 너는 이렇게 좋은 사람을 만나본 적이 있니? Have you ever met such a good man?

즉 'such'가 단수명사를 수식하거나 형용사가 있는 단수명사를 수식할 경우 'a, an' 앞에 온다.

(2) 동사의 대상으로 동사 뒤에 와서 "주어"를 설명한다.

▶ 주어를 설명한다. – "주어와 동대"의 관계이다.

<도식화> 주어 + 동사 + **형용사**

└── 동사의 대상 = 이하 동대로 줄인다.

참고 영어인 형용사 '-ㄴ'이 우리말 형용사인 '-다'로 되기 위해서는 **영어인** 형용사 앞에 be **동사**를 붙여주면 우리말 형용사인 '-다'로 된다. 즉 '-다'에 해당하는 동사는 be동사인 것이다.

• 키가 큰 tall	→	키가 크다	···▶ be tall
• 행복한 happy	→	행복하다	···▶ be happy
• 아픈 sick	→	아프다	···▶ be sick
• 슬픈 sad	→	슬프다	···▶ be sad
• 작은 small	→	작다	···▶ be small
• blue 파란	→	파랗다	···▶ be blue
• cold 추운	→	춥다	···▶ be cold
• hungry 배고픈	→	배가 고프다	···▶ be hungry

형용사 앞에 전부 be를 붙인 이유는 주어에 따라서 be동사가 다르기 때문이다.

···등

예문

01 그는 친절하다

주어 그는 He

동사 ~다 is

동대 (형용사) 친절한 kind

He is kind.
주어인 그(he)가 친절하다는 것이다.

02 그녀는 행복하다.

주어 그녀는 She

동사 ~다 is

동대 (형용사) 행복한 happy

She is happy.

　　주어인 그녀가(she) 행복하다는 것이다. ◐ 주어 설명

03 나는 키가 크다.

주어 나는 I

동사 ~다 am

동대 (형용사) 키가 큰 tall

I am tall.

　　주어인 내(I)가 키가 크다는 것이다.

04 그들은 지금 배가 고프다.

주어 그들은 They

동사 ~다 are

동대 (형용사) 배가 고픈 hungry

부사 지금 now

They are hungry now.

　　주어인 그들이(They) 배가 고프다는 것이다.

05 이 책은 재미있다.

주어 이 책은 This book

동사 ~다 is

동대 (형용사) 재미있는 interesting

This book is interesting.

　　주어인 이 책이 재미있다는 것이다.

06 저 꽃은 아름답다.

주어 저 꽃은 That flower

동사 ~다 is

동대 (형용사) 아름다운 beautiful

That flower is beautiful.

　　주어인 저 꽃이 아름답다는 것이다.

…등

각 품사의 자리와 종류

참고 동사의 대상으로 '동대2'에 형용사가 올 경우 이 형용사는 '동대1'을 설명한다. 더 자세한 것은 동사 편에서 설명한다. ← 그냥 한번 읽고 보고 넘기면 된다.

<도식화> 주어 + 동사 + **동대1 동대2**
　　　　　　　　　　　　목적격　형용사 ─ 동사의 대상이 두 개 올 경우 동대1과 동대2의 관계
　　　　　　　　　　　　　　　　　　　　로 동대2인 형용사는 문장 맨 앞에 있는 주어를 설명
　　　　　　　　　　　　　　　　　　　　하는 것이 아니라 동대1을 설명한다.
　　　　　　　　　　　　　　　└──── 동대1에 인칭대명사가 올 경우 항상 목적격임을 명심하라.

예문

비교 ・I am happy. 나는 행복하다. ⋯ 주어인 내(I)가 행복하다는 것이다. 즉 주어인 I를 설명

・He makes me happy. 그는 나를 행복하게 한다.
　　　　　동대1　동대2 ← 주어인 그(He)가 행복한 것이 아니라 동대1인 내가(me) 행복하다는 것이다(I am
　　　　　　　　　　　　happy). 즉 동대2의 형용사는 동대1을 설명하고 있다.

───

・She is reading a book. 그녀는 책을 읽고 있다. ⋯ 주어인 she가 책을 읽고 있다.

・She saw him reading a book. 그녀는 그가 책을 읽고 있는 것을 보았다.
　　　　　동대1　　동대2 ← 주어인 그녀가(she) 책을 읽는 것이 아니라 동대1인 그가(him) 책을 읽고 있다고(He
　　　　　　　　　　　　 is reading a book) 동대2는 동대1을 설명하고 있다.

───

결론 다음 두 가지만이라도 확실히 알아두기 바란다.

① 형용사는 주로 명사 앞에 와서 그 명사를 수식한다.(뒤에서 수식할 때도 있다.)

　형용사 + 명사
　└──────┘

② 형용사는 동사 뒤에 와서 주어를 설명한다.(동대1 설명은 '동사' 편에서 참고하길 바란다.)

핵심 단어를 외울 경우 반드시 뜻을 구분해서 외우자. 가르쳐 본 결과 영어인 형용사를 전부 우리말 형용사로(~다) 외우고 있다는 것이다. 영어인 형용사의 뜻은 "~다"가 아니다. 즉 영어인 형용사의 뜻은 전부 '-ㄴ 이나 -의'로 되어 있다는 것을 명심하자.

영어	우리말
pretty 예쁜	예쁘다.
happy 행복한	행복하다.
kind 친절한	친절하다.
big 큰	크다.
black 검은, 검정색의	검다. 검정색이다.
blue 파란, 파란색의	파랗다. 파란색이다.
hungry 배고픈	배가 고프다.

…등

왜 이렇게 외워야 하느냐고 묻는다면 – 영어의 핵심은 '주어 + 동사'라고 했었다.

만약 우리말 '나는 행복하다'를 영어로 할 경우 'I am happy'를 우리말과 같게 'I happy'로 할 수 있는 오류를 범할 수 있다는 것이다. 또한 명사를 수식할 경우 '행복한 소녀(a happy girl)'를 '행복하다 소녀'로 말도 안 되는 말이 되기 때문이다.

> **1** 다음 우리말을 영어로 쓰시오.
> – 형용사가 명사를 수식할 경우 우리말 어순과 동일하다. (예외 있음)

정답 p.178

① 남자 ⇨   키가 큰 남자 ⇨   매우 키가 큰 남자 ⇨

② 소녀 ⇨   예쁜 소녀 ⇨   매우 예쁜 소녀 ⇨

③ 여자 ⇨   친절한 여자 ⇨   매우 친절한 여자 ⇨

④ 방 ⇨   깨끗한 방 ⇨   매우 깨끗한 방 ⇨

⑤ 물 ⇨   차가운 물 ⇨   매우 차가운 물 ⇨

⑥ 음식 ⇨   맛있는 음식 ⇨   매우 맛있는 음식 ⇨

⑦ 책 ⇨   새 책 ⇨   매우 유용한 책 ⇨

             유용한 책 ⇨

⑧ 컴퓨터 ⇨   새 컴퓨터 ⇨

⑨ 내(나의) 차 ⇨   내 새로운 차 ⇨

⑩ 그녀의 친구 ⇨   그녀의 오래된 친구 ⇨

⑪ 그의 딸 ⇨   그의 사랑스러운 딸 ⇨

⑫ 이 차 ⇨   이 새로운 차(이 새 차) ⇨

⑬	이 차들 ⇨	이 새 차들 ⇨
⑭	저 꽃 ⇨	저 아름다운 꽃 ⇨
⑮	저 꽃들 ⇨	저 아름다운 꽃들 ⇨
⑯	꽃 ⇨	노란 꽃 ⇨
⑰	장미 ⇨	빨간 장미 ⇨
⑱	(사람)눈 ⇨	파란 눈 ⇨
⑲	자동차 ⇨	검은 자동차 ⇨
⑳	드레스 ⇨	흰 드레스 ⇨
㉑	날 ⇨	추운(더운, 맑은, 흐린, 비 오는, 눈 오는) 날 ⇨
㉒	재킷 ⇨	따뜻한 재킷 ⇨
㉓	장갑(옷) ⇨	따뜻한 장갑(옷) ⇨
㉔	날씨 ⇨	추운(쌀쌀한, 더운, 흐린, 맑은, 따뜻한) 날씨 ⇨
㉕	꿈 ⇨	달콤한 꿈(단 꿈) ⇨
㉖	음식 ⇨	짠(단, 매운, 신, 기름진, 맛있는) 음식 ⇨
㉗	책 ⇨	많은 책 ⇨
㉘	차 ⇨	많은 차 ⇨

29 가방 　　　　　　　　　 많은 가방
　⇨　　　　　　　　　　　⇨

30 친구 　　　　　　　　　 많은 친구
　⇨　　　　　　　　　　　⇨

31 학생 　　　　　　　　　 많은 학생들
　⇨　　　　　　　　　　　⇨

32 사람들 　　　　　　　　 많은 사람들
　⇨　　　　　　　　　　　⇨

33 빵 　　　　　　　　　　 많은 빵
　⇨　　　　　　　　　　　⇨

34 물 　　　　　　　　　　 많은 물
　⇨　　　　　　　　　　　⇨

35 돈 　　　　　　　　　　 많은 돈
　⇨　　　　　　　　　　　⇨

36 음식 　　　　　　　　　 많은 음식
　⇨　　　　　　　　　　　⇨

37 친구　　　　• 조금의(약간의) 친구 ──── 긍정문 ⇨
　⇨
　　　　　　　　　　　　　　　　　　 의문문, 부정문 ⇨

　　　　　조금의 친구 ⇨

　　　　　친구가 거의 없음 ⇨

　　　　• 친구가 조금도 없음 ⇨

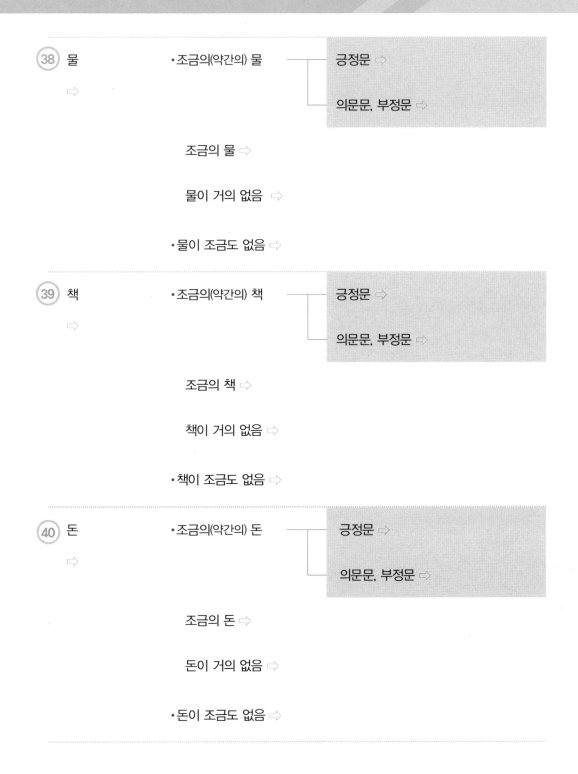

38 물
⇨

- 조금의(약간의) 물 ── 긍정문 ⇨

  ── 의문문, 부정문 ⇨

  조금의 물 ⇨

  물이 거의 없음 ⇨

- 물이 조금도 없음 ⇨

39 책
⇨

- 조금의(약간의) 책 ── 긍정문 ⇨

  ── 의문문, 부정문 ⇨

  조금의 책 ⇨

  책이 거의 없음 ⇨

- 책이 조금도 없음 ⇨

40 돈
⇨

- 조금의(약간의) 돈 ── 긍정문 ⇨

  ── 의문문, 부정문 ⇨

  조금의 돈 ⇨

  돈이 거의 없음 ⇨

- 돈이 조금도 없음 ⇨

(41) 음식

⇨

• 조금의(약간의) 음식 — 긍정문 ⇨

— 의문문, 부정문 ⇨

조금의 음식 ⇨

음식이 거의 없음 ⇨

• 음식이 조금도 없음 ⇨

---

(42) 한국(중국, 일본, 미국) 음식

⇨

(43) 한국(중국, 일본, 미국) 문화

⇨

(44) 한국의 길거리 음식

⇨

(45) 특별한 것 긍정문

⇨

의문문, 부정문

⇨

(46) 중요한 것

⇨

(47) 차가운 것

⇨

(48) 마실 것

⇨

(49) 마실 차가운 것

⇨

(50) 예쁘다.

⇨

(51) 귀엽다.

⇨

(52) 키가 크다.

⇨

(53) 행복하다.

⇨

(54) 친절하다.

⇨

(55) 맛있다.

⇨

(56) 춥다, 덥다

⇨

(57) 파랗다, 노랗다.

⇨

(58) 아프다

(59) 슬프다

(60) 배가 고프다.

(61) 똑똑하다.

(62) 아름답다.

(63) 쉽다.

(64) 바쁘다.

(65) 어렵다.

(66) 중요하다.

(67) 깨끗하다.

(68) 짜다.

(69) 시다, 맵다.

1 다음 우리말을 영어로 쓰시오. – 형용사가 명사를 수식할 경우 우리말 어순과 동일하다.(예외 있음)

① a man / a tall man / a very tall man

② a girl / a pretty girl / a very pretty girl

③ a woman / a kind woman / a very kind woman

④ a room / a clean room / a very clean room

⑤ water / cold water / very cold water

⑥ food / delicious food / very delicious food

⑦ a book / a new book, a useful book / a very useful book

⑧ a computer / a new computer

⑨ my car / my new car

⑩ her friend / her old friend

⑪ his daughter / his lovely daughter

⑫ this car / this new car

⑬ these cars / these new cars

⑭ that flower / that beautiful flower

⑮ those flowers / those beautiful flowers

⑯ a flower / a yellow flower

⑰ a rose / a red rose

⑱ eyes / blue eyes

⑲ a car / a black car

⑳ a dress / a white dress

㉑ a day / a cold(hot, sunny, cloudy, rainy, snowy) day

㉒ a jacket / a warm jacket

㉓ gloves, clothes / warm gloves, warm clothes

㉔ weather / cold(chilly, hot, cloudy, sunny, warm) weather

㉕ a dream / a sweet dream

㉖ food / salty(sweet, sour, greasy, delicious) food

㉗ a book / many books = a lot of(lots of) books

㉘ a car / many cars = a lot of(lots of) cars

㉙ a bag / many bags = a lot of(lots of) bags

㉚ a friend / many friends = a lot of(lots of) friends

㉛ a student / many students = a lot of(lots of) students

㉜ people / many people = a lot of(lots of) people

㉝ bread / much bread = a lot of(lots of) bread

㉞ water / much water = a lot of(lots of) water

㉟ money / much money = a lot of(lots of) money

㊱ food / much food = a lot of(lots of) food

㊲ a friend / some friends, any friends / a few friends, few friends / no friends, no friend

㊳ water / some water, any water / a little water, little water / no water

㊴ a book / some books, any books / a few books, few books / no books, no book

㊵ money / some money, any money / a little money, little money / no money

㊶ food / some food, any food / a little food, little food / no food

㊷ Korean(Chinese, Japanese, American) food

㊸ Korean(Chinese, Japanese, American) culture

㊹ Korean street food

㊺ something special / anything special

㊻ something important

㊼ something cold

㊽ something to drink

㊾ something cold to drink

㊿ be pretty

(51) be cute

(52) be tall

(53) be happy

(54) be kind

(55) be delicious

(56) be cold / be hot

(57) be blue / be yellow

(58) be sick

(59) be sad

(60) be hungry

(61) be smart

(62) be beautiful

(63) be easy

(64) be busy

(65) be difficult

(66) be important

(67) be clean

(68) be salty

(69) be sour / be spicy

F 부사 (副詞)

　주(主)된 것 외에 '장소, 방법, 시간, 강조, 빈도(횟수), 목적…' 등의 의미를 지닌 '단어나 구'를 부사(구)라고 한다.

단어
- 주(主)된 것 – 동사, 명사(대명사), 형용사 ➡ 문장에서 생략 불가능
- 부가적(附加的)인 것 – 주 된 것 이외에 '장소, 방법, 시간, 강조, 빈도(횟수), 목적 등'의 의미를 지닌 '부사나 부사구'를 말한다. ➡ 부가적인 것에 불과하기에 문장에서 생략 가능

(1) (장소, 방법, 시간, 강조, 빈도)부사

▶ 장소부사 (구)	here 여기에, there 거기에/그곳에, home 집에(으로), downtown 시내에(로) upstairs 위층에(으로), downstairs 아래층에(으로), at the party 파티에서 at the airport 공항에, in the room 방안에 …등
▶ 방법부사 (어떻게)	hard 열심히, well 잘, slowly 천천히/느리게, quickly 빠르게 quietly 조용히, carefully 조심스럽게, happily 행복하게, easily 쉽게 kindly 친절하게, safely 안전하게 …등
▶ 시간부사 (구)	yesterday 어제, today 오늘, tonight 오늘밤에, tomorrow 내일 now 지금, early 일찍, late 늦게, soon 곧, later 나중에, 후에 every day 매일, this morning 오늘아침에 …등
▶ 강조부사	very 매우, really 정말, pretty 꽤, so 매우/너무, too 너무 quite 꽤 …등 　**참고**　 very – 보통에서 좀 더 so – 보통보다 훨씬 더 (긍정의미) too – (너무)지나치게 (부정의미)
▶ 빈도부사 (횟수)	always 항상 > usually 보통 > often 종종 > sometimes 때때로 hardly 거의~않다. > never 결코(절대로) ~않다. …등 　**참고**　 hardly와 never는 부정어이기 때문에 not과 같은 또 다른 부정어를 쓰면 안 된다.

(2) 형용사를 부사로 만들기 - 형용사에 '-ly(게)'를 붙이면 부사가 된다.

① 일반적인 경우 - 형용사에 ly를 붙인다.

- slow 느린 ⋯ slowly 천천히, 느리게
- quiet 조용한 ⋯ quietly 조용히
- real 진짜의 ⋯ really 정말
- loud 큰, 시끄러운 ⋯ loudly 크게, 큰 소리로
- careful 주의 깊은, 조심스러운 ⋯ carefully 주의 깊게, 조심스럽게
- kind 친절한 ⋯ kindly 친절하게
- quick 빠른 ⋯ quickly 빠르게
- safe 안전한 ⋯ safely 안전하게
- beautiful 아름다운 ⋯ beautifully 아름답게

② y로 끝나는 형용사 -y를 i로 바꾸고 ly를 붙인다.

- happy 행복한 ⋯ happily 행복하게
- lucky 운 좋은 ⋯ luckily 다행히, 운 좋게도
- busy 바쁜 ⋯ busily 바쁘게
- easy 쉬운 ⋯ easily 쉽게
- dirty 더러운 ⋯ dirtily 더럽게
- heavy 무거운 ⋯ heavily 심하게, 무겁게

③ -le로 끝나는 형용사 -e를 빼고 y만 붙인다.

- simple 간단한, 단순한 ⋯ simply 간단히, 단순히
- comfortable 편안한 ⋯ comfortably 편안하게
- gentle 부드러운 ⋯ gently 부드럽게
- terrible 끔찍한 ⋯ terribly 무섭게, 몹시

(3) 형용사와 부사가 동일한 형태 - 뜻이 다르다.

단어	형용사	부사	
fast	빠른	빨리	
late	늦은	늦게	참고 lately 최근에
early	이른	일찍	
hard	어려운	열심히	참고 hardly 거의~않다
long	긴	오래	
pretty	예쁜	꽤	
high	높은	높이	
well	건강한	잘	
enough	충분한	충분히	
far	먼	멀리	
only	유일한	단지, 오직	

- He is a fast runner.　(명사수식 – 형용사)　그는 빠른 주자이다.
- He runs fast.　(동사수식 – 부사)　그는 빨리 달린다.

- I was late today.　(be동사 + 형용사)　나는 오늘 늦었다.
- I got up late today.　(동사수식 – 부사)　나는 오늘 늦게 일어났다.

- Math is hard.　(be동사 + 형용사)　수학은 어렵다.
- She studies English hard.　(동사수식 – 부사)　그녀는 영어를 열심히 공부한다.

- It is not a high mountain.　(명사수식 – 형용사)　그것은 높은 산이 아니다.
- She jumped high.　(동사수식 – 부사)　그녀는 높이 뛰었다.

- She is a pretty girl.　(명사수식 – 형용사)　그녀는 예쁜 소녀이다.
- She is pretty beautiful.　(형용사 수식 – 부사)　그녀는 꽤 예쁘다.

1 부사의 역할 – 부사는 '동사, 형용사, 다른 부사, 문장 전체'를 수식한다.

① 동사를 수식할 경우 – 주로 동사 앞이나 뒤, 문장 끝에 와서 동사를 수식한다.

- The bus stopped suddenly.　그 버스는 갑자기 멈췄다. – 동사 뒤

- I study hard.　나는 열심히 공부한다. – 동사 뒤

- She swims well.　그녀는 수영을 잘한다. – 동사 뒤

- They finally arrived home.　그들은 마침내 집에 도착했다. – 동사 앞

- I study English hard.　나는 영어를 열심히 공부한다. – 문장 끝

② 강조부사가 형용사나 부사를 수식할 경우 – 형용사나 부사 앞에서 수식한다

▶ (강조)**부사** + **형용사**

- I am happy.　　　I am very happy.　　　I am so happy.
  나는 행복하다.　···▶　나는 매우 행복하다.　···▶　나는 너무 행복하다.

- The movie was boring. ⋯→ The movie was really boring.

그 영화는 지루했다.   그 영화는 정말 지루했다.

- I am tired.   I am so tired.   I am too tired. ⋯→ I am pretty tired.

나는 피곤하다.   나는 너무 피곤하다.   나는 꽤 피곤하다.

참고 다음 강조 부사의 어순에 주의하자.

very 매우, really 정말, pretty 꽤 / so 매우, 너무 / too 너무 / quite 꽤

ⓐ 위 부사가 **명사가 없는** '형용사나 부사'를 수식할 경우 형용사, 부사 **앞**에서 수식한다.

very, really, pretty + 형용사(부사)
/so, too, quite

- very tall 매우 키가 큰 / really happy 정말 행복한
- so pretty 너무 예쁜 / pretty good 꽤 좋은
- too small 너무 작은 / too fast 너무 빠르게
- quite warm 꽤 따뜻한

ⓑ 위 부사가 **명사가 있는** 형용사를 수식할 경우의 어순에(형용사와 a/an의 위치) 주의하길 바란다.

설명 very(really, pretty) ⋯→ 'a/an + very(really, pretty) + 형용사 + 명사' 어순이다.

하지만 'so, quite, too'의 어순은 위 부사와 다르기에 잘 기억하자.

▸ so + 형용사 + a(n) + 명사 ⋯→ 거의 사용 안 함. 대신 'such a(n) + 형용사 + 명사'를 사용한다.
▸ quite + a(n) + 형용사 + 명사   └ 형용사이다. (167쪽 '형용사'편 참고)
▸ too + 형용사 + a(n) + 명사

- a very nice person 매우 멋진 사람	- such a nice person 정말 멋진 사람
- a really nice car 정말 멋진 차	- such a nice car 정말 멋진 차
- a very small house 매우 작은 집	- This is too difficult a book for you to read. 이것은 네가 읽기에 너무 어려운 책이다.

⌐	• a very good day 매우 좋은 날	• a really good day 정말 좋은 날	• a pretty good day 꽤 좋은 날	⌐ 어순 비교
⌐	• quite a good day 꽤 좋은 날	• such a good day 정말 좋은 날		

ⓒ 'many + 셀 수 있는 복수명사 / much + 셀 수 없는 단수명사를 수식할 경우 so나 too로 한다.

• many books 많은 책 ⋯ so(too) many books 정말(너무) 많은 책

• much information 많은 정보 ⋯ so(too) much information 정말(너무) 많은 정보

▶ (강조)부사 + 부사

• He runs fast. ⋯ He runs very fast.
그는 빨리 달린다. 그는 매우 빨리 달린다.

• She speaks English well. ⋯ She speaks English very well.
그녀는 영어를 잘 말한다. └부사 그녀는 영어를 매우 잘 말한다.

• They sing well. └부사 ⋯ They sing quite well.
그들은 노래를 잘 부른다. 그들은 노래를 꽤 잘 부른다.

• Thank you. ⋯ Thank you very much. / Thank you so much.
고마워요. 정말 고마워요.

참고 정도 – very much 매우 많이 < so much 정말 많이 < too much 너무 많이

• Don't eat too much
너무 많이 먹지마라.

---

③ 문장 천체를 수식할 경우 – 보통 문장 앞에 오고 콤마(,)를 한다. 콤마로 분리하여
    어느 것을 수식하는지 분명히 하기 위해서다.

• Fortunately, **I was not late for school.** 다행스럽게도 나는 학교에 늦지 않았다.

- Surprisingly, **the woman looked well.** 놀랍게도 그 여자는 건강하게 보였다. ⎤ 비교

  The woman looked **surprisingly well.** 그 여자는 놀랍도록 건강해 보였다. ⎦

  형용사 수식 – well(잘, 건강한, 우물, 글쎄)

- Frankly, **I don't like him.** 솔직히 나는 그를 좋아하지 않는다.

---

② 부사의 자리 (매우 중요하다.)

※ 부사의 자리는 절대적인 것이 아님을 기억하자. 왜냐하면 글쓴이와 말하는 사람의 느낌에 따라서 달라질 수 있기 때문이다. 따라서 여기서는 일반적으로 사용하는 경우이다.

(1) 부사가 '동사, 형용사, 다른 부사'를 수식할 경우의 자리

부사가 동사를 수식할 경우 **동사 앞이나 뒤, 문장 끝** / 형용사나 다른 부사를 수식할 경우 **형용사나 다른 부사 앞** / 문장 전체를 수식할 경우 **문장 앞**에 온다고 이미 설명하였다.

(2) 빈도부사 자리

① 빈도부사 자리 – be동사, 조동사 뒤 / 일반 동사 앞. – 비 조 뒤, / 일 앞

• He is late.	⋯▸ He is always late. – be동사 뒤
그는 늦는다.	그는 항상 늦는다.
• She loves him.	⋯▸ She always loves him. – 일반 동사 앞
그녀는 그를 사랑한다.	그녀는 항상 그를 사랑한다.
• I get up at 7 o'clock.	⋯▸ I usually get up at 7 o'clock. – 일반 동사 앞
나는 7시에 일어난다.	나는 보통 7시에 일어난다.
• He takes a walk in the morning.	⋯▸ He often takes a walk in the morning.
그는 아침에 산책을 한다.	그는 종종 아침에 산책을 한다.

참고 very often 매우 자주, 그냥 자주 – 보통 문장 끝에 온다.
He doesn't take a bath very often. 그는 자주 목욕을 하지 않는다.

• I will forget her.	⋯▸ I will never forget her. – 조동사 뒤
나는 그녀를 잊을 것이다.	나는 그녀를 절대 잊지 않을 것이다.

- Do you play the guitar?　　⋯▶　Do you sometimes play the guitar? – 일반 동사 앞
  기타 치세요?　　　　　　　　　　가끔씩 기타를 연주 하나요?

- I sometimes miss my mom. 나는 가끔씩 엄마를 그리워한다. – 일반 동사 앞
  ⋮ **강조할 경우** – 문장 앞에 온다.
  Sometimes I miss my mom.

- He reads a book.　　⋯▶　He hardly reads a book. – 빈도부사 – 일반 동사 앞
  그는 책을 읽는다.　　　　　그는 책을 거의 읽지 않는다.

② (주로) 빈도 부사구로 사용 – 보통 문장 끝에 온다.

ⓐ ┌ · 매일 every day　　　　　┌ · 거의 매일 almost every day
　 │ · 매주 every week　　　　　└ · 항상 all the time(= always)
　 │ · 매달 every month
　 └ · 매년 every year

ⓑ 횟수 + a 단수기간 ➡ (단수 기간에) 몇 번

[참고] 횟수 ➡ 한번 once / 두 번 twice = two times / 세 번 이상 – 기수 + times

┌ · 하루에 한 번 once a day　　　┌ · 일주일에 한 번 once a week
└ · 한 달에 한 번 once a month　 └ · 일 년에 한 번 once a year

┌ · 하루에 두 번 twice a day = two times a day
│ · 일주일에 두 번 twice a week = two times a week
│ · 한 달에 두 번 twice a month = two times a month
└ · 일 년에 두 번 twice a year = two times a year

┌ · 하루에 세 번 three times a day　　　┌ · 일주일에 세 번 three times a week
└ · 한 달에 세 번 three times a month　 └ · 일 년에 세 번 three times a year

┌ · 하루에 한두 번 once or twice a day.
│ · 일주일에 두세 번 two or three times a week
│ · 일주일에(한 달에) 한두 번 once or twice a week(a month)
└ · 대략 한 달에 한두 번 about once or twice a month [참고] 횟수 앞 "about" – 대략

ⓒ every + 기수 + 복수명사 / every + 서수 + 단수명사 → 마다

- 이틀마다(하루걸러) every two days = every second day = every other day
- 3일마다(이틀 걸러) every three days = every third day
- 2주마다(한주 걸러) every two weeks = every second week = every other week
- 3주마다(2주 걸러) every three weeks = every third week
- 두 달 마다(한 달 걸러) every two months = every second month = every other month
- 2년마다(1년 걸러) every two years = every second year = every other year
- 4년마다(3년 걸러) every four years = every fourth year

참고 ▶ every other + 단수 ← "매 다른 ～"

every day(week) 매일(매주) → every other day(week…) 매 다른 날, 매 다른 주

→ 즉 하루(한주…)걸러 → 이틀에(2주에, 두 달에, 2년에) 한 번

→ every other day(week, month, year)

참고 ▶ 위 every 앞에 once를 써도 '한 번'의 뜻이다. '며칠마다 = 며칠에 한 번' 같은 의미이다. 즉 이틀마다. = 이틀에 한 번 / 4년마다 = 4년에 한 번

- 이틀에 한 번 once every other day = once every two days
  = once every second day
- 두 달에 한 번 once every other month = once every two months
  = once every second month
- 4년에 한 번 once every four years = once every fourth year …등

참고 ▶ every: 형용사 - 모든, 매, 마다

- 모든(하나하나 전부) - every + 단수명사 + 단수동사
  이 명사가 셀 수 있는 단수명사일지라도 'a, an, the'를 붙이지 않는다.

  ◦ 모든 학생 every student   ◦ 모든 소녀 every girl

쓰고 말하기 쉬운 Fun English

▪ (주로)빈도 부사로 쓰여 – 매, 마다

　ⓐ every + 단수명사 ← 이 역시 명사가 셀 수 있는 단수명사일지라도 'a, an, the'를 붙이지 않는다. (**예**) 185쪽 ⓒ번)

　　　◦ 매분(1분마다) every minute　　◦ 매시간(1시간 마다) every hour
　　　◦ 매일 아침(오후, 밤) every morning(afternoon, night)

　ⓑ every + 기수 + 복수명사 ┐ ← 수량형용사에 따라 다르다. 형용사 편에서 기수
　　 every + 서수 + 단수명사 ┘　뒤엔 복수를 서수 뒤엔 단수로 한다고 이미 설명
　　　(**예**) 186쪽 ⓒ번)　　　　　했다.

　　　◦ 10분마다 every ten minutes　　◦ 2시간 마다 every two hours

예문

▪ Take this medicine once a day. 이 약을 하루에 한 번 드세요.

▪ I usually meet my friend twice a week. 나는 보통 일주일에 두 번 내 친구를 만난다.

▪ I brush my teeth three times a day. 나는 하루에 세 번 양치질한다.
　참고 brush one's teeth. 양치질하다. (one's – 주어의 소유격으로 바꾼다.)

▪ She sees a movie once a month. 그녀는 한 달에 한 번 영화를 본다.

▪ She sees a movie once or twice a month. 그녀는 한 달에 한두 번 영화를 본다.
　참고 see a movie. = watch a movie. 영화를 보다.

▪ He washes his hair every two days. 그는 이틀에 한 번 머리를 감는다.
　참고 wash one's hair. 머리를 감다. (one's – 소유격으로 바꾼다.)

▪ I wash my car once every two months. 나는 두 달에 한번 세차를 한다.
　참고 wash one's car. (누구의 차를) 세차하다. (one's – 소유격으로 바꾼다.)

▪ I eat out once every three weeks. 나는 3주에 한번 외식을 한다.
　참고 eat out. 외식하다.

1 장소부사 (구)	여기에 ⇨	거기에, 그곳에 ⇨	집에(으로) ⇨
	시내에(로) ⇨	위층에(으로) ⇨	아래층에(으로) ⇨
	파티에서 ⇨	공항에 ⇨	방안에 ⇨
2 방법부사 (어떻게)	열심히 ⇨	잘 ⇨	빠르게 ⇨
	천천히, 느리게 ⇨	조용히 ⇨	조심스럽게 ⇨
	행복하게 ⇨	쉽게 ⇨	친절하게 ⇨
	안전하게 ⇨		
3 시간부사 (구)	어제 ⇨	오늘 ⇨	오늘밤(에) ⇨
	내일 ⇨	지금 ⇨	곧 ⇨
	일찍 ⇨	늦게 ⇨	나중에, 후에 ⇨
	매일 ⇨	오늘아침에 ⇨	
4 강조부사	매우 ⇨	매우, 너무 ⇨	너무 ⇨
	정말 ⇨	꽤 ⇨	꽤 ⇨

> **참고** very – 보통에서 좀 더
> so – 보통보다 훨씬 더 (긍정의미)
> too – (너무)지나치게 (부정의미)

	항상	보통	종종
⑤ 빈도부사 (횟수)	⇨	⇨	⇨
	때때로	거의 ~않다	
	⇨	⇨	
	결코(절대로) ~ 않다		
	⇨		

⑥ 빈도부사의 자리를 쓰시오.

⇨ _____

실전 **Test** ✏️ » **2** 다음 우리말을 형용사와 부사로 쓰시오.   정답 p.194

형용사	부사
① 행복한 ⇨	행복하게 ⇨
② 바쁜 ⇨	바쁘게 ⇨
③ 쉬운 ⇨	쉽게 ⇨
④ 빠른 ⇨	빠르게 ⇨
⑤ 친절한 ⇨	친절하게 ⇨
⑥ 진짜의 ⇨	정말 ⇨
⑦ 조용한 ⇨	조용하게 ⇨
⑧ 슬픈 ⇨	안타깝게도, 슬프게 ⇨
⑨ 주의 깊은 ⇨	주의 깊게 ⇨

각 품사의 자리와 종류   *189*

형용사	부사
⑩ 무거운 ⇨	심하게, 무섭게 ⇨
⑪ 운 좋은 ⇨	다행히, 운 좋게도 ⇨
⑫ 편안한 ⇨	편안하게 ⇨
⑬ 좋은 ⇨	잘 ⇨
⑭ 느린 ⇨	천천히, 느리게 ⇨
⑮ 아름다운 ⇨	아름답게 ⇨
⑯ 큰, 시끄러운 ⇨	크게, 큰 소리로 ⇨

실전 Test 》》 **3** 다음 형용사와 부사의 형태가 동일한 단어의 뜻을 쓰시오. 정답 p.194

단어	형용사	부사
① fast		
② late		
③ early		
④ hard		
⑤ long		
⑥ pretty		

쓰고 말하기 쉬운 Fun English

⑦	high		
⑧	well		
⑨	enough		
⑩	far		
⑪	only		

① 명사 없는 형용사나 부사를 수식할 경우의 자리 ⇨

② 매우 키가 큰
⇨

③ 정말 아름다운
⇨

④ 너무 추운
⇨

⑤ 꽤 따뜻한
⇨

⑥ 매우 빨리
⇨

⑦ 매우 잘
⇨

⑧ 매우 많이
⇨

명사가 있는 형용사를 수식할 경우의 자리

⑨ very, really ⇨

⑩ such, quite ⇨

⑪ too ⇨

⑫	매우 중요한 사람 ⇨	⑬	정말 멋진 사람 ⇨
⑭	너무 작은 자동차 ⇨	⑮	꽤 작은 집 ⇨

⑯ 'many + 셀 수 있는 복수명사 / much + 셀 수 없는 단수명사'를 수식할 경우의 부사
⇨

⑰	정말(너무) 많은 책 ⇨	⑱	정말(너무) 많은 정보 ⇨

실전 Test ✎ ⟫⟫⟫ **5** 다음 빈도부사구를 영어로 쓰시오. 정답 p.195

1 하루에 한 번 →

2 하루에 두 번 →

3 하루에 세 번 →

4 일주일(한 달)에 한 번 →

5 일주일(한 달)에 두 번 →

6 일주일(한 달)에 세 번 →

7 일주일(한 달)에 두세 번 →

8 대략 한 달에 두세 번 →

⑨ 일 년에 한 번	→	

⑩ 일 년에 두 번	→	

⑪ 일 년에 서너 번	→	

⑫ 대략 일 년에 서너 번	→	

⑬ 이틀마다(이틀에 한 번)	→	

⑭ 3일마다(3일에 한 번)	→	

⑮ 2주마다(2주에 한번)	→	

⑯ 두 달에 마다 (두 달에 한 번)	→	

⑰ 2년마다(2년에 한 번)	→	

⑱ 4년마다(4년에 한 번)	→	

1 다음 부사를 영어로 쓰시오.

① here / there / home / downtown / upstairs / downstairs / at the party / at the airport / in the room

② hard / well / quickly / slowly / quietly / carefully / happily / easily / kindly / safely

③ yesterday / today / tonight / tomorrow / now / soon / early / late / later / every day / this morning

④ very / so / too / really / pretty / quite

⑤ always / usually / often / sometimes / hardly / never

⑥ be동사, 조동사 ➡ 뒤 / 일반동사 ➡ 앞 ➡ be조뒤 / 일앞

2 다음 우리말을 형용사와 부사로 쓰시오.

① happy / happily
② busy / busily
③ easy / easily
④ quick / quickly
⑤ kind / kindly
⑥ real / really

⑦ quiet / quietly
⑧ sad / sadly
⑨ careful / carefully
⑩ heavy / heavily
⑪ lucky / luckily
⑫ comfortable / comfortably

⑬ good / well
⑭ slow / slowly
⑮ beautiful / beautifully
⑯ loud / loudly

3 다음 형용사와 부사의 형태가 동일한 단어의 뜻을 쓰시오.

① 빠른 / 빨리
② 늦은 / 늦게
③ 이른 / 일찍
④ 어려운 / 열심히

⑤ 긴 / 오래
⑥ 예쁜 / 꽤
⑦ 높은 / 높이
⑧ 건강한 / 잘

⑨ 충분한 / 충분히
⑩ 먼 / 멀리
⑪ 유일한 / 단지, 오직

4 다음 강조부사가 형용사나 부사를 수식할 경우의 자리를 쓰시오. (very, really, so, too, quite, pretty …등)

① 형용사, 부사 앞에 온다.
② very tall
③ really beautiful
④ too cold
⑤ quite(pretty) warm
⑥ very fast
⑦ very well
⑧ very much
⑨ a(an) + 부사(very, really) + 형용사 + 명사

⑩ such + a(n) + 형용사 + 명사 / quite + a(n) + 형용사 + 명사
⑪ too + 형용사 + a(an) + 명사
⑫ a very important person
⑬ such a nice person
⑭ too small a car
⑮ quite a small house
⑯ so, too
⑰ so(too) many books
⑱ so(too) much information

5 다음 빈도부사구를 영어로 쓰시오.

① once a day

② twice a day

③ three times a day

④ once a week(a month)

⑤ twice a week(a month)

⑥ three times a week(a month)

⑦ two or three times a week(a month)

⑧ about two or three times a month

⑨ once a year

⑩ twice a year

⑪ three or four times a year

⑫ about three or four times a year

⑬ every two days = every second day =every other day

⑭ every three days = every third day

⑮ every two weeks = every second week =every other week

⑯ every two months = every second month =every other month

⑰ every two years = every second year = every other year

⑱ every four years = every fourth year

③ 동사의 대상으로 '장소, 방법, 시간'을 나타내는 부사나 부사구가 올 경우의 자리

✱ 동사의 대상

┌ 주(主) 된 것 - 명사(대명사), 형용사

　　　　　　 참고 명사의 확장 - to부정사의 명사용법, 동명사, 명사절

└ 부가적인 것 - "장소, 방법, 시간(이하 - 장방시 또는 방장시), 목적…등"을 나타내는

　　　　　　 부사나 부사구

(1) 동사의 대상이 한 개일 경우

　동사의 대상으로 주된 것이든 부가적인 것이든 한 개 올 때 영어의 핵심인 '주어 + 동사'를 쓰고 동사 뒤에 대상을 한 개 쓰면 된다.

예문

· 나는 그녀를 만났다.

주어 나는 I

동사 만났다 met

동대 그녀를 (대명사) her

I met her.

그녀는 친절하다.

주어 그녀는 She

동사 ～이다 is

동대 친절한 (형용사) kind

She is kind.

그녀는 천천히 걸어간다.

주어 그녀는 She

동사 걸어간다 walks - 주어가 3인칭 단수 - 동사에 s를 붙임

동대 (부사) 천천히 slowly

She walks slowly.

　　　　　　　　　　　　　　　　　　　　 쓰고 말하기 쉬운 Fun English

그녀는 피아노를 연주한다.

주어 그녀는 She

동사 연주한다 plays

동대 (명사) 피아노를 the piano

She plays the piano.

그는 방 안에 있다.

주어 그는 He

동사 ~있다 is

동대 (부사구) 방안에 in the room

He is in the room.

그들은 학교에 걸어간다.

주어 그들은 They

동사 걸어가다 walk

동대 (부사구) 학교에 to school

They walk to school.

· 그녀는 위층으로 갔다. She went upstairs.

· 밖에서 놀아도 되나요? May I play outside?

　　참고 outside 밖에(서) (정적) / out 밖으로 (동적)

· 우리는 내일 만날 것이다. We will meet tomorrow.

· 그녀는 내 옆에 앉았다. She sat beside me. ──────── 부사구: 전치사 + 명사

· 우리는 물 없이 살 수 없다. We can't live without water. ──┘

　　참고 부사구 – 주로 "전치사 + 명사(대명사)"로 이루어져 동사를 수식한다.

(2) 동사의 대상으로 **주된 것과 부가적인 것**이 올 경우의 자리

① 부가적인 것인 '장소, 방법, 시간'을 의미하는 부사나 부사구가 올 경우의 자리
   (시간은 보통 끝)

> **설명** ▶ 동사의 대상인 **장소와 방법을 함께 쓸 경우** 어느 것을 동사 가까이에 두느냐
> 의 문제이다. 즉 동사의 대상은 **동사의 의미(뜻)와 밀접한 관련에 따라서** 장소가 먼저
> 일 수도 방법이 먼저일 수도 있다는 것이다.

ⓐ 동사가 '장소의 이동'을 의미하는 경우 – 주로 장소부사(구)를 동사 가까이에 둔다.

　　　　<도식화> 주어 + 동사 + 장소 + 방법 + 시간(장방시)
　　　　(두 개) 장소 뒤에 방법이나 시간을 두면 된다. / 장소가 없을 경우 – 방법 + 시간"

> **참고** ▶ 장소의 이동
>
> | | |
> |---|---|
> | • go 가다 ➡ (장소)어디에(로) | • come 오다 ➡ (장소)어디에(로) |
> | • arrive 도착하다 ➡ (장소)어디에 | • travel ~에 여행하다 ➡ (장소)어디에 |
> | • move 이사하다 ➡ (장소)어디에 | • walk 걸어가다 ➡ (장소)어디에 |

ⓑ 위 ⓐ번 의미를 제외한 동사의 경우 – 주로 **방법부사**를 동사 가까이에 둔다.

　　　　<도식화> 주어 + 동사 + 방법부사 + 장소 + 시간(방장시)
　　　　(두 개) 방법 뒤에 장소나 시간을 두면 된다. / 방법이 없을 경우 – '장소 + 시간'

> **참고** ▶ 구(전치사 + 명사) – '방법부사구와 장소부사구'는 서로 바꿔 쓸 수 있다.(시간
> 은 보통 끝)

> **참고** ▶ 위 ⓐ번 과 ⓑ번은 장소와 방법을 함께 쓸 경우 어느 것을 동사 가까이에
> 두느냐 하는 것이다. 따라서 ⓐ번 의미를 가진 동사 뒤에 장소부사(구)가
> 없을 경우 방법부사(구)나 시간부사(구)를 쓸 수 있고 ⓑ번 의미를 가진
> 동사 뒤에도 방법부사가 없을 경우 얼마든지 장소부사(구)나 시간부사(구)
> 를 쓸 수 있다. (두 개 올 경우 시간은 보통 끝에 온다.) ● 예문 참고

ⓒ 한 문장에 두 개 이상의 장소나 시간이 겹칠 경우

우리말은 '큰 것' ➡ '작은 것' 순으로 말한다. 하지만 영어는 우리말과 반대로 '작은 것 ➡ 큰 것' '짧은 단어(부사) ➡ 긴 단어(부사구)' 순으로 한다.

　　<도식화> 작은 장소 ➡ 큰 장소 / 작은 시간 ➡ 큰 시간 / 부사 ➡ 부사구

② 주된 것(명사, 대명사)과 두 개 이상의 부가적인 것을(장소, 방법, 시간) 함께 사용할 경우의 자리

당연히 주(主)된 것인 우리말 '-을 /-를'에 해당하는 '명사, 대명사가' 먼저 오고 그다음 부가적인 것이 온다. 부가적인 것에서의 1순위는 방법부사이고 위 ⓑⓒ의 규칙에 따른다.

　　<도식화> 주어 + 동사 + 명사(대명사) + 방법부사 + 장소부사(구) + 시간부사(구)
　　(두 개) '주 + 동 + 명사(대명사)' 뒤에 방법이 있으면 방법 뒤에 장소나 시간을 둔다.
　　　　　　　　　　　　　　방법이 없을 경우 – 장소 + 시간

　　　참고 이 역시 명사(대명사) 뒤 '장소부사구와 방법부사구'는 서로 바꿔 쓸 수 있다.

③ 주된 것인 형용사와 부사구(전치사 + 명사, to + 동사원형)가 있을 경우 형용사 뒤에 부사구가 온다.

　　<도식화> 주어 + 동사 + 형용사 + 부사구

　　　참고 부사의 자리는 매우 다양하다. 따라서 여기서는 일반적으로 사용하는 경우임을 다시 한 번 말한다.

01

우리는 방과 후에 집에 함께 간다.
　주어　　　시간　　　장소 방법 동사

'간다.'의 대상은 '방과 후에, 집에, 함께'이다. 이 경우 시간은 보통 문장 끝에 오기 때문에 '집에'와 '함께' 둘 중 어느 것을 동사 가까이에 두느냐가 문제이다. 이 경우 동사가 장소의 이동을 의미하는 동사이기 때문에 '간다.'와 갈 어울리는 주 대상은 장소인 '집에'이다. 따라서 '장소 + 방법 + 시간'의 순이다.

[주어] 우리는 We

[동사] 간다 go

[동대] (장 + 방 + 시) 집에 home / 함께 together / 방과 후에 after school

We go home together after school.
　　　　장소　　　방법　　　　시간

(두 개) 장소 뒤에 방법이나 시간을 두면 된다. / 장소가 없을 경우 – '방법 + 시간'

- 우리는 집에 함께 간다. We go home together.
　　　　　　　　　　　　　　　　장소　　방법
- 나는 방과 후에 집에 간다. I go home after school.
　　　　　　　　　　　　　　　　장소　　　시간

(장소가 없을 경우) – 방법 + 시간

- 우리는 함께 간다. We go together.
- 우리는 방과 후에 함께 간다. We go together after school.
　　　　　　　　　　　　　　　　　　방법　　　　시간

그는 어제 버스를 타고 학교에 왔다.
　　　시간　　방법　　　장소

'왔다.'의 대상은 '어제, 버스를 타고, 학교에'이다. 이 경우 역시 동사가 장소의 이동을 의미하는 동사이기 때문에 '왔다.'와 잘 어울리는 주 대상은 장소인 '학교에'이다. 따라서 '장소 + 방법 + 시간'의 순이다.

[주어] 그는 He

[동사] 왔다 came

[동대] (장 + 방 + 시) 학교에 to school / 버스를 타고 by bike / 어제 yesterday

He came to school by bus yesterday.
　　　　　장소　　　방법　　　시간

(두 개) 장소 뒤에 방법이나 시간을 두면 된다. / 장소가 없을 경우 – '방법 + 시간'

- 그는 버스를 타고 학교에 왔다. He came to school by bus.
　　　　　　　　　　　　　　　　　장소　　　방법

- 그는 어제 학교에 오지 않았다. He didn't come to school yesterday.
                                                          장소   시간

(장소가 없을 경우) − 방법 + 시간

- 그는 버스를 타고 왔다. He came by bus.
                                          방법
- 그는 오후 3시에 버스를 타고 왔다. He came by bus at 3 pm.
                                                            방법   시간

나는 친구와 함께 자전거를 타고 학교에 간다.
       방법   방법   장소

"간다"의 대상은 "친구와 함께, 자전거를 타고, 학교에"이다. 동사가 장소의 이동을 의미하는 동사이기에 동사의 주 대상은 "학교에"이다. 따라서 '장소 + 방법 + 방법' 순이다. 방법부사구가 겹칠 경우 바꿔 쓸 수 있다.

주어 나는 I

동사 간다 go

동대 (장 + 방 + 방) 학교에 to school / 친구와 함께 with my friend
                      / 자전거를 타고 by bike

I go to school with my friend by bike.
= I go to school by bike with my friend.

---

02 그들은 어제 학교에서 열심히 공부했다.
              시간   장소   방법

'공부했다'의 대상은 '어제, 학교에서, 열심히'이다. 이 경우 역시 시간은 보통 문장 끝에 오기 때문에 '열심히'와 '학교에서' 둘 중 어느 것을 동사 가까이에 두느냐가 문제이다.

'그들은 어제 학교에서 열심히 공부했다. / 그들은 어제 열심히 학교에서 공부했다.' 둘 중 어느 것(?)

'공부했다'는 장소의 이동을 의미하는 동사가 아니기 때문에 위에서 보듯 '공부했다'와 잘 어울리는 주 대상은 방법부사인 '열심히'이다. 따라서 '방법 + 장소 + 시간'의 순이다.

주어 그들은 They

동사 공부했다 studied

동대 (장 + 방 + 시) 열심히 hard / 학교에서 at school / 어제 yesterday

They studied hard at school yesterday.
              방법   장소   시간

(두 개) 방법 뒤에 장소나 시간을 두면 된다. / 방법이 없을 경우 – '장소 + 시간'

 • 나는 학교에서 열심히 공부했다. I studied hard at school.
 　　　　　　　　　　　　　　　　　　　　方法　 場所

 • 나는 어제 열심히 공부했다. I studied hard yesterday.
 　　　　　　　　　　　　　　　　　方法　　 時間

(방법이 없을 경우) – 장소 + 시간

 • 나는 학교에서(집에서) 공부했다. I studied at school.(at home.)
 　　　　　　　　　　　　　　　　　　　　　　　場所

 • 나는 어제 학교에서(집에서) 공부했다.

  I studied at school(at home) yesterday.
  　　　　　　　場所　　　　　　　時間

참고

home 부사 집에(으로) ← 방향 – 단어 자체에 '에'가 있기 때문에 전치사 없이 사용한다.
　　　 명사 집 – 장소인 집이므로 '집에'는 장소전치사 at(에)을 사용한다. – at home

그녀는 조금 전에 내 앞에서 환하게 웃었다.　　　참고 brightly 환하게, 밝게
　　　　時間　　　場所　　方法

'웃었다'의 대상은 '조금 전에, 내 앞에서, 환하게'이다. 이 역시 시산은 보통 문장 끝에 오기 때문에 '내 앞에서'와 '환하게' 둘 중 어느 것을 동사 가까이에 두느냐가 문제이다.

'그녀는 지난주에 내 앞에서 환하게 웃었다. / 그녀는 지난주에 환하게 내 앞에서 웃었다.' 둘 중 어느 것(?)

'웃었다' 역시 장소의 이동을 의미하는 동사가 아니기 때문에 위에서 보듯 '웃었다'와 잘 어울리는 주 대상은 방법부사인 '환하게'이다. 따라서 '방법 + 장소 + 시간'의 순이다.

주어 그녀는 She

동사 웃었다 smiled

동대 (방 + 장 + 시) 환하게 brightly / 내 앞에서 in front of me
　　　　　　　　　　/ 조금 전에 a little while ago

She smiled brightly in front of me a little while ago.
　　　　　　　方法　　　場所　　　　　時間

(두 개) 방법 뒤에 장소나 시간을 두면 된다. / 방법이 없을 경우 – '장소 + 시간'

 • 그녀는 내 앞에서 환하게 웃었다. She smiled brightly in front of me.
 　　　　　　　　　　　　　　　　　　　　　方法　　　 場所

 • 그녀는 조금 전에 환하게 웃었다. She smiled brightly a little while ago.
 　　　　　　　　　　　　　　　　　　　　　方法　　　 時間

(방법이 없을 경우) – 장소 + 시간

- 그녀는 내 앞에서 웃었다.   She smiled in front of me.
  장소
- 그녀는 조금 전에 내 앞에서 웃었다.

  She smiled in front of me a little while ago.
  장소   시간

참고 smile at + 누구 – ～에게 미소 짓다(웃다).

- 그녀는 나에게 미소 지었다.   She smiled at me.
- 그녀는 나에게 상냥하게 미소 지었다.   She smiled sweetly at me.

  참고 전치사(at) 뒤에 오는 것은 전치사의 대상으로 '전치사 + 명대동'은 '구'이다. ('전치사'
  편 참고)

나는 어제 친구와 함께 공원에서 산책을 했다.   참고 take a walk 산책하다
        시간   방법부사구   장소부사구

'산책을 했다'의 대상은 '어제, 친구와 함께, 공원에서'이다. 시간은 보통 문장 끝에 온다. 따
라서 남은 두 대상이 방법구와 장소구로 이루어져 있기 때문에 '방법부사구와 장소부사구'
둘은 서로 바꿔 쓸 수 있다.

주어 나는 I

동사 산책을 했다 took a walk

동대 (방법 + 장소 또는 장소 + 방법) + 시간
    친구와 함께 with my friend / 공원에서 in the park / 어제 yesterday

I took a walk with my friend in the park yesterday.
              방법구   장소구   시간

= I took a walk in the park with my friend yesterday.

(두 개) 구(방법, 장소)는 서로 바꿔 쓸 수 있고 시간은 보통 끝에 온다.

- 나는 공원에서 친구와 함께 산책을 했다.

  I took a walk with my friend in the park.
                방법   장소
  = I took a walk in the park with my friend.

- 나는 어제 친구와 함께 산책을 했다.

  I took a walk with my friend yesterday.
                방법   시간

- 나는 어제 공원에서 산책을 했다.   I took a walk in the park yesterday.
                                    장소   시간

그는 우리와 함께 호텔에 있다.
　　　　방법　　　　장소

'있다'의 대상은 방법부사구인 '우리와 함께'와 장소부사구인 '호텔에'이다. 따라서 둘은 바꿔 쓸 수 있다.

주어 그는 He

동사 있다 is

동대 (장소) 호텔에 at the hotel / (방법) 우리와 함께 with us

He is at the hotel with us.

= He is with us at the hotel.

그녀는 아들과 함께 하와이에서 머물렀다.　　　← 바로 위 설명과 동일하다.
　　　　　방법　　　　　장소

주어 그녀는 She

동사 머물렀다 stayed

동대 (장소) 하와이에서 in Hawaii / (방법) 아들과 함께 with her son

She stayed in Hawaii with her son.

= She stayed with her son in Hawaii.

· 나는 서울에서 가족과 함께 산다.　　　← 바로 위 설명과 동일하다.
　주어　　장소　　　방법　　동사

I live in Seoul with my family.

= I live with my family in Seoul.

비교 그들은 시골에서 행복하게 살았다. They lived happily in the country.
　　　　장소구　　방법부사　　　　　　　방법부사　　장소부사구

방법부사가 있으니 장소 부사구에 앞선다. 또는 짧은 부사 ➡ 긴 부사구

· 그녀는 그녀의 딸과 함께 수영장에서 수영했다.
　　　　　방법구　　　　　장소구

She swam in the pool with her daughter.

= She swam with her daughter in the pool.

✱ 한 문장에 두 개 이상의 장소나 시간이 겹칠 경우

설명 우리말은 '서울에 있는 한 식당에서'라고 말하지 '한 식당에서 서울에 있는'이라고 말하지
　　　　　　　 넓은 장소　　 좁은 장소　　　　　　　　　　 좁은 장소　　 넓은 장소
않는다.

또한 '어제 오후 2시에'라고 말하지 '오후 2시에 어제'라고 하지 않는다.
　　　 큰 시간　작은 시간　　　　　　　 작은 시간　 큰 시간

하지만 영어는 우리말과 반대로 '작은 장소(시간) ➡ 큰 장소(시간)' 순으로 말한다.

마찬가지로 짧은 단어인 '부사' ➡ 긴 단어인 '부사구'(보통 '전치사 + 명사') 순으로 한다.

03　　나는 지난주에 서울에 있는 한 식당에서 점심을 먹었다. ← 주된 것 + 부가적인 것
　　　　　　 시간　　　 큰 장소　　　 작은 장소　　 무엇을

> '먹었다'의 대상은 '지난주에, 서울에 있는, 한 식당에서, 점심을'이다. 이 중에서 주 대상은
> '무엇을'에 해당하는 '점심을'이고 부가적인 것에서는 장소가 겹쳐있기 때문에 '작은 장소 ➡
> 큰 장소' 순으로 한다.
> 따라서 '무엇을 + 장소(작은 장소 ➡ 큰 장소) + 시간'의 순이 된다.

　주어 나는 I

　동사 먹었다 had

　동대 점심을 lunch / 한 식당에서 at a restaurant / 서울에 있는 in Seoul
　　　　 / 지난주에 last week

I had lunch at a restaurant in Seoul last week
　　 무엇을　　 좁은 장소　　 넓은 장소　　 시간

　　나는 어제 오후 2시에 공원에서 그녀를 만났다. ← 주된 것 + 부가적인 것
　　　　 큰 시간 작은 시간　　 장소　　 누구를

> '만났다'의 대상은 '어제, 오후 2시에, 공원에서, 그녀를'이다. 이 역시 주 대상은 '누구를'에
> 해당하는 '그녀를'이고 부가적인 것에서는 시간이 겹쳐있기 때문에 '작은 시간 ➡ 큰 시간'
> 순으로 한다.
> 따라서 '누구를 + 장소 + 시간(작은 시간 ➡ 큰 시간)' 순이다.

　주어 나는 I

　동사 만났다 met

　동대 그녀를 her / 공원에서 in the park
　　　　 / 시간 ➡ 오후 2시에 at 2p.m., 어제 yesterday

I met her in the park at 2pm. yesterday.
　　 누구를　　 장소　　 작은 시간　 큰 시간

나는 아침에 일찍 일어난다.
　　(시간)부사구 (시간)부사

'일어난다.'의 대상은 시간을 의미하는 부사구(아침에)와 부사(일찍)로 이루어져 있다. 따라서 '부사 + 부사구' 순으로 한다.

주어 나는 I

동사 일어난다 get up　　　　　　**참고** get up, wake up 일어나다.

동대 (부사 + 부사구) 일찍 early / 아침에 in the morning

I get up early in the morning.
　　　부사　　　부사구

너의 지우개는 바로 책상 아래에 있다.
　　　　　(장소)부사 (장소)부사구

'있다'의 대상은 장소를 의미하는 부사(바로)와 부사구(책상 아래에)로 이루어져 있다. 따라서 '부사 + 부사구' 순으로 한다.

주어 너의 지우개는 Your eraser

동사 있다 is

동대 (부사 + 부사구) 바로 right / 책상 아래에 under the desk

　　　　　참고 right **형용사** 옳은 / **명사** 오른쪽 / **부사** (시간, 장소) − 바로
　　　　　(시간 **예**) 저녁식사 후 바로 right after dinner.

Your eraser is right under the desk.

그는 그의 아내와 함께 행복하게 살았다.
　　　　(방법)부사구　　　(방법)부사

'살았다'의 대상은 방법을 의미하는 '부사구(그의 아내와 함께)와 부사(행복하게)'로 이루어져 있다. 따라서 '부사 + 부사구' 순으로 한다.

주어 그는 He

동사 살았다 lived

동대 (부사 + 부사구) 행복하게 happily / 그의 아내와 함께 with his wife

He lived happily with his wife.

나는 지난주에 집에서 영어를 열심히 공부했다.　　← 이하 '주된 것 + 부가적인 것'
　　　시간　　장소　무엇을 방법부사　　　　　　　예문이다.

'공부했다'의 대상은 '지난주에, 집에서, 영어를, 열심히'이다. 여기서는 주된 것과 부가적인 것이 둘 다 있기 때문에 '공부했다'의 주 대상은 주된 것인 '누구를, 무엇을'에 해당하는 '영어를(명사)'이고 부가적인 것에서는 방법부사인 '열심히'이다.(시간은 보통 끝) 따라서 '무엇을 (명사) + 방법부사 + 장소 + 시간'의 순서가 나온다.

주어 나는 I

동사 공부했다 studied

동대 영어를 English / 열심히 hard / 집에서 at home / 지난주에 last week

I studied English hard at home last week.
　　　　무엇을　방법　장소　　시간

(두 개) '주 + 동 + 명사(대명사)' 뒤에 방법이 있으면 방법 뒤에 장소나 시간을 둔다.
　　　　　　　　방법이 없을 경우 – 장소 + 시간

　• 나는 집에서 영어를 열심히 공부했다.　I studied English hard at home.
　　　　　　　　　　　　　　　　　　　　　　　　　방법　장소

　• 나는 지난주에 영어를 열심히 공부했다.

　I studied English hard last week.
　　　　　　　　방법　　시간

(방법부사가 없을 경우) – 장소 + 시간

　• 나는 지난주에 집에서 영어를 공부했다.

　I studied English at home last week.
　　　　　　　　장소　　　시간

참고 시간부사구인 지난주는(last week) 문장 앞에 쓸 수 있다.(강조)

지난주 나는 집에서 영어를 공부했다.　Last week I studied English at home.

그들은 어제 불타는 집에서 그녀를 무사히 구조했다.
　　　　시간　　　장소　　　누구를　방법부사

'구조했다'의 대상은 '어제, 불타는 집에서, 그녀를, 무사히'이다. 이 경우 역시 주된 것과 부가적인 것인 함께 있기 때문에 '구조했다'의 주 대상은 주된 것인 '그녀를'이고 부가적인 것에서는 방법부사인 '무사히'이다.(시간은 보통 끝)
따라서 '누구를(대명사) + 방법부사 + 장소 + 시간'의 순서가 나온다.

주어 그들은 They

동사 구조했다 rescued　　　　　　　참고 rescue 구조하다

동대 그녀를 her / 무사히 safely / 불타는 집에서 from the burning house
　　　/ 어제 yesterday

They rescued her safely from the burning house yesterday.
　　　　　　누구를 방법　　　　장소　　　　　　시간

(두 개) '주 + 동 + 명사(대명사)' 뒤에 방법이 있으면 방법 뒤에 장소나 시간을 둔다.
　　　　　　　　방법이 없을 경우 – 장소 + 시간

- 그들은 불타는 집에서 그녀를 무사히 구조했다.

  They rescued her safely from the burning house.
  방법　　　　　장소

- 그들은 어제 그녀를 무사히 구조했다. They rescued her safely yesterday.
  방법　　시간

(방법부사가 없을 경우) – 장소 + 시간

- 그들은 어제 불타는 집에서 그녀를 구조했다.

  They rescued her from the burning house yesterday.
  장소　　　　　시간

그는 그 문제를 컴퓨터로 쉽게 해결했다.
무엇을(명사) 방법부사구 방법부사

'해결했다'의 대상은 '그 문제를, 컴퓨터로, 쉽게'이다. 이 중에서 동사의 주 대상은 '그 문제를(명사)'이고 부가적인 것에서는 방법부사가 있기 때문에 방법부사구보다 방법부사가 우선한다. 따라서 '무엇을 + 방법부사 + 방법부사구'의 어순이 된다.

주어 그는 He

동사 해결했다 solved

동대 그 문제를 the problem / 쉽게 easily / 컴퓨터로 with the computer

He solved the problem easily with the computer.
무엇을　　방법부사　　방법부사구

(한 개 올 경우)

- 그는 쉽게 그 문제를 해결했다. He solved the problem easily.

- 그는 컴퓨터로 그 문제를 해결했다.

  He solved the problem with the computer.

나는 내 비밀을 내 친구에게 솔직하게 털어놓았다.
무엇을　　　부사구　　방법부사

"털어놓았다"의 대상은 "내 비밀을(명사), 내 친구에게, 솔직하게"이다. 이중에서 동사의 주 대상은 "내 비밀을"이고 부가적인 것에서는 방법부사가 있기 때문에 부사구보다 방법부사가 앞선다.
따라서 "무엇을 + 방법부사 + 부사구"의 어순이 된다.

주어 나는 I

동사 털어놓았다 confessed
  참고 confess 고백하다. / openly 솔직히(frankly), 숨김없이, 공공연히

동대 내 비밀을 my secret / 솔직하게 openly / 내 친구에게 to my friend
  참고 to + 누구 – 누구에게

I confessed my secret openly to my friend.
　　　　　　　　무엇을　　방법부사　　부사구

(한 개 올 경우) 방법부사 / 부사구

- 나는 내 비밀을 솔직하게 털어놓았다. I confessed my secret openly.
　　　　　　　　　　　　　　　　　　　　　　　　　　　　　　방법부사
- 나는 내 비밀을 내 친구에게 털어놓았다. I confessed my secret to my friend.
　　　　　　　　　　　　　　　　　　　　　　　　　　　　　　　　　부사구

나는 어제 친구와 함께 도서관에서 영어를 공부했다.
　　　시간　방법부사　　　장소부사구　무엇을(명사)

"공부했다"의 대상은 "어제, 친구와 함께, 도서관에서, 영어를"이다. 이중에서 동사의 주 대상은 "영어를(명사)"이고 부가적인 것에서는(시간은 보통 끝) 장소부사구와 방법부사구로 이루어져 있기 때문에 서로 바꿔 쓸 수 있다. 따라서 "무엇을 + (장소구 + 방법구 또는 방법구 + 장소구) + 시간"의 어순이 된다.

주어 나는 I

동사 공부했다 studied

동대 영어를 English / 도서관에서 in the library, 친구와 함께 with my friend / 어제 yesterday

I studied English in the library with my friend yesterday.
　　무엇을(명사)　장소부사구　　　방법부사구　　　시간

= I studied English with my friend in the library yesterday.

(두 개) '주 + 동 + 명사(대명사)' 뒤에 방법이 있으면 방법 뒤에 장소나 시간을 둔다.
방법이 없을 경우 - 장소 + 시간

- 나는 친구와 함께 도서관에서 영어를 공부했다.

  - I studied English in the library with my friend.
　　　　　　　　　　　　장소　　　　　방법
  = I studied English with my friend in the library.
　　　　　　　　　　　　방법　　　　　　　장소
- 나는 어제 도서관에서 영어를 공부했다.

  I studied English in the library yesterday.
　　　　　　　　　　　장소　　　　시간
- 나는 어제 친구와 함께 영어를 공부했다.

  I studied English with my friend yesterday.
　　　　　　　　　　방법　　　　　시간

많은 사람들이 파티에 참석했다. ← 형용사 + 부사구
　　　　　부사구　　형용사

주어 많은 사람들이 Many people

동사 ～다 were ← 주어가 복수　　　참고 present 참석한 → 참석했다 be present

동대 (형용사) 참석한 present / (부사구) 파티에 at the party

Many people were present at the party.

그녀는 나에게 친절하다.　　　　　참고 kind 친절한 → 친절하다 be kind
　　　　부사구　형용사

주어 그녀는 She

동사 ～다 is

동대 (형용사) 친절한 kind / (부사구) 나에게 to me

She is kind to me.

참고 그녀는 항상 나에게 친절하다.

항상 always ← 빈도부사: be동사, 조동사 뒤, 일반동사 앞

She is always kind to me.

나는 너를 만나서 행복하다.　　　　　참고 happy 행복한 → 행복하다 be happy
　　　부사구　　형용사

주어 나는 I

동사 ～다 am

동대 (형용사) 행복한 happy / (부사구) to + 동사원형 − 너를 만나서 to meet you

I am happy to meet you.

참고 만나서 반가워 Nice to meet you.

Good to meet you.

Glad to meet you.　　　　Nice와 good은 앞 It's 생략

Happy to meet you　　　나머지는 I'm이 생략

Pleased to meet you.

비교 Nice to meet you.　　Nice to see you.
　　　처음 만났을 때　　　만난 적이 있을 때

실전 Test ✎ ▸ 1 다음 우리말을 영어로 쓰시오.

---

① 나는 어제 그녀를 만났다.
⇨

② 그녀는 피아노를 연주한다.
⇨

③ 그들은 방 안에 있다.
⇨

④ 그는 천천히 걸어간다.
⇨

⑤ 그는 매우 천천히 걸어간다.
⇨

⑥ 그녀는 학교에 걸어간다.
⇨

⑦ 그녀는 친절하다.
⇨

⑧ 그녀는 매우 친절하다.
⇨

⑨ 우리는 방과 후에 집에 함께 간다.
⇨

⑩ 그는 어제 버스를 타고 학교에 왔다.
⇨

⑪ 그는 친구와 함께 자전거를 타고 학교에 간다.
⇨

⑫ 나는 친구와 함께 걸어서 집에(학교에) 간다.
⇨

⑬ 우리는 내년에 가족과 함께 서울로 이사할 것이다.
⇨

⑭ 나는 작년에 친구와 함께 중국에 여행을 했었다.
⇨

⑮ 그들은 어제 학교에서 열심히 공부했다.
⇨

⑯ 그녀는 조금 전에 내 앞에서 환하게 웃었다.
⇨

⑰ 나는 어제 공원에서 친구와 함께 산책을 했다. (바꿔 써도 된다.)
⇨

⑱ 그는 우리와 함께 호텔에 있다.
⇨

⑲ 그녀는 가족과 함께 제주도에 머물렀다.
⇨

---

20 그녀는 가족과 함께 제주도에서 3일 동안 머물렀다.
⇨

21 나는 가족과 함께 서울에서 산다.
⇨

22 나는 지난주에 집에서 영어를 열심히 공부했다.
⇨

23 그들은 어제 불타는 집에서 그녀를 무사히 구조했다.
⇨

24 그는 그 문제를 컴퓨터로 쉽게 해결했다.
⇨

25 나는 내 비밀을 내 친구에게 솔직히 털어놓았다.
⇨

26 나는 어제 친구와 함께 도서관에서 영어를 공부했다. (바꿔 써도 된다)
⇨

27 나는 지난주에 진주에 있는 한 식당에서 점심을 먹었다.
⇨

28 나는 어제 오후 2시에 공원에서 그녀를 만났다.
⇨

29 나는 아침에 일찍 일어난다.
⇨

30 나는 아침에 매우 일찍 일어난다.
⇨

31 그는 그의 아내와 함께 행복하게 살았다.
⇨

32 많은 사람들이 파티에 참석했다.
⇨

33 그녀는 나에게 친절하다.
⇨

34 그녀는 나에게 매우 친절하다.
⇨

35 그녀는 항상 나에게 친절하다. (빈도부사)
⇨

36 나는 너를 만나서 행복하다.
⇨

쓰고 말하기 쉬운 Fun English

1 다음 우리말을 영어로 쓰시오.

① I met her yesterday. ⟵ 주된 것: 그녀를 / 부가적인 것: 어제

② She plays the piano.

③ They are in the room.

④ He walks slowly.

⑤ He walks very slowly. ⟵ 강조부사: very

⑥ She walks to school.

⑦ She is kind.

⑧ She is very kind. ⟵ 강조부사: very

⑨ We go home together after school.

⑩ He came to school by bus yesterday.

⑪ He goes to school by bike with his friend. / He goes to school with his friend by bike.

⑫ go의 주 대상은 home, to school 이다. − I walk home with my friends. / I walk to school with my friends.

⑬ move의 주 대상은 장소인 서울이다. − We will move to Seoul with our family next year.

⑭ travel의 주 대상은 장소인 중국이다. − I traveled to China with my friends last year.

⑮ They studied hard at school yesterday.

⑯ She smiled brightly in front of me a little while ago.

⑰ I took a walk with my friend in the park yesterday. = ~ at the park with my friend ~~.

⑱ He is with us at the hotel. = He is at the hotel with us.

⑲ She stayed in Jeju island with her family. = She stayed with her family in Jeju island.

⑳ She stayed in Jeju island with her family for 3 days.

㉑ I live in Seoul with my family. = ~with my family in Seoul~

㉒ I studied English hard at home last year.

㉓ They rescued her safely from the burning house yesterday.

㉔ He solved the problem easily with the computer.

㉕ I confessed my secret openly to my friend.

㉖ I studied English in the library with my friend yesterday. = ~ with my friend in the library~

㉗ I ate lunch at a restaurant in Jinju last week.

㉘ I met her in(at) the park at two p.m. yesterday.

㉙ I get up early in the morning.

㉚ I get up very early in the morning. ⟵ 강조부사 very

㉛ He lived happily with his wife.

㉜ Many people were present at the party.

㉝ She is kind to me.

㉞ She is very kind to me. ⟵ 강조부사 very

㉟ She is always kind to me. ⟵ 빈도부사 always

㊱ I am happy to meet you.

ⓖ 조동사

유일한 자리이다. **동사 앞에 온다.**

(1) 의의, 특징

조동사에서 '조(= 助(도울조))'는 도와준다는 뜻이다. 그럼 무엇을 도와준다는 것이지?

조동사의 이름에서 볼 수 있듯이 '조' 글자가 동사 앞에 있다 ➜ 조동사

① 조동사는 항상 동사 앞에 와서 동사를 도와준다. ➜ 조동사 + 동사원형(= 동원)

   즉 조동사 뒤에는 항상 동사원형이어야 한다. (동사원형 = 동사의 원래 형태)

② 조동사는 두 개 이상 연속해서 사용할 수 없다.

③ 조동사의 의문문과 부정문은 be동사의 의문문과 부정문을 만드는 방법과 동일하다.

(2) 종류, 뜻

현재	뜻/같은 표현	과거	부정형	축약형
will + 동원	~할 것이다.(미래) = be going to + 동원	would + 동원	will not would not	won't wouldn't
can + 동원	~할 수 있다. = be able to + 동원	could + 동원	can not could not	can't couldn't
may + 동원	① ~해도 좋다.(된다) (허가) ② ~일지도 모른다.(추측)	might + 동원	may not	줄이지 않는다.
must + 동원	① ~해야 한다.(의무) = have(has) to + 동원 ② ~임에 틀림없다.(강한추측)	해야만 했다. had to + 동원	~해서는 안 된다.(금지) must not ~할 필요가 없다. don't have to = doesn't have to = need not	mustn't
should + 동원	~해야 한다.		should not	shouldn't

> **참고** 조동사 뒤에 be동사가 올 경우 인칭에 관계없이 항상 '조동사 + be'이다.
>
>   의무의 정도 − must (강한 의무) > should (충고나 조언)

【줄임말】 I will = I'll / You will = You'll(단수) / He will = He'll / She will = She'll

We will = we'll / You will = You'll(복수) / They will = They'll

참고 조동사 + 동사 − 우리말 어순은 '동사(be동사, 일반동사) + 조동사' 순이지만

영어는 '조동사 + 동사(be동사, 일반동사)' 순으로 우리말과 반대이다.

우리말		영어
노래할 것이다.	→	〜할 것이다. will + 노래하다. sing ⋯› will sing
먹을 수 있다.	→	할 수 있다. can + 먹다. eat ⋯› can eat
가도 된다.	→	해도 된다. may + 가다. go ⋯› may go
아플지도 모른다.	→	〜일지도 모른다. may + 아프다. ⋯› may be sick
		└ 우리말 형용사다 → 〜다(be동사) + 아픈
공부해야 한다.	→	해야 한다. must + 공부하다. study ⋯› must study
아픔에 틀림없다.	→	〜임에 틀림없다. + 아프다. ⋯› must be sick
사야 한다.	→	해야 한다. should + 사다. buy ⋯› should buy

예문

- 그는 학교에 간다.　　　　　　He goes to school.

　　　　　　　　　　　　　　　　└ 주어가 3인칭 단수 − 동사에 es를 붙인다.

- 그는 학교에 갈 것이다.　　　　He will go to school.

　　　　　　　　　　　　　조동사 동원

- 그녀는 영어를 말한다.　　　　She speaks English.

- 그녀는 영어를 말할 수 있다.　She can speak English.

- 그녀는 아프다.　　　　　　　She is sick.

- 그녀는 아플지도 모른다.　　　She may be sick.

- 비가 내린다.　　　　　　　　It rains.

- 오늘 오후에 비가 내릴지도 모른다.　It may rain this afternoon.

- 그는 의사이다.　　　　　　　He is a doctor.

- 그는 의사임에 틀림없다.　　　He must be a doctor.

- 내 친구는 영어를 공부한다.　My friend studies English.

- 내 친구는 영어를 공부해야 한다.　My friend must study English.

```
┌ ・그는 하루에 3번 양치질을 한다.        He brushes his teeth three times a day.
│
└ ・그는 하루에 3번 양치질을 해야 한다.    He should brush his teeth three times a day.
```

(3) 조동사의 의문문과 부정문

┌ ・의문문: **조동사를 주어 앞으로 보내면 된다.**

      주어 + 조동사 + 동사원형~ → 조동사 + 주어 + 동사원형 ~?

                     대답 ・Yes, 주어 + 조동사

                           ・No, 주어 + 조동사 + not

└ ・부정문: **조동사 뒤에 not을 붙이면 된다.** → 주어 + 조동사 + not + 동사원형~

\<도식화\>

・의문문: ┌ 주어 + will + 동사원형   → Will + 주어 + 동사원형?

                           대답 ・Yes, 주어 + will

                               ・No, 주어 + will not(= won't)

        ├ 주어 + can + 동원   → Can + 주어 + 동원?

                           대답 ・Yes, 주어 + can

                               ・No, 주어 + can not(= can't)

        ├ 주어 + may + 동원   → May + 주어 + 동원?

                           대답 ・Yes, 주어 + may

                               ・No, 주어 + may not(줄이지 않는다.)

        └ 주어 + must + 동원   → Must + 주어 + 동원?

                           대답 ・Yes, 주어 + must

                               ・No, 주어 + must not(= mustn't)

・부정문: ─ 주어 + 조동사 + not + 동원 → ・주어 + will + not + 동원

                                    ・주어 + can + not + 동원

                                    ・주어 + may + not + 동원

                                    ・주어 + must + not + 동원

                                    ・주어 + should + not + 동원

    참고 'be going to + 동사원형 / be able to + 동사원형'의 의문문과 부정문은

    'be동사(am, are , is)'를 주어 앞으로 보내거나 be동사 뒤에 not을 붙이면 된다.

                                                        쓰고 말하기 쉬운 Fun English

- 의문문 ┌ Am(Are, Is) + 주어 + going to + 동원 ~?
　　　　 └ Am(Are, Is) + 주어 + able to + 동원 ~?

　　　　　　　　　　　　　대답 ∘ Yes, 주어 + am(are, is)
　　　　　　　　　　　　　　　 ∘ No, 주어 + am(are, is) not

- 부정문 ┌ 주어 + am(are, is) + not going to + 동원 ~.
　　　　 └ 주어 + am(are, is) + not + able to + 동원 ~.

　　참고 ∘ I ⇄ you : I로 물어보면 you로 대답하고 you로 물어보면 I로 대답한다.

　　　∘ he, she, it은 그대로 대답한다.

　　　∘ we(복수) ⇄ you(복수) : we로 물어보면 you로 대답하고 you로 물어보면 we로
　　　　대답한다.

　　　∘ they(복수)로 물어보면 they로 대답한다.

　　예문

① will + 동사원형(= be going to + 동사원형)

- 나는 학교에 간다.　　　　　　　I go to school.

　나는 내일 학교에 갈 것이다.　I will go to school tomorrow.

　　　　　　　　　　　　　= I am going to go to school tomorrow.

　　　　　　　　　　　주어 나는　I
　　　　　　　　　　　조동사 ~할 것이다　will + 동원 = be going to + 동원
　　　　　　　　　　　동사 간다　go
　　　　　　　　　　　동대 (장소 + 시간) 학교에　to school / 내일　tomorrow

의문문　· 너는 내일학교에 갈 것이니? ┌ Will you go to school tomorrow?
　　　　　　　　　　　　　　　　　│ Yes, I will. 응, 갈거야. / No, I won't. 아니, 안 갈 거야.
　　　　　　　　　　　　　　　　　└ = Are you going to go to school tomorrow?
　　　　　　　　　　　　　　　　　　 Yes, I am. / No, I am not.

부정문　· 나는 내일 학교에 가지 않을 것이다. ┌ I won't go to school tomorrow.
　　　　　　　　　　　　　　　　　　　　　 └ = I am not going to go to school tomorrow.

・공손한 부탁 ┌ Would you + 동사원형 ～? ～해주시겠습니까?

└ Would you open the window? 창문 좀 열어주시겠습니까?

・관용표현 ┌ would like to + 동사원형～. ～하고 싶다.

└ I'd like to go there. 나는 거기에 가고 싶다.

= I would는 I'd로 줄일 수 있다.

② can + 동사원형 (= be able to + 동원)

・그녀는 자전거를 탄다.　　　　She rides a bike.

　그녀는 자전거를 탈 수 있다. She can ride a bike. = She is able to ride a bike.

　　　　　　　主어 그녀는 She

　　　　　　　조동사 ～할 수 있다 can + 동원 = be able to + 동원

　　　　　　　동사 탄다 ride　　　　　　　참고 ride 타다.

　　　　　　　동대 (무엇을) 자전거를 a bike

의문문 ・그녀는 자전거를 탈 수 있니? ┌ Can she ride a bike?

　　　　　　　　　　　　　　　│ Yes, she can. / No, she can't.

　　　　　　　　　　　　　　　└ = Is she able to ride a bike?

　　　　　　　　　　　　　　　　 Yes, she is. / No, she isn't.

부정문 ・그녀는 자전거를 탈 수 없다. ┌ She can't ride a bike.

　　　　　　　　　　　　　　　└ = She is not able to ride a bike.

③ may + 동사원형

　ⓐ 허가 (～해도 좋다(된다.))

・너는 집에 간다.　　　　　　You go home.

　너는 지금 집에 가도 된다. You may go home now.

　　　　　　　주어 너는 You

　　　　　　　조동사 해도 된다 may

　　　　　　　동사 간다 go

　　　　　　　동대 (장소 + 시간) 집에 home / 지금 now

의문문 ・내가 지금 집에 가도 되나요? May I go home now?

　　　　　　　　　　　　　　　　 Yes, you may. / No, you may not.

부정문 ・너는 지금 집에 가서는 안 된다. You may not go home now.

ⓑ 추측 (~일지도 모른다.)

- 그녀는 부자이다.   She is rich.
  그녀는 부자일지도 모른다.   She may be rich.

    주어 그녀는 She
    조동사 ~일지도 모른다 may + 동원
    동사 이다 be → 조동사 뒤 be동사는 항상 "be"이다.
    동대 부유한 rich

- 그녀는 7시에 도착할지도 모른다.   She may arrive at 7.
                                            동원

④ must + 동사원형

ⓐ 의무 (~해야 한다.)   = have to + 동원 ⋯ 주어가 1, 2인칭, 복수일 경우
                           has to + 동원 ⋯ 주어가 3인칭 단수일 경우

    참고 must는 조동사이지만 'have(has) to + 동원'은 일반동사이기 때문에 의문문을 만들
    때 'Do나 Does'를 사용한다.

- 그녀는 방을 청소한다.   She clean the room.
  그녀는 방을 청소해야 한다.   She must clean the room.
                                  = She has to clean the room.

    주어 그녀는 she
    조동사 해야 한다 must + 동원 = have(has) to + 동원
    동사 청소하다 clean
    동대 방을 the room

- 나는 그녀를 돕는다.   I help her.
  나는 그녀를 도와야 한다.   ┌ I must help her.
                                └ = I have to help her.
                                     └ "have"가 일반동사이기 때문에 "Do"를 사용한다.

의문문 • 내가 그녀를 도와줘야 합니까?   Must I help her?
                                          Yes, you must. / No, you mustn't.

                                          Do I have to help her?
          Do로 물어보면 do로 대답한다. ⋯ Yes, you do. / No, you don't.

부정문 • 너는 그녀를 도와줘선 안 된다.   You must not help her.
          너는 그녀를 도와줄 필요가 없다.   You don't have to help her.

• 너는 그녀를 도와야 한다.　　　You should help her.

의문문	• 내가 그녀를 도와야 합니까?	Should I help her?
		Yes, you should. / No, you shouldn't.
부정문	• 너는 그녀를 도와줘선 안 된다.	You shouldn't help her.

ⓑ 강한 추측 (~임에 틀림없다.)

• 그녀는 부자이다.　　　She is rich.　→　그녀는 부자임에 틀림없다. → She must be rich
　　　　　　　　　　　　　　　　　　　　　　　　　　　　　└ 동원

그녀는 집에 있음에 틀림없다.　She must be at home.

[참고]　▶ must의 부정문, 과거

　　① must not – 해서는 안 된다. (강한 금지)

　　　• 너는 거기에 가서는 안 된다.　　　You must not go there.

　　② don't(doesn't) have to + 동원 = need not + 동원 = don't need to + 동원
　　　~할 필요가 없다.　← 위 ①번 뜻과 다름에 주의하자.

　　　• 너는 그곳에 갈 필요가 없다.　┌ You don't have to go there.
　　　　　　　　　　　　　　　　　　├ = You need not go there.
　　　　　　　　　　　　　　　　　　└ = You don't need to go there.

　　　그는 그곳에 갈 필요가 없다.　　　He doesn't have to go there.

　【주의】 'need'가 조동사 일 경우 – 조동사 뒤에 not을 붙인다. need not + 동원
　　　　　'need'가 일반동사 일 경우 – don't(doesn't) + need to + 동원

　　③ 과거 – had to + 동원　~해야만 했다.

　　　• 나는 그곳에 가야만 했다.　　　I had to go there.

　▶ 조동사는 두 개 이상 붙여 쓰면 안 된다.

　　will can (X)　→　will be able to (O)　← 할 수 있을 것이다.

　　will must (X)　→　will have to (O)　← 해야 할 것이다.

　　• You will can speak English well. (X)

　　　You will be able to speak English well. (O)　너는 영어를 잘 말할 수 있을 것이다.

　　• You will must go there. (X)

　　　You will have to go there. (O)　너는 그곳에 가야 할 것이다.

〉**1** 조동사의 자리와 특징을 쓰시오.

정답 p.223

=

》**2** 조동사의 종류와 뜻을 쓰고 같은 표현도 쓰시오.

1 →

2 →

3 →

4 →

》》**3** 조동사의 의문문(대답)과 부정문을 쓰이오.

=

≫≫ **4** 다음 조동사의 줄임말을 쓰시오.

정답 p.223

1 will not →

2 can not →

3 may not →

4 must not →

5 should not →

1 조동사의 자리와 특징을 쓰시오.

⊜ 조동사는 항상 동사 앞에 와서 동사를 원형으로 만든다. → 조동사 + 동사원형
　주의할 것은 조동사 뒤에 be동사가 올 경우 인칭에 관계없이 항상 '조동사 + be'이다.
　또한 조동사는 두 개 이상 연속해서 사용할 수 없다.

---

2 조동사의 종류와 뜻을 쓰고 같은 표현도 쓰시오.

① will + 동원 : ～할 것이다. = be going to + 동원

② can + 동원 : ～할 수 있다 = be able to + 동원

③ may + 동원 : ～해도 좋다, ～일지도 모른다.

④ must + 동원 : ～해야 한다 = have(has) to + 동원 / should + 동원
　　　　　　　　 ～임에 틀림없다.

> **참고** have to + 동원 – 주어가 1,2인칭, 복수일 경우
> 　　　　has to + 동원 – 주어가 3인칭 단수일 경우

---

3 조동사의 의문문(대답)과 부정문을 쓰시오. (자세한 것은 본문을 참고하자.)

⊜ 의문문: 조동사를 주어 앞으로 보내면 된다.

　주어 + 조동사 + 동사원형～. ⋯▸ 조동사 + 주어 + 동사원형 ～?

　　　　　　　　　　　　　대답 ∘ Yes, 주어 + 조동사
　　　　　　　　　　　　　　　 ∘ No, 주어 + 조동사 + not

부정문: 조동사 뒤에 not을 붙이면 된다.

　주어 + 조동사 + not + 동사원형～.

---

4 다음 조동사의 줄임말을 쓰시오.

① won't

② can't

③ 줄이지 않는다.

④ mustn't

⑤ shouldn't

이제 영어에 대한 기본적인 설명은 끝났다. 〈영어의 기본상식〉

하지만 읽어봐도 이해가 안 되는 것이 많으리라고 본다. 이해가 안 되면 과감하게 넘겨라.

고민하지 말자. 앞 내용은 몰라도 된다. 하지만 이것만은 꼭꼭 기억하자.

(1) 영어의 핵심은 '주어 · 동사/동대(동사의 대상)'이라는 것을 꼭 기억하자.
    (은, 는, 이, 가)   (~다)

영어는 주어·동사를 먼저 쓰고 / 동사의 대상을 쓰면 된다.

(2) 조동사는 항상 동사 앞에 온다. ➡ 조동사 + 동사원형(이하 – 동원)

참고 동사원형 – **동사의 원래 형태**

(3) ┌ 형용사는 명사 앞에서 명사를 수식한다. ➡ 형용사 + 명사

    └ 형용사는 동사 뒤에서 주어를 설명한다.

(형용사는 동대1을 설명한다. ◐ '일반 동사' 편에서 설명)

(4) 부사 – 부사는 **동사, 형용사, 부사, 문장 전체를 수식하는 단어이다.**

① 동사를 수식할 경우 – 동사 앞이나 뒤, 문장 끝에 온다.

② 강조부사가 형용사, 부사를 수식할 경우 – 형용사, 부사 앞에 온다.

③ 문장전체를 수식할 경우 – 문장 맨 앞에 온다.(강조의 느낌)

여러 부사 중 '빈도부사'는 be동사나 조동사 뒤, 일반 동사 앞에 온다.

'비조뒤 일앞'으로 외우자.

(5) 구 자리 (전치사 + 명사)

"구"가 형용사처럼 쓰여 명사를 수식할 경우 명사 뒤에서 수식한다.

이를 '형용사구'라고 한다.

"구"가 부사처럼 쓰여 동사, 형용사, 부사를 수식할 경우 (동사, 형용사, 부사) 뒤에서 수식

한다. 이를 '부사구'라고 한다. (단 강조할 경우 문장 앞에 온다.)

(6) 단어를 외울 경우 이 단어가 명사인지, 동사인지, 형용사인지, 부사인지, 명확하게

구분해서 외워야 한다.

왜냐고?? 단어는 자기가 가야 할 자리가 정해져 있기 때문이다. 반드시 구분해서 외우자.

(제발~제발~다시 한 번 강조한다.)

이제 본격적으로 be동사의 기본상식과 예문에 대해서 알아보자.~

4

Be동사의
기본상식과
예문

be동사

※ 영어의 핵심: 주어 + 동사/동대

be동사 ─ ·현재 ─ am, are, is   ～이다, ～있다. (미래표현에 be로 '～되다' 뜻이 있다.)

        ·과거 ─ was, were   ～이었다, ～있었다.

(1) be동사는 주어의 인칭에 따라 변한다.

(자세한 인칭은 '3장 각 품사의 자리와 종류' 53, 54, 55, 59쪽 참고)

  ※ 현재   ① 주어가 1인칭 단수(I)일 때 be동사는? ─ am

        ② 주어가 2인칭 또는 복수일 때 be동사는? ─ are

        ③ 주어가 3인칭 단수 일 때 be동사는? ─ is

    과거   ① 주어가 1인칭 단수, 3인칭 단수일 때 be동사는? ─ was

        ② 주어가 2인칭 또는 복수일 때 be동사는? ─ were

<도식화>

인칭		주어 (은, 는 ,이, 가)	be동사 현재 (～이다, ～있다.)	줄임말	be동사 과거 (～이었다, ～있었다.)
단수	1인칭	I 나	I am	I'm	I was
	2인칭	You 너	You are	You're	You were
	3인칭	He 그	He is	He's	He was
		She 그녀	She is	She's	She was
		It 그것	It is	It's	It was
복수	1인칭	We 우리들	We are	We're	We were
	2인칭	You 너희들	You are	You're	You were
	3인칭	They 그들, 그것들	They are	They're	They were

① 인칭

- 1인칭: 무조건 "I(we)"
- 2인칭: 무조건 "You"
- 3인칭: 'I(we)'와 'You'를 제외한 모든 것이다.

- 단수 : ─ 1개(1명)
- 복수 : ─ 2개 이상(2명 이상)
  - and로 연결하면 복수이다.
  ↓

② ─ 둘 중 무조건 I가 있으면 복수는? ─ We
- 둘 중 무조건 You가 있으면 복수는? ─ You
- I와 you 둘 다 있으면 복수는? ─ We
- 둘 중 'I 와 you'가 없으면 복수는? ─ they

─ Jane and I ⋯ We
- Tom and You ⋯ You
- You and I ⋯ We
- Mike and Tom ⋯ They
- She and he ⋯ They
- My mom and dad ⋯ They

(2) be동사의 의문문과 부정문(현재, 과거) ◐ 238쪽부터 예문을 보면 더 확실하게 알 수 있을 것이다.

• 의문문 – be동사를(am, are, is, was, were) 주어 앞으로 보낸다. ➡ Be + 주어~?

대답 – Yes, 주어 + be동사. / No, 주어 + be동사 + not.

단수 ─ I로 물어보면 ➡ you(단수)로 대답한다. / you로 물어보면 ➡ I로 대답한다.
- he, she로 물어보면 ➡ he, she 그대로 대답한다.
- it, this, that 로 물어보면 ➡ it으로 대답한다.
- 즉 I ⇄ you(단수) / he, she ➡ he, she(그대로) / it, this, that ➡ it(일반적)

복수 ─ we로 물어보면 ➡ you(복수)로 대답한다.
- you(복수)로 물어보면 ➡ we로 대답한다.
- 복수 they, these, those로 물어보면 ➡ they로 대답한다.
- 즉 we ⇄ you(복수) / they, these, those ➡ they

◦ Yes,~. 대답의 경우는 주어와 be동사를 줄이지 않는다.
◦ No 대답은 'Yes, 주어 + be동사에서 Yes를 No로 바꾸고
 be동사 뒤에 not만 붙이면 된다. 이때 보통 줄여서 대답한다.
◦ be동사는 주어의 인칭에 맞게 바꿔주면 된다. (228쪽 (1)번 설명 참고)

• 부정문 – be동사(am, are, is, was, were) 뒤에 not을 붙인다. ➡ 주어 + be + not

\<도식화\>

① 현재

주어+동사	평서문 줄임말	의문문 Be + 주어~?	▶ 대답 응, 그래 아니, 그렇지 않아	부정문 / 줄임말 주어 + be + not
나는 ～이다.	I am = I'm	Am I ~? 내가 ～이니?	Yes, you are. No, you aren't.	I am not = I'm not = I amn't (X) 나는 ～ 이 아니다. am not은 줄이지 않는다.
너는 ～이다.	You are = You're	Are you ~? 너는 ～이니?	Yes, I am. No, I'm not.	You are not = You're not = You aren't 너는 ～이 아니다.
그는 ～이다.	He is = He's	Is he ~? 그는 ～이니?	Yes, he is. No, he isn't.	He is not = He's not = He isn't 그는 ～이 아니다.
그녀는 ～이다.	She is = She's	Is she ~? 그녀는 ～이니?	Yes, she is. No, she isn't.	She is not = She's not = She isn't 그녀는 ～이 아니다.
그것은 ～이다.	It is = It's	Is it ~? 그것은 ～이니?	Yes, it is. No, it isn't.	It is not = It's not = It isn't 그것은 ～이 아니다.
우리는 ～이다.	We are = We're	Are we ~? 우리는 ～이니?	Yes, you are. No, you aren't	We are not = We're not = We aren't 우리는 ～이 아니다.
너희들은 ～이다.	You are = You're	Are you ~? 너희들은 ～이니?	Yes, we are No, we aren't	You are not = You're not = You aren't 너희들은 ～이 아니다.
그들은 (그것들은) ～이다.	They are = They're	Are they~? 그들은/그것들은 ～이니?	Yes, they are. No, they aren't.	They are not = They're not = They aren't 그들은/그것들은 ～이 아니다.

쓰고 말하기 쉬운 Fun English

② 과거 ― be동사 과거 평서문은 줄여서 쓰지 않는다.(주어와 be동사를 줄이지 않는다는 것이다.)
(줄여 쓰면 현재인지 과거인지의 구분이 안 되기 때문이다.)

주어+동사	평서문	의문문 Be + 주어~?	대답 응, 그래 아니, 그렇지 않아	부정문 / 줄임말 주어 + be + not
나는 ～이었다.	I was	Was I ~? 내가 ～이었니?	Yes, you were. No, you weren't	I was not = I wasn't 나는 ～이 아니었다.
너는 ～이었다.	You were	Were you~? 너는 ～이었니?	Yes, I was. No, I wasn't	You were not = You weren't 너는 ～이 아니었다.
그는 ～이었다.	He was	Was he ~? 그는 ～이었니?	Yes, he was. No, he wasn't.	He was not = He wasn't 그는 ～이 아니었다.
그녀는 ～이었다.	She was	Was she ~? 그녀는 ～이었니?	Yes, she was. No, she wasn't.	She was not = She wasn't 그녀는～이 아니었다.
그것은 ～이었다.	It was	Was it ~? 그것은 ～이었니?	Yes, it was. No, it wasn't.	It was not = It wasn't 그것은～이 아니었다.
우리들은 ～이었다.	We were	Were we ~? 우리들은 ～이었니?	Yes, you were. No, you weren't.	We were not = We weren't 우리들은 ～이 아니었다.
너희들은 ～이었다.	You were	Were you ~? 너희들은 ～이었니?	Yes, we were. No, we weren't.	You were not = You weren't 너희들은 ～이 아니었다.
그들은 (그것들은) ～이었다.	They were	Were they ~? 그들은/그것들은 ～이었니?	Yes, they were. No, they weren't.	They were not = They weren't 그들은/그것들은 ～이 아니었다.

참고 ▶ 우리말을 과거로 바꿀 경우 현재에 "았, 었"을 붙이면 된다.

· 이다. … 이었다(였다).　　　· 있다. … 있었다.

▸ be동사의 다른 뜻인 '〜있다'는 위 표에서 적어 놓지 않았다. 하지만 말만 바꾸면 된다.

'이다. ⋯ 〜있다' 과거 역시 '있었다'로 위 표에서 말만 바꿔주면 된다.

즉 • 현재 나는(너는, 그는, 그녀는) 〜있다.

　　　◦ 의문문 ➡ 내가(너는, 그는, 그녀는) 〜있니?

　　　◦ 부정문 ➡ 나는(너는, 그는, 그녀는) 〜없다.

　　• 과거 우리들은(너희들은, 그들은) 〜있었다.

　　　◦ 의문문 ➡ 우리들은(너희들은, 그들은) 〜있었니?

　　　◦ 부정문 ➡ 우리들은(너희들은, 그들은) 〜없었다.

실전 Test ❯**1** 다음 우리말에 해당하는 영어를 쓰고 빈칸을 쓰시오. 정답 p.237

be동사 현재 – be동사의 또 다른 뜻인 '〜있다.'는 생략

주어 + 동사	평서문	의문문 Be + 주어〜?	대답	부정문 / 줄임말 주어 + be + not
① 나는 〜이다.				
② 너는 〜이다.				
③ 그는 〜이다.				

주어 + 동사	평서문	의문문	대답	부정문 / 줄임말
④ 그녀는 ~이다.				
⑤ 그것은 ~이다.				
⑥ 우리는 ~이다.				
⑦ 너희들은 ~이다.				
⑧ 그들은 (그것들은) ~이다.				

be동사 과거 – be동사의 또 다른 뜻인 '~있었다.'는 생략

주어 + 동사	평서문	의문문 Be + 주어~?	대답	부정문 / 줄임말 주어 + be + not
⑨ 나는 ~이었다.				

주어 + 동사	평서문	의문문 Be + 주어~?	대답	부정문 / 줄임말 주어 + be + not
⑩ 너는 ~이었다.				
⑪ 그는 ~이었다.				
⑫ 그녀는 ~이었다.				
⑬ 그것은 ~이었다.				
⑭ 우리들은 ~이었다.				
⑮ 너희들은 ~이었다.				
⑯ 그들은 (그것들은) ~이었다.				

쓰고 말하기 쉬운 Fun English

우리말	영어	be동사 현재	be동사 과거
① 그(남자)			
② 탐			
③ 나			
④ 그와 나			
⑤ 그녀			
⑥ 우리들			
⑦ 그들			
⑧ 그것			
⑨ 너희들			
⑩ 너			
⑪ 김씨			
⑫ 너와 나			
⑬ 그녀와 그			
⑭ 너의 형			

우리말	영어	be동사 현재	be동사 과거
⑮ 그의 누나들			
⑯ 하늘			
⑰ 그 가수			
⑱ 너의 손 (양손)			
⑲ 그 강아지			
⑳ 이것은 (이것들)			
㉑ 저것은 (저것들)			
㉒ 나의 친구			
㉓ 그 컴퓨터			
㉔ 그 자동차들			
㉕ 그 고양이			
㉖ 제인(여자)			
㉗ 그 책들			
㉘ 그 소년들			
㉙ 봄			
㉚ 그의 아들			

쓰고 말하기 쉬운 Fun English

1 다음 우리말에 해당하는 영어를 쓰고 빈칸을 쓰시오.

① I am / Am I ~? / Yes, you are., No, you aren't. / I am not = I'm not = I amn't (X)

② You are / Are you ~? / Yes, I am., No, I am not. / You are not = You're not = You aren't

③ He is / Is he ~? / Yes, he is., No, he isn't. / He is not = He's not = He isn't

④ She is / Is she ~? / Yes., she is, No, she isn't. / She is not = She's not = She isn't

⑤ It is / Is it ~? / Yes, it is., No, it isn't. / It is not. = It's not = It isn't.

⑥ We are / Are we ~? / Yes, you are., No, you aren't / We are not =We're not = We aren't

⑦ You are / Are you ~? / Yes, we are., No, we aren't / You are not =You're not = You aren't

⑧ They are / Are they~? / Yes, they are., No, they aren't. / They are not =They're not =They aren't

⑨ I was / Was I ~? / Yes, you were., No, you weren't. / I was not = I wasn't

⑩ You were / Were you ~? / Yes, I was., No, I was not. / You were not =You weren't

⑪ He was / Was he ~? / Yes, he was., No, he wasn't. / He was not = He wasn't

⑫ She was / Was she ~? / Yes, she was., No, she wasn't. / She was not = She wasn't

⑬ It was / Was it ~? / Yes, it was., No, it wasn't. / It was not = It wasn't

⑭ We were / Were we ~? / Yes, you were., No, you weren't / We were not = We weren't

⑮ You were / Were you ~? / Yes, we were., No, we weren't / You were not = You weren't

⑯ They were / Were they ~? / Yes, they were., No, they weren't / They were not =They weren't

---

2 다음 우리말을 영어로 쓰고 이에 해당하는 be동사를 쓰시오.

① He / is / was

② Tom / is / was

③ I / am / was

④ He and I / are / were

⑤ She / is /was

⑥ We / are / were

⑦ They / are / were

⑧ It / is / was

⑨ You / are / were

⑩ You / are / were

⑪ Mr. Kim / is / was

⑫ You and I / are / were

⑬ She and he / are / were

⑭ Your brother / is / was

⑮ His sisters / are / were

⑯ The sky / is / was

⑰ The singer / is / was

⑱ Your hands / are / were

⑲ The dog / is / was

⑳ This(These) / is(are) / was(were)

㉑ That(Those) / is(are) / was(were)

㉒ My friend / is / was

㉓ The computer / is / was

㉔ The cars / are / were

㉕ The cat / is / was

㉖ Jane / is / was

㉗ The books / are / were

㉘ The boys / are / were

㉙ Spring / is / was

㉚ His son / is / was

이제 본격적으로 예문을 통해서 연습해 보자.

※ 영어의 핵심 ┌ 주어: 은, 는, 이, 가
　　　　　　　├ 동사: ～다
　　　　　　　└ 동대(동사의 대상)

① be동사 현재

【주의】 ① 셀 수 있는 명사가 한 개일 경우(단수) 명사 앞에 'a, an'을 붙인다.

셀 수 있는 명사가 두 개 이상일 경우(복수) 명사 뒤에 '-s, -es'를 붙인다.

② 문장의 첫 글자는 항상 대문자로 시작하고 마침표, 물음표를 빼먹지 않도록 하자.

기본적인 예문

01 나는 학생이다.

> 주어 나는 I
>
> 동사 ～이다 am
>
> 동대 (무엇) 학생 a student

I am a student.

┌─────────────── I로 물어봄 ➡ you로 대답
의문문　Am I a student?　⋯➡ ・Yes, you are. 응, 그래.
　　　　내가 학생이니?　　　 ・No, you aren't. 아니, 그렇지 않아.

부정문　I am not a student. 나는 학생이 아니다.
　　　　줄이지 않는다.

02 너는 가수이다.

> 주어 너는 You
>
> 동사 ～이다 are
>
> 동대 (누구) 가수 a singer

You are a singer.

┌─────────────── you로 물어봄 ➡ I로 대답
의문문　Are you a singer?　⋯➡ ・Yes, I am. 응, 그래.
　　　　너는 가수이니?　　　 ・No, I am not. 아니, 그렇지 않아.

부정문　You are not a singer. 너는 가수가 아니다.
　　　　　　 = aren't

03   그는 요리사이다.

주어 그녀는 He   **참고** · cook **명사** 요리사 / **동사** 요리하다 ➜ cooker 요리도구

동사 ～이다 is   · chef (호텔이나 식당의)주방장

동대 (무엇) 요리사 a cook

He is a cook.

                             he로 물어봄 ➜ he로 대답

의문문   Is he a cook?   ···➜   · Yes, he is. 응, 그래.

           그는 요리사이니?   · No, he isn't. 아니, 그렇지 않아.

부정문   He is not a cook. 그는 요리사가 아니다.

           = isn't

---

04   그녀는 간호사이다.

주어 그녀는 She

동사 ～이다 is

동대 (무엇) 간호사 a nurse

She is a nurse.

                             she로 물어봄 ➜ she로 대답

의문문   Is she a nurse?   ···➜   · Yes, she is. 응, 그래.

           그녀는 간호사이니?   · No, she isn't. 아니, 그렇지 않아.

부정문   She is not a nurse. 그녀는 간호사가 아니다.

           = isn't

---

05   우리는 친구이다.

주어 우리는 We

동사 ～이다 are   복수

동대 (무엇) 친구 friends

We are friends.

                          복수 we로 물어봄 ➜ 복수 you로 대답

의문문   Are we friends?   ···➜   · Yes, you are. 응, 그래.

           우리들은 친구이니?   · No, you aren't. 아니, 그렇지 않아.

부정문   We are not friends. 우리들은 친구가 아니다.

           = aren't

---

06   너희들은 친구이다.

주어 너희들은 You

동사 ～이다 are

동대 (무엇) 친구 friends

You are friends.

복수 you로 물어봄 → 복수 we로 대답

의문문 Are you friends? ⋯▸ · Yes, we are. 응, 그래.
       너희들은 친구이니?   · No, we aren't. 아니, 그렇지 않아.

부정문 You are not friends. 너희들은 친구가 아니다.

참고 You가 단수인지 복수인지 구별법 – 단수: 너는 / 복수: 너희들은

· You are a doctor. 너는 의사이다.
        단수

· You are doctors. 너희들은 의사이다.
        복수

---

07 그들은 선생님이다.

주어 그들은 They
동사 ~이다 are
동대 (무엇) 선생님 teachers

They are teachers.

복수 they로 물어봄 → 복수 they로 대답

의문문 Are they teachers? ⋯▸ · Yes, they are. 응, 그래.
       그들은 선생님이니?   · No, they aren't. 아니, 그렇지 않아.

부정문 They are not teachers. 그들은 선생님이 아니다.
              = aren't

---

08 이것은 책이다.

주어 이것은 This
동사 ~이다 is
동대 (무엇) 책 a book

This is a book.

this로 물어봄 → it으로 대답

의문문 Is this a book? ⋯▸ · Yes, it is. 응, 그래.
       이것은 책이니?   · No, it isn't. 아니, 그렇지 않아.

부정문 This is not a book. 이것은 책이 아니다.

---

09 이것은 내(나의) 책이다.

주어 이것은 This
동사 ~이다 is
동대 (무엇) 내 책 my book

This is my book.

의문문　Is this your book?　⋯→　• Yes, it is. 응, 그래.
이것은 네 책이니?　　　　• No, it isn't. 아니, 그렇지 않아.

부정문　This is not my book. 이것은 내 책이 아니다.

참고　• 소유격은 혼자서 절대로 사용할 수 없다고 했었다.
반드시 '소유격 + 명사' 형태로 사용한다.
• 소유격과 관사(a, an, the)는 함께 쓰지 않는다. 즉 - a my book (X)

10　저것은 공이다.

주어 저것은 That
동사 ~이다 is
동대 (무엇) 공 a ball

That is a ball.

　　　　　　　　　　　　　　　that으로 물어봄 ➡ it으로 대답
의문문　Is that a ball?　⋯→　• Yes, it is. 응, 그래.
저것은 공이니?　　　　• No, it isn't. 아니, 그렇지 않아.

부정문　That is not a ball. 저것은 공이 아니다.

11　저것은 그의 가방이다.

주어 저것은 That
동사 ~이다 is
동대 (무엇) 그의 가방 his bag

That is his bag.

의문문　Is that his bag?　⋯→　• Yes, it is. 응, 그래.
저것은 그의 가방이니?　　　• No, it isn't. 아니, 그렇지 않아.

부정문　That is not his bag. 저것은 그의 가방이 아니다.

12　이것들은 의자이다.

주어 이것들은 These ← 복수
동사 ~이다 are
동대 (무엇) 의자 chairs

These are chairs.

　　　　　　　　　　　　　복수 these로 물어봄 ➡ 복수 they로 대답
의문문　Are these chairs?　⋯→　• Yes, they are. 응, 그래.
이것들은 의자이니?　　　• No, they aren't. 아니, 그렇지 않아.

부정문　These are not chairs. 이것들은 의자가 아니다.

13 저것들은 자동차이다.

주어 저것들은 Those
동사 ~이다 are
동대 (무엇) 자동차 cars

Those are cars.

복수 those로 물어봄 → 복수 they로 대답

의문문 Are those cars?   ···›   ∘ Yes, they are. 응, 그래.
저것들은 자동차이니?   ∘ No, they aren't. 아니, 그렇지 않아.

부정문 Those are not cars. 저것들은 자동차가 아니다.

---

14 이 애는 내(나의) 친구이다.

주어 이 애는 This
동사 ~이다 is
동대 (누구) 내 친구 my friend

This is my friend.

의문문 Is this your friend?   ···›   ∘ (남자) Yes, he is. 응, 그래.
이 애는 너의 친구이니?   (여자) Yes, she is.

친구가 남자이면 he로   ∘ (남자) No, he isn't. 아니, 그렇지 않아.
친구가 여자이면 she로 대답한다.   (여자) No, she isn't.

부정문 This is not my friend. 이 애는 내 친구가 아니다.

참고 this가 사람을 가리킬 때 – 「이 사람, 이 아이(이 애), 이분」의 뜻이다.
these(복수)가 사람을 가리킬 때 – 「이 사람들, 이 아이들(이 애들), 이분들」의 뜻
이다.
• 이분은(이 사람은) 나의 아빠이시다. This is my father.
                      주어동사   동대
• 이 애들은(이 사람들은) 내 친구들이다. These are my friends.

---

15 저 사람은 나의 형이다.

주어 저 사람은 That
동사 ~이다 is
동대 (누구) 나의 형 my brother

That is my brother.

의문문 Is that your brother?   ···›   ∘ Yes, he is. 응, 그래.
저 사람은 너의 형이니?   ∘ No, he isn't. 아니, 그렇지 않아.

부정문 That is not my brother. 그는 나의 형이 아니다.

참고 that(단수)가 사람을 가리킬 때 – 「저 사람, 저 아이(저 애), 저분」의 뜻이다.
those(복수)가 사람을 가리킬 때 – 「저 사람들, 저 아이들(저 애들), 저분들」
의 뜻이다.
- 저분은 나의 선생님이다. **That is my teacher.**
　　　　　　　　　　　　주어 동사　　동대
- 저 애들은 내 친구들이다. Those are my friends.

16 나는 행복하다.

주어 나는 I

동사 ～다 am

동대 (형용사) 행복한 happy

I am happy.

의문문　Am I happy?　　　……　· Yes, you are. 응, 그래.
　　　　내가 행복하니?　　　　　　· No, you aren't. 아니, 그렇지 않아.

부정문　I am not happy. 나는 행복하지 않다.

참고 · '～ㄴ'으로 끝나는 형용사가 '～다'로 되기 위해선 형용사 앞에
　　be동사 가 있어야 한다고 했었다. → be동사 + 형용사
　　행복한 happy → 행복하다 be happy
· 형용사 단독일 경우 'a 또는 s, es'를 붙일 수 없다.
　　She is a happy. They are happys. (X)
　　→ She is happy. They are happy. (O)

17 너는 행복하다.

주어 너는 You

동사 ～다 are

동대 (형용사) 행복한 happy

You are happy.

의문문　Are you happy?　　　……　· Yes, I am. 응, 그래.
　　　　너는 행복하니?　　　　　　· No, I am not. 아니, 그렇지 않아.

부정문　You are not happy. 너는 행복하지 않다.

18 그는 부유하다.

주어 그는 He

동사 ～다 is

동대 (형용사) 부유한 rich

He is rich.

의문문 Is he rich? ⋯▸ ∘ Yes, he is. 응, 그래.
그는 부유하니? ∘ No, he isn't. 아니, 그렇지 않아.

부정문 He is not rich. 그는 부유하지 않다.

---

19 그녀는 예쁘다.

주어 그녀는 She

동사 ~다 is

동대 (형용사) 예쁜 pretty

She is pretty.

의문문 Is she pretty? ⋯▸ ∘ Yes, she is. 응, 그래.
그녀는 예쁘니? ∘ No, she isn't. 아니, 그렇지 않아.

부정문 She is not pretty. 그녀는 예쁘지 않다.

---

20 우리들은 키가 크다.

주어 우리들은 We

동사 ~다 are

동대 (형용사) 키가 큰 tall

We are tall.

의문문 Are we tall? ⋯▸ ∘ Yes, you are. 응, 그래.
우리들은 키가 크니? ∘ No, you aren't. 아니, 그렇지 않아.

부정문 We are not tall. 우리들은 키가 크지 않다.

---

21 너희들은 친절하다.

주어 너희들은 You

동사 ~다 are

동대 (친절한) 친절한 kind

You are kind.

복수 you로 물어보면 복수 we로 대답한다.

의문문 Are you kind? ⋯▸ ∘ Yes, we are. 응, 그래.
너희들은 친절하니? ∘ No, we aren't. 아니, 그렇지 않아.

부정문 You are not kind. 너희들은 친절하지 않다.

---

22 그들은 뚱뚱하다.

주어 그들은 They

동사 ~다 are

동대 (형용사) 뚱뚱한 fat

They are fat.

의문문	Are they fat?	⋯▸ ◦ Yes, they are. 응, 그래.
	그들은 뚱뚱하니?	◦ No, they aren't. 아니, 그렇지 않아.
부정문	They are not fat. 그들은 뚱뚱하지 않다.	

23 그와 나는 친구이다.

주어 그와 나는 He and I ─┐
동사 ~이다 are   ├ 주어가 복수 – 동대도 복수로 한다.
동대 (무엇) 친구 friends ─┘

He and I are friends.

의문문	Are he and you are friends?	⋯▸ ◦ Yes, we are. 응, 그래.
	그와 너는 친구이니?	◦ No, we aren't. 아니, 그렇지 않아.
부정문	He and I are not friends. 그와 나는 친구가 아니다.	

참고 • 둘 중 무조건 I가 있으면 복수는 ➡ ○ and I = we
    • 둘 중 무조건 You가 있으면 복수는 ➡ ○ and you = You 너희들은
    • 둘 중 I도 You도 없으면 복수는 ➡ ○ and ○ = They

24 나의 엄마는 부엌에 있다.

주어 나의 엄마는 My mom
동사 ~있다 is
동대 (어디에) 부엌에 in the kitchen

My mom is in the kitchen.

                                    your mom은 3인칭단수(여자) ➡ she

의문문	Is your mom in the kitchen?	⋯▸ ◦ Yes, she is.. 응, 그래.
	너의 엄마는 부엌에 있니?	◦ No, she isn't. 아니, 그렇지 않아.
부정문	My mom is not in the kitchen. 나의 엄마는 부엌에 없다.	

참고 • '소유격 + 명사'는 무조건 3인칭이라고 했었다. 단수, 복수는 명사에 s나 es가 없
    으면 3인칭 단수이고 s나 es가 있으면 3인칭 복수이다.
    • 전치사 + 명사 = 이를 "구"라고 하고 항상 우리말과 반대로 표현한다.
                                                        ('전치사' 편 참고)
    ⓐ at + 명사: 집에 at home / 학교에 at school / 도서관에 at the library
    ⓑ on + 명사: 책상 위에 on the desk / 테이블 위에 on the table
    ⓒ in + 명사: 방에 in the room / 공원에 in the park / 부엌에 in the kitchen
    …등

▶1 다음 우리말을 영어로 쓰시오.

(셀 수 있는 단수명사 앞에 a, an, 또는 −s, −es.를 붙이자.)

정답 p.256

단 형용사 단독일 경우 붙이지 않는다. 문장의 첫 글자는 항상 대문자로 시작한다.
마침표, 물음표를 붙이자.

---

① 그는 학생이다.

　　주어 ⇨

　　동사 ⇨

　　동대 ⇨

　⇨

　　의문문　그는 학생이니?　　　　⇨

　　　　　　◦응, 그래.　　　　⇨

　　　　　　◦아니. 그렇지 않아.　⇨

　　부정문　그는 학생이 아니다.　⇨

② 그녀는 간호사이다.

　　주어 ⇨

　　동사 ⇨

　　동대 ⇨

　⇨

　　의문문　그녀는 간호사이니?　　⇨

　　　　　　◦응, 그래.　　　　⇨

　　　　　　◦아니. 그렇지 않아.　⇨

　　부정문　그녀는 간호사가 아니다.　⇨

③ 나는 가수이다.

　　주어 ⇨

　　동사 ⇨

　　동대 ⇨

　⇨

의문문　내가 가수이니?　　　⇨

　　　　　◦응, 그래.　　　⇨

　　　　　◦아니. 그렇지 않아.　⇨

부정문　나는 가수가 아니다.　⇨

④ 우리들은 학생이다.

　주어 ⇨

　동사 ⇨

　동대 ⇨

⇨

의문문　우리들은 학생이니?　⇨

　　　　　◦응, 그래.　　　⇨

　　　　　◦아니. 그렇지 않아.　⇨

부정문　우리들은 학생이 아니다.　⇨

⑤ 너희들은 친구이다.

　주어 ⇨

　동사 ⇨

　동대 ⇨

⇨

의문문　너희들은 친구이니?　⇨

　　　　　◦응, 그래.　　　⇨

　　　　　◦아니. 그렇지 않아.　⇨

부정문　너희들은 친구가 아니다.　⇨

⑥ 그들은 선생님이다.

　주어 ⇨

　동사 ⇨

　동대 ⇨

⇨

의문문   그들은 선생님이니?   ⇨

　　　　　。응, 그래.   ⇨

　　　　　。아니. 그렇지 않아.   ⇨

부정문   그들은 선생님이 아니다.   ⇨

---

⑦ 그녀는 영어선생님이다.

　　　주어 ⇨

　　　동사 ⇨

　　　동대 ⇨

　　　⇨

의문문   그녀는 영어선생님이니?   ⇨

　　　　　。응, 그래.   ⇨

　　　　　。아니. 그렇지 않아.   ⇨

부정문   그녀는 영어선생님이 아니다.   ⇨

---

⑧ 그의 이름은 인호이다.

　　　주어 ⇨

　　　동사 ⇨

　　　동대 ⇨

　　　⇨

의문문   그의 이름은 인호이니?   ⇨

　　　　　。응, 그래.   ⇨

　　　　　。아니. 그렇지 않아.   ⇨

부정문   그의 이름은 인호가 아니다. ⇨

---

⑨ 그것은 자전거이다.

　　　주어 ⇨

　　　동사 ⇨

　　　동대 ⇨

　　　⇨

쓰고 말하기 쉬운 Fun English

의문문　그것은 자전거이니?　⇨

　　　　　◦응, 그래.　⇨

　　　　　◦아니. 그렇지 않아.　⇨

부정문　그것은 자전거가 아니다.　⇨

⑩　그것들은 인형이다.

　주어 ⇨

　동사 ⇨

　동대 ⇨

　⇨

의문문　그것들은 인형이니?　⇨

　　　　　◦응, 그래.　⇨

　　　　　◦아니. 그렇지 않아.　⇨

부정문　그것들은 인형이 아니다.　⇨

⑪　이것은 나의 휴대폰이다.

　주어 ⇨

　동사 ⇨

　동대 ⇨

　⇨

의문문　이것은 너의 휴대폰이니?　⇨

　　　　　◦응, 그래.　⇨

　　　　　◦아니. 그렇지 않아.　⇨

부정문　이것은 나의 휴대폰이 아니다.　⇨

⑫　저것은 그녀의 가방이다.

　주어 ⇨

　동사 ⇨

　동대 ⇨

　⇨

의문문　　저것은 그녀의 가방이니?　　　⇨

　　　　　　　◦응, 그래.　　　　　⇨

　　　　　　　◦아니. 그렇지 않아.　　⇨

부정문　　저것은 그녀의 가방이 아니다.　⇨

⑬　이것들은 책상이다.

주어 ⇨

동사 ⇨

동대 ⇨

⇨

의문문　　이것들은 책상이니?　　　⇨

　　　　　　　◦응, 그래.　　　　　⇨

　　　　　　　◦아니. 그렇지 않아.　　⇨

부정문　　이것들은 책상이 아니다.　　⇨

⑭　저것들은 손목시계이다.

주어 ⇨

동사 ⇨

동대 ⇨

⇨

의문문　　저것들은 손목시계이니?　　⇨

　　　　　　　◦응, 그래.　　　　　⇨

　　　　　　　◦아니. 그렇지 않아.　　⇨

부정문　　저것들은 손목시계가 아니다.　⇨

⑮　이 애는 내 친구이다.

주어 ⇨

동사 ⇨

동대 ⇨

⇨

의문문　이 애는 너의 친구이니?　⇨

　　　　　◦응, 그래.　⇨

　　　　　◦아니. 그렇지 않아.　⇨

부정문　이 애는 내 친구가 아니다.　⇨

⑯　저 분은 나의 선생님이다.

　　주어 ⇨

　　동사 ⇨

　　동대 ⇨

　⇨

의문문　저 분은 너의 선생님이니?　⇨

　　　　　◦응, 그래.　⇨

　　　　　◦아니. 그렇지 않아.　⇨

부정문　저 분은 나의 선생님이 아니다.　⇨

⑰　그는 요리사이다.

　　주어 ⇨

　　동사 ⇨

　　동대 ⇨

　⇨

의문문　그는 요리사 이니?　⇨

　　　　　◦응, 그래.　⇨

　　　　　◦아니. 그렇지 않아.　⇨

부정문　그는 요리사가 아니다.　⇨

⑱　그녀는 행복하다.

　　주어 ⇨

　　동사 ⇨

　　동대 ⇨

　⇨

의문문　그녀는 행복하니?　⇨

　　　　　◦응, 그래.　⇨

　　　　　◦아니. 그렇지 않아.　⇨

부정문　그녀는 행복하지 않다.　⇨

⑲　그는 용감하다.

주어 ⇨

동사 ⇨

동대 ⇨

　　⇨

의문문　그는 용감하니?　⇨

　　　　　◦응, 그래.　⇨

　　　　　◦아니. 그렇지 않아.　⇨

부정문　그는 용감하지 않다.　⇨

⑳　나는 키가 크다.

주어 ⇨

동사 ⇨

동대 ⇨

　⇨

의문문　내가 키가 크니?　⇨

　　　　　◦응, 그래.　⇨

　　　　　◦아니. 그렇지 않아.　⇨

부정문　나는 키가 크지 않다.　⇨

㉑　너는 예쁘다.

주어 ⇨

동사 ⇨

동대 ⇨

　⇨

의문문　너는 예쁘니? ⇨

　　　　·응, 그래. ⇨

　　　　·아니. 그렇지 않아. ⇨

부정문　너는 예쁘지 않다. ⇨

㉒ 그들은 지금 바쁘다.

　　주어 ⇨

　　동사 ⇨

　　동대 ⇨

⇨

의문문　그들은 지금 바쁘니? ⇨

　　　　·응, 그래. ⇨

　　　　·아니. 그렇지 않아. ⇨

부정문　그들은 지금 바쁘지 않다. ⇨

㉓ 우리들은 부유하다.

　　주어 ⇨

　　동사 ⇨

　　동대 ⇨

⇨

의문문　우리들은 부유하니? ⇨

　　　　·응, 그래. ⇨

　　　　·아니. 그렇지 않아. ⇨

부정문　우리들은 부유하지 않다. ⇨

㉔ 너희들은 정직하다.

　　주어 ⇨

　　동사 ⇨

　　동대 ⇨

⇨

의문문　　너희들은 정직하니?　　　⇨

　　　　　　◦응, 그래.　　　⇨

　　　　　　◦아니. 그렇지 않아.　　⇨

부정문　　너희들은 정직하지 않다.　⇨

(25)　그와 그녀는 의사이다.

　　주어 ⇨

　　동사 ⇨

　　동대 ⇨

　⇨

의문문　　그와 그녀는 의사이니?　　⇨

　　　　　　◦응, 그래.　　　⇨

　　　　　　◦아니. 그렇지 않아.　　⇨

부정문　　그와 그녀는 의사가 아니다.　⇨

(26)　그는 교실에 있다.

　　주어 ⇨

　　동사 ⇨

　　동대 ⇨

　⇨

의문문　　그는 교실에 있니?　　　⇨

　　　　　　◦응, 그래.　　　⇨

　　　　　　◦아니. 그렇지 않아.　　⇨

부정문　　그는 교실에 없다.　　　⇨

(27)　그들은 공원에 있다.

　　주어 ⇨

　　동사 ⇨

　　동대 ⇨

　⇨

의문문	그들은 공원에 있니?	⇨
	°응, 그래.	⇨
	°아니. 그렇지 않아.	⇨
부정문	그들은 공원에 없다.	⇨

1 다음 우리말을 영어로 쓰시오.(셀 수 있는 단수명사 앞에 'a, an, 또는 −s, −es'를 붙이자.)

① 주어(그는) He   **참고**   의문문 Is he a student?

   동사(~이다) is   are not = aren't   (응, 그래.) Yes, he is.

   동대(누구 − 학생) a student   is not = isn't   (아니. 그렇지 않아.) No, he isn't.

   He is a student.   부정문 He is not a student.

② 주어(그녀는) She   의문문 Is she a nurse?

   동사(~이다) is   (응, 그래.) Yes, she is.

   동대(누구 − 간호사) a nurse   (아니. 그렇지 않아.) No, she isn't.

   She is a nurse.   부정문 She is not(= isn't) a nurse.

③ 주어(나는) I   의문문 Am I a singer?

   동사(~이다) am   (응, 그래.) Yes, you are.

   동대(누구 − 가수) a singer   (아니. 그렇지 않아.) No, you aren't.

   I am a singer.   부정문 I am not a singer.

④ 주어(우리들은) We   의문문 Are we students?

   동사(~이다) are   (응, 그래.) Yes, you are.

   동대(누구 − 학생) students   (아니. 그렇지 않아.) No, you aren't.

   We are students.   부정문 We aren't students.

⑤ 주어(너희들은) You   의문문 Are you friends?

   동사(~이다) are   (응, 그래.) Yes, we are.

   동대(누구 − 친구) friends   (아니. 그렇지 않아.) No, we aren't.

   You are friends.   부정문 You aren't friends.

⑥ 주어(그들은) They   의문문 Are they teachers?

   동사(~이다) are   (응, 그래.) Yes, they are.

   동대(누구 − 선생님) teachers   (아니. 그렇지 않아.) No, they aren't.

   They are teachers.   부정문 They are not teachers.

⑦ 주어(그녀는) She   의문문 Is she an English teacher?

   동사(~이다) is   (응, 그래.) Yes, she is.

   동대(누구 − 영어 선생님) an English teacher   (아니. 그렇지 않아.) No, she isn't.

   She is an English teacher.   부정문 She is not an English teacher.

⑧ 주어(그의 이름은) His name   의문문 Is his name Inho?

   동사(~이다) is   (응, 그래.) Yes, he is.

   동대(누구 − 인호) Inho   (아니. 그렇지 않아.) No, he isn't

   His name is Inho.   부정문 His name is not Inho.

⑨ 주어(그것은) It   의문문 Is it a bike?

   동사(~이다) is   (응, 그래.) Yes, it is.

   동대(무엇 − 자전거) a bike   (아니. 그렇지 않아.) No, it isn't.

   It is a bike.   부정문 It is not a bike.

⑩ 주어(그것들은) They
동사(~이다) are
동대(무엇 – 인형) dolls
They are dolls.

의문문 Are they dolls?
(응, 그래.) Yes, they are.
(아니. 그렇지 않아.) No, they aren't.
부정문 They are not dolls.

⑪ 주어(이것은) This
동사(~이다) is
동대(무엇 – 나의 휴대폰) my cell phone
This is my cell phone.

의문문 Is this your cell phone?
(응, 그래.) Yes, it is.
(아니. 그렇지 않아.) No, it isn't.
부정문 This is not my cell phone.

⑫ 주어(저것은) That
동사(~이다) is
동대(무엇 – 그녀의 가방) her bag
That is her bag.

의문문 Is that her bag?
(응, 그래.) Yes, it is.
(아니. 그렇지 않아.) No, it isn't.
부정문 That is not her bag.

⑬ 주어(이것들은) These
동사(~이다) are
동대(무엇 – 책상) desks
These are desks.

의문문 Are these desks?
(응, 그래.) Yes, they are.
(아니. 그렇지 않아.) No, they aren't.
부정문 These are not desks.

⑭ 주어(저것들은) Those
동사(~이다) are
동대(무엇 – 손목시계) watches
Those are watches.

의문문 Are those watches?
(응, 그래.) Yes, they are.
(아니. 그렇지 않아.) No, they aren't.
부정문 They are not watches.

⑮ 주어(이 애는) this
동사(~이다) is
동대(누구 – 내 친구) my friend
This is my friend.

의문문 Is this your friend?
(응, 그래.) Yes, he is. (여자: Yes, she is.)
(아니. 그렇지 않아.) No, he isn't. (여자: No, she isn't.)
부정문 This is not my friend.

⑯ 주어(저 분은) That
동사(~이다) is
동대(무엇 – 나의 선생님) my teacher
That is my teacher.

의문문 Is that your teacher?
(응, 그래.) Yes, he is. (여자분: Yes, she is.)
(아니. 그렇지 않아.) No, he isn't. (여자분: No, she isn't.)
부정문 That is not my teacher.

⑰ 주어(그는) He
동사(~이다) is
동대(무엇 – 요리사) a cook
He is a cook.

의문문 Is he a cook?
(응, 그래.) Yes, he is.
(아니. 그렇지 않아.) No, he isn't.
부정문 He is not a cook.

⑱ 주어(그녀는) She
동사(~이다) is
동대(형용사 – 행복한) happy
She is happy.

의문문 Is she happy?
(응, 그래.) Yes, she is.
(아니. 그렇지 않아.) No, she isn't.
부정문 She is not happy.

⑲ 주어(그는) He   의문문 Is he brave?

동사(~다) is   (응, 그래.) Yes, he is.

동대(형용사 - 용감한) brave   (아니. 그렇지 않아.) No, he isn't.

He is brave.   부정문 He is not brave.

⑳ 주어(나는) I   의문문 Am I tall?

동사(~다) am   (응, 그래.) Yes, you are.

동대(형용사 - 키가 큰) tall   (아니. 그렇지 않아.) No, you aren't.

I am tall.   부정문 I am not tall.

㉑ 주어(너는) You   의문문 Are you beautiful?

동사(~다) are   (응, 그래.) Yes, I am.

동대(형용사 - 예쁜) beautiful   (아니. 그렇지 않아.) No, I am not.

You are beautiful.   부정문 You are not beautiful.

㉒ 주어(그들은) They   의문문 Are they busy now?

동사(~다) are   (응, 그래.) Yes, they are.

동대(형용사 - 바쁜) busy   (아니. 그렇지 않아.) No, they aren't.

부사(지금) now   부정문 They are not busy now.

They are busy now.

㉓ 주어(우리는) We   의문문 Are we rich?

동사(~다) are   (응, 그래.) Yes, you are.

동대(형용사 - 부유한) rich   (아니. 그렇지 않아.) No, you aren't.

We are rich.   부정문 We are not rich.

㉔ 주어(너희들은) You   의문문 Are you honest?

동사(~다) are   (응, 그래.) Yes, we are.

동대(형용사 - 정직한) honest   (아니. 그렇지 않아.) No, we aren't.

You are honest.   부정문 You are not honest.

㉕ 주어(그와 그녀는) He and she   의문문 Are he and she doctors?

동사(~이다) are   (응, 그래.) Yes, they are.

동대(무엇 - 의사) doctors   (아니. 그렇지 않아.) No, they aren't.

He and she are doctors.   부정문 He and she are not doctors.

㉖ 주어(그는) He   의문문 Is he in the classroom?

동사(~있다) is   (응, 그래.) Yes, he is.

동대(어디 - 교실에) in the classroom   (아니. 그렇지 않아.) No, he isn't.

He is in the classroom.   부정문 He is not in the classroom.

㉗ 주어(그들은) They   의문문 Are they in the park?

동사(~있다) are   (응, 그래.) Yes, they are.

동대(어디 - 공원에) in the park   (아니. 그렇지 않아.) No, they aren't.

They are in the park.   부정문 They are not(= aren't) in the park.

01 나는 학생이었다.

> **주어** 나는 I ⌐ (주어가 1인칭 – was)
> **동사** ~이었다(과거) was
> **동대** (무엇) 학생 a student

I was a student.

> **참고** I am a student. 나는 학생이다. ← be동사 현재 ⌐ be동사 현재형 문장을 인칭에 맞게
> I was a student. 나는 학생이었다. ← be동사 과거 ⌐ be동사를 과거로 바꿔줘도 된다.

> 의문문 Was I a student?　　⋯▸ ∘ Yes, you were. 응, 그랬어.
> 내가 학생이었니?　　　　　　∘ No, you weren't. 아니, 그렇지 않았어.
> 부정문 I was not a student. 나는 학생이 아니었다.

02 너는 의사였다.

> **주어** 너는 You ⌐
> **동사** ~이었다 were ⌐ 주어가 2인칭 단수 – were
> **동대** (무엇) 선생님 a teacher

You were a doctor.

> **참고** You are a doctor. 너는 의사이다. ← 현재
> You were a doctor. 너는 의사였다. ← 과거

> 의문문 Were you a doctor?　　⋯▸ ∘ Yes, I was. 응, 그랬어.
> 너는 의사였니?　　　　　　　∘ No, I wasn't. 아니, 그렇지 않았어.
> 부정문 You were not a doctor. 너는 의사가 아니었다.

03 그는 선생님이었다.

> **주어** 그는 He ⌐
> **동사** ~이었다 was ⌐ 주어가 3인칭 단수 – was
> **동대** (무엇) 선생님 a teacher

He was a teacher.

> **참고** He is a teacher. 그는 선생님이다. ← 현재
> He was a teacher. 그는 선생님이었다. ← 과거

> 의문문 Was he a teacher?　　⋯▸ ∘ Yes, he was. 응, 그랬어.
> 그는 선생님이었니?　　　　　∘ No, he wasn't. 아니, 그렇지 않았어.
> 부정문 He was not a teacher. 그는 선생님이 아니었다.

참고 과거 − '였다, 이었다.'의 구별법

• 앞에 받침이 없으면 − 였다. ← 2번 예문

/ **예외** 아니였다. (X) ➜ 아니었다. (O) ← 2번 예문

• 앞에 받침이 있으면 − 이었다. ← 3번 예문

4 그녀는 가수였다.

주어 그녀는 She
주어가 3인칭 단수 − was
동사 ～였다 was

동대 (무엇) 가수 a singer

She was a singer.

> **참고** She is a singer. 그녀는 가수이다. ← 현재
>
> She was a singer. 그녀는 가수였다. ← 과거

의문문 Was she a singer? ⋯▸ • Yes, she was. 응, 그랬어.

그녀는 가수였니? • No, she wasn't. 아니, 그렇지 않았어.

부정문 She was not a singer. 그녀는 가수가 아니었다.

05 우리는 요리사였다.

주어 우리는 We
주어가 1인칭 복수 − were
동사 ～였다 were

동대 (무엇) 요리사 cooks

We were cooks.

> **참고** We are cooks. 우리들은 요리사이다. ← 현재
>
> We were cooks. 우리들은 요리사였다. ← 과거

의문문 Were we cooks? ⋯▸ • Yes, you were. 응, 그랬어.

우리들은 요리사였니? • No, you weren't. 아니, 그렇지 않았어.

부정문 We were not cooks. 우리들은 요리사가 아니었다.

06 너희들은 친구였다

주어 너희들은 You
주어가 2인칭 복수 − were
동사 ～였다 were

동대 (무엇) 친구 friends

You were friends.

> **참고** You are friends. 너희들은 친구이다. ← 현재
>
> You were friends. 너희들은 친구였다. ← 과거

의문문	Were you friends?	⋯▸	· Yes, we were. 응, 그랬어.
	너희들은 친구였니?		· No, we weren't. 아니, 그렇지 않았어.
부정문	You were not friends.	우리들은 친구가 아니었다.	

07 그들은 축구선수였다.

주어 그들은 They
동사 ~였다 were — 주어가 3인칭 복수 − were
동대 (무엇) 축구선수 soccer players.

They were soccer players

참고 They are soccer players. 그들은 축구선수이다. ← 현재
They were soccer players. 그들은 축구선수였다. ← 과거

의문문	Were they soccer players?	⋯▸	· Yes, they were. 응, 그랬어.
	그들은 축구선수였니?		· No, they weren't. 아니, 그렇지 않았어.
부정문	They were not soccer players.	그들은 축구선수가 아니었다.	

08 그는 아팠다.

주어 그는 He
동사 ~았다 was
동대 (형용사) 아픈 sick

He was sick.

참고 He is sick. 그는 아프다. ← be동사 현재
He was sick. 그는 아팠다. ← be동사 과거

의문문	Was he sick?	⋯▸	· Yes, he was. 응, 그랬어.
	그는 아팠니?		· No, he wasn't. 아니, 그렇지 않았어.
부정문	He was not sick.	그는 아프지 않았다.	

09 그들은 행복했다.

주어 그들은 They
동사 ~했다 were
동대 (형용사) 행복한 happy

They were happy.

참고 They are happy. 그들은 행복하다. ← 현재
They were happy. 그들은 행복했다. ← 과거

의문문	Were they happy?	···▸ · Yes, they were. 응, 그랬어.
	그들은 행복했니?	· No, they weren't. 아니, 그렇지 않았어.
부정문	They were not happy. 그들은 행복하지 않았다.	

---

10 그녀는 화가 났었다.

[주어] 그녀는 She
[동사] ~였다 was
[동대] (형용사) 화난 angry

She was angry.

[참고] She is angry. 그녀는 화가 났다. ← 현재
She was angry. 그녀는 화가 났었다. ← 과거

의문문	Was she angry?	···▸ · Yes, she was. 응, 그랬어.
	그녀는 화가 났었니?	· No, she wasn't. 아니, 그렇지 않았어.
부정문	She was not angry. 그녀는 화가 나지 않았다.	

---

11 너는 부자였다.

[주어] 너는 You
[동사] ~였다 were
[동대] (형용사) 부유한 rich

You were rich.

[참고] You are rich. 너는 부자이다. ← 현재
You were rich. 너는 부자이었다. ← 과거

의문문	Were you rich?	···▸ · Yes, I was. 응, 그랬어.
	너는 부자였니?	· No, I wasn't. 아니, 그렇지 않았어.
부정문	You were not rich. 너는 부자가 아니었다.	

---

12 너희들은 바빴다.

[주어] 너희들은 You (복수)
[동사] ~았다 were
[동대] (형용사) 바쁜 busy

You were busy.

[참고] You are busy. 너희들은 바쁘다.
You were busy. 너희들은 바빴다.

의문문	Were you busy?	⋯▸ · Yes, we were. 응, 그랬어.
	너희들은 바빴니?	· No, we weren't. 아니, 그렇지 않았어.
부정문	You were not busy. 너희들은 바쁘지 않았다.

---

13 그들은 교실에 있었다.

> **주어** 그들은 They
> **동사** ~있었다 were
> **동대** (어디에) 교실에 in the classroom ← in + 장소 – 교실 안에

They were in the classroom.

> **참고** They are in the classroom. 그들은 교실에 있다. ← 현재
> They were in the classroom. 그들은 교실에 있었다. ← 과거

의문문	Were they in the classroom?	⋯▸ · Yes, they were. 응, 그랬어.
	그들은 교실에 있었니?	· No, they weren't. 아니, 그렇지 않았어.
부정문	They were not in the classroom. 그들은 교실에 없었다.

---

14 그는 도서관에 있었다.

> **주어** 그는 He
> **동사** ~있었다 was
> **동대** (어디에) 도서관에 at the library ← at + 장소 – 도서관의 어느 한 곳

He was at the library.

> **참고** He is at the library. 그는 도서관에 있다. ← 현재
> He was at the library. 그는 도서관에 있었다. ← 과거

의문문	Was he at the library?	⋯▸ · Yes, he was. 응, 그랬어.
	그는 도서관에 있었니?	· No, he wasn't. 아니, 그렇지 않았어.
부정문	He was not at the library. 그는 도서관에 없었다.

참고

과거의 의미 – 과거는 과거일 뿐 현재에 영향을 전혀 미치지 않는다.

▸ She was a teacher. 그녀는 선생님이었다. ← 과거 사실

  그럼 지금(현재)은? ➔ 과거 사실만 말하기 때문에 현재 선생님인지? 아닌지? 모른다.

① 그는 선생님이었다.

주어 ⇨

동사 ⇨

동대 ⇨

⇨

의문문 　그는 선생님이었니? 　　⇨

　　　　°응, 그랬어. 　　⇨

　　　　°아니. 그렇지 않았어. 　　⇨

부정문 　그는 선생님이 아니었다. 　⇨

② 그녀는 가수였다.

주어 ⇨

동사 ⇨

동대 ⇨

⇨

의문문 　그녀는 가수였니? 　　⇨

　　　　°응, 그랬어. 　　⇨

　　　　°아니. 그렇지 않았어. 　　⇨

부정문 　그녀는 가수가 아니었다. 　⇨

③ 너희들은 친구였다.

주어 ⇨

동사 ⇨

동대 ⇨

⇨

의문문   너희들은 친구였니? ⇨

        ◦응, 그랬어. ⇨

        ◦아니. 그렇지 않았어. ⇨

부정문   너희들은 친구가 아니었다. ⇨

④ 그는 축구선수였다.

주어 ⇨

동사 ⇨

동대 ⇨

⇨

의문문   그는 축구선수였니? ⇨

        ◦응, 그랬어. ⇨

        ◦아니. 그렇지 않았어. ⇨

부정문   그는 축구선수가 아니었다. ⇨

⑤ 그들은 학생이었다.

주어 ⇨

동사 ⇨

동대 ⇨

⇨

의문문   그들은 학생이었니? ⇨

        ◦응, 그랬어. ⇨

        ◦아니. 그렇지 않았어. ⇨

부정문   그들은 학생이 아니었다. ⇨

⑥ 너는 의사였다.

주어 ⇨

동사 ⇨

동대 ⇨

⇨

의문문　너는 의사였니?　　　⇨

　　　　ᵒ응, 그랬어.　　　　⇨

　　　　ᵒ아니. 그렇지 않았어.　⇨

부정문　너는 의사가 아니었다.　⇨

⑦　그녀는 아팠다.

　　주어 ⇨

　　동사 ⇨

　　동대 ⇨

　⇨

의문문　그녀는 아팠니?　　　⇨

　　　　ᵒ응, 그랬어.　　　　⇨

　　　　ᵒ아니. 그렇지 않았어.　⇨

부정문　그녀는 아프지 않았다.　⇨

⑧　그들은 행복했다.

　　주어 ⇨

　　동사 ⇨

　　동대 ⇨

　⇨

의문문　그들은 행복했니?　　　⇨

　　　　ᵒ응, 그랬어.　　　　⇨

　　　　ᵒ아니. 그렇지 않았어.　⇨

부정문　그들은 행복하지 않았다.　⇨

⑨　그녀는 뚱뚱했다.

　　주어 ⇨

　　동사 ⇨

　　동대 ⇨

　⇨

의문문　그녀는 뚱뚱했니?　⇨

　　　　　◦응, 그랬어.　⇨

　　　　　◦아니. 그렇지 않았어.　⇨

부정문　그녀는 뚱뚱하지 않았다.　⇨

⑩　그들은 공원에 있었다.

　　[주어] ⇨

　　[동사] ⇨

　　[동대] ⇨

　⇨

의문문　그들은 공원에 있었니?　⇨

　　　　　◦응, 그랬어.　⇨

　　　　　◦아니. 그렇지 않았어.　⇨

부정문　그들은 공원에 없었다.　⇨

⑪　그녀는 방 안에 있었다.

　　[주어] ⇨

　　[동사] ⇨

　　[동대] ⇨

　⇨

의문문　그녀는 방 안에 있었니?　⇨

　　　　　◦응, 그랬어.　⇨

　　　　　◦아니. 그렇지 않았어.　⇨

부정문　그녀는 방 안에 없었다.　⇨

Be동사의 기본상식과 예문

1 다음 우리말을 영어로 쓰시오.

① 주어(그는) He

동사(~이었다) was

동대(무엇 – 선생님) a teacher

He was a teacher.

참고

was not = wasn't

were not = weren't

의문문 Was he a teacher?

(응, 그래.) Yes, he was.

(아니. 그렇지 않아.) No, he wasn't.

부정문 He was not(= wasn't) a teacher.

② 주어(그녀는) She

동사(~였다) was

동대(누구 – 가수) a singer

She was a singer.

의문문 Was she a singer?

(응, 그래.) Yes, she was.

(아니. 그렇지 않아.) No, she wasn't.

부정문 She was not a singer.

③ 주어(너희들은) You

동사(~였다) were

동대(누구 – 친구) friends

You were friends.

의문문 Were you friends?

(응, 그래.) Yes, we were.

(아니. 그렇지 않아.) No, we weren't.

부정문 You were not friends.

④ 주어(그는) He

동사(~였다) was

동대(누구 – 축구선수) a soccer player

He was a soccer player.

의문문 Was he a soccer player?

(응, 그래.) Yes, he was.

(아니. 그렇지 않아.) No, he wasn't.

부정문 He was not a soccer player.

⑤ 주어(그들은) They

동사(~이었다) were

동대(누구 – 학생) students

They were students.

의문문 Were they students?

(응, 그래.) Yes, they were.

(아니. 그렇지 않아.) No, they weren't.

부정문 They were not students.

⑥ 주어(너는) You

동사(~였다) were

동대(누구 – 의사) a doctor

You were a doctor.

의문문 Were you a doctor?

(응, 그래.) Yes, I was.

(아니. 그렇지 않아.) No, I wasn't.

부정문 You were not a doctor.

⑦ 주어(그녀는) She

동사(~았다) was

동대(형용사 – 아픈) sick

She was sick.

의문문 Was she sick?

(응, 그래.) Yes, she was.

(아니. 그렇지 않아.) No, she wasn't.

부정문 She was not sick.

⑧ 주어(그들은) They

동사(~했다) were

동대(형용사 – 행복한) happy

They were happy.

의문문 Were they happy?

(응, 그래.) Yes, they were.

(아니. 그렇지 않아.) No, they weren't.

부정문 They were not happy.

⑨ 주어(그녀는) She

동사(~했다) was

동대(형용사 – 뚱뚱한) fat

She was fat.

의문문 Was she fat?

(응, 그래.) Yes, she was.

(아니. 그렇지 않아.) No, she wasn't.

부정문 She was not fat.

⑩ 주어(그들은) They

　동사(~있었다) were

　동대(어디에 – 공원에) in the park

　They were in the park.(=at the park.)

의문문 Were they in the park?

(응, 그래.) Yes, they were.

(아니. 그렇지 않아.) No, they weren't.

부정문 They were not in the park.

⑪ 주어(그녀는) She

　동사(~있었다) was

　동대(어디에 – 방 안에) in the room

　She was in the room.

의문문 Was she in the room?

(응, 그래.) Yes, she was.

(아니. 그렇지 않아.) No, she wasn't.

부정문 She was not in the room.

이제 기본적인 예문은 끝났다. 지금부터 각 자리에 따른 문장을 응용시켜보자.

5

Be동사의
각 자리에 따른
문장의 응용

각 자리에 따른 문장의 응용

01   그는 학생이다.   **과거** 그는 학생이었다.

       주어 그는 He
       동사 ～이다 is   →   **동사** ～이었다 was
       동대 (무엇) 학생 a student

     He is a student.   He was a student.

【응용】

① 주어 자리

    나는 학생이다.   I am a student.
    그녀는 학생이다.   She is a student.
    그들은 학생이다.   They are teachers.   ← 주어가 복수, 따라서 동대도 복수로 한다.

② 주어 자리 + 동대 자리

    그는 의사(요리사)이다.   He is a doctor.(a cook)   **참고** cook **동사** 요리하다. **명사** 요리사
    그는 선생님(영어선생님)이다.   He is a teacher.(an English teacher)
    그는 가수(간호사)이다.   He is a singer.(a nurse)
    나는 한국사람(미국사람)이다.   I am Korean.(American)   ← 둘 다 주로 형용사로 표현한다.

      참고 ┌ Korean   **형용사** 한국인의 **명사** 한국인 – 위는 형용사로 쓰여 a가 없다.
             └ American   **형용사** 미국인의 **명사** 미국인

① 형용사 자리

    그는 똑똑한 학생이다.   He is a smart student.
    그는 정직한(친절한) 학생이다.   He is an honest student. / He is a kind student.
    그녀는 유명한 가수이다.   She is a famous singer.
    그녀는 좋은 선생님이다.   She is a good teacher.
    그녀는 훌륭한 의사이다.   She is a great doctor.

④ 형용사구 자리 ← (전치사 + 명사)가 명사 뒤에 와서 이 명사를 수식한다. – 명사 + 전치사 + 명사

    우리 반에 있는 그 소년은 매우 똑똑하다.   The boy in my class is very smart.
       참고 우리 반에 있는 그 소년은   The boy in my class

⑤ 부사 자리 – (강조부사 – 형용사(부사) 앞)

그는 매우 똑똑한 학생이다.   He is a very smart student.

그는 정말 친절한 학생이다.   He is a really kind student.

그녀는 정말 훌륭한 선생님이다.   She is a really great teacher.

⑥ 부사구 자리 – 구가 문장 끝에 와서 동사를 수식한다.

그녀는 우리에게 정말 훌륭한 선생님이었다.   She was a really great teacher for us.

그녀는 한국에서 유명한 가수이다.   She is a famous singer in Korea.

그는 작년에 학생이었다.   He was a student last year. ← 시간부사구 – 문장 끝

실전 Test ✏️ ▶ 1 다음 우리말을 영어로 쓰시오.

정답 p.275

주어 자리 + 동대 자리

1. 그는 학생이다. →

2. 그녀는 요리사이다. →

3. 나는 의사이다. →

4. 그의 누나는 간호사이다. →

5. 우리는 중학생이다. →

6. 그는 선생님이다. →

형용사 자리

7. 그는 똑똑한 학생이다. →

8 그녀는 친절한 간호사이다. →

9 그녀는 유명한 가수이다. →

10 그는 좋은 선생님이다. →

11 그의 형은 훌륭한 의사이다. →

12 그는 영어 선생님이다. →

부사 자리

13 그는 매우 똑똑한 학생이다. →

14 그녀는 정말 친절한 간호사이다. →

15 그는 매우 유명한 가수이다. →

16 그녀는 정말 훌륭한 의사이다. →

부사구 자리

17 그녀는 작년에 간호사였다. →

18 그녀는 우리에게 정말 훌륭한 선생님이었다. →

19 그녀는 한국에서 유명한 가수이다. →

쓰고 말하기 쉬운 Fun English

1 다음 우리말을 영어로 쓰시오.

① He is a student.

② She is a cook.

③ I am a doctor.

④ His sister is a nurse.

⑤ We are middle school students.

⑥ He is a teacher.

⑦ He is a smart student.

⑧ She is a kind nurse.

⑨ She is a famous singer.

⑩ He is a good teacher.

⑪ His brother is a great doctor.

⑫ He is an English teacher.

⑬ He is a very smart student.

⑭ She is a really kind nurse.

⑮ He is a very famous singer.

⑯ She is a really great doctor.

⑰ My sister was a nurse last year.

⑱ She was a really great teacher for us.

⑲ She is a famous singer in Korea.

02 김 선생님은 의사이다.　　　　　　　　　　　　**과거** 김 선생님은 의사였다.

　　　주어 김 선생님은 Mr. Kim

　　　동사 ～이다 is　　　　　　　→　　　　　　**동사** ～였다   was

　　　동대 (무엇) 의사 a doctor

　　　Mr. Kim is a doctor.　　　　　　　　　　Mr. kim was a doctor.

　　참고 호칭

　　　• 남자 – 결혼 여부와 관계없이 무조건　　　 －　Mr.

　　　• 여자 – 결혼한 여자분　　　　　　　　　 －　Mrs.

　　　　　　　결혼 안 한 여자분　　　　　　　 －　Miss

　　　　　　　결혼 여부에 상관없다.　　　　　　 －　Ms. [미즈]

【응용】

① 주어 자리

　　나의 아빠는 의사이다.　　　My father is a doctor.

　　그녀의 어머니는 의사이다.　Her mother is a doctor.

　　그들은 의사이다.　　　　　They are doctors.　　← 주어가 복수. 따라서 doctor가 복수

② 주어 자리 + 동대 자리

　　그는 음악가(배우)이다.　　He is a musician.(an actor)　　**참고** 여배우 actress

　　나의 형은 수학선생님이다.　My brother is a math teacher.

　　나는 수영선수(축구선수)이다.　I am a swimmer. / I am a soccer player.

　　그녀는 예술가(가수)이다.　　She is an artist.(a singer)

　　우리들은 과학자이다.　　　We are scientists.　　← 동대가 복수

③ 형용사 자리

　　그는 유명한 의사이다.　　　He is a famous doctor.

　　그는 유명한 영화배우이다.　He is a famous actor.

　　그녀는 인기 있는 선생님이다.　She is a popular teacher.

　　　참고 잘하는 사람 a good + 사람

　　　　그는 수영을 잘한다. / 춤을 잘 춘다.　He is a good swimmer. / ~a good dancer.

　　　　그녀는 노래를 잘한다. / 요리를 잘한다.　She is a good singer / ~ a good cook.

④ 부사 자리 – 형용사 앞

　　그는 매우 유명한 의사이다.　　He is a very famous doctor.

　　　　　　　　　　　　　　　　쓰고 말하기 쉬운 Fun English

그녀는 매우 유명한 영화배우이다.　　She is a very famous movie star.

그녀는 정말 인기 있는 선생님이다.　　She is a really popular teacher.

⑤ 부사구 자리 – 문장 끝

그는 이 마을에서 매우 유명한 의사이다.　　He is a very famous doctor in this town.

그녀는 한국에서 매우 유명한 영화배우이다.　　She is a very famous movie star in Korea.

그녀는 우리 학교에서 정말 인기 있는 선생님이다.

　　　　　　　　　　　　　　　　She is a really popular teacher in our school.

02-1　　너와 나는 친구이다.

　　[주어] 너와 나는 You and I = We

　　[동사] ～이다 are

　　[동대] (무엇) 친구 friends

　　You and I are friends.

【응용】

① 주어 자리

우리들은 친구이다.　　He and she are friends.

우리는 친구이다.　　We are friends.

② 형용사자리 ← 명사 앞

우리들은 좋은 친구이다.　　We are good friends.

그는 나의 최고의 친구이다.　　He is my best friend.

그는 정말 좋은 친구이다.　　He is such a good friend.　← such a(n) + 형 + 명

③ 주어자리 + 동대자리

그녀는 나의 여동생이다.　　She is my sister.

그는 나의 남동생이다.　　He is my brother.

우리는 형제자매이다.　　We are brothers and sisters.

[참고]
brother 남동생, 형, 오빠
sister 여동생, 언니, 누나

주어 자리 + 동대 자리

1 그녀는 예술가이다. →

2 나는 음악가(과학자)이다. →

3 그녀는 수영선수이다. →

4 그녀와 그는 친구이다. →

5 우리는 형제자매이다. →

6 그녀는 나의 여동생이다. →

7 그는 나의 남동생이다. →

형용사 자리

8 그녀는 인기 있는 선생님이다. →

9 그녀는 수영을 잘한다. →

10 그는 유명한 배우이다. →

11 그는 유명한
의사(과학자)이다. →

12 그와 나는 좋은 친구이다. →

13 그녀는 나의 최고의
친구이다. →

부사 자리

14 그는 매우 유명한
의사(과학자)이다. →

15 그녀는 매우 유명한
배우이다. →

16 그녀는 정말 인기 있는
선생님이다. →

부사구 자리

17 그는 이 마을에서 매우
유명한 의사이다. →

18 그녀는 한국에서 매우
유명한 배우이다. →

19 그녀는 우리 학교에서
정말 인기 있는 선생님이다. →

1 다음 우리말을 영어로 쓰시오.

① She is an artist.

② I am a musician. / I am a scientist.

③ She is a swimmer.

④ She and he are friends.　　← 주어가 두 명이다. 따라서 복수

⑤ We are brothers and sisters.

⑥ She is my sister.

⑦ He is my brother.

⑧ She is a popular teacher.

⑨ She is a good swimmer.

⑩ He is a famous actor.

⑪ He is a famous doctor.(scientist)

⑫ He and I are good friends.

⑬ She is my best friend.

⑭ He is a very famous doctor.(scientist)

⑮ She is a very famous actor.

⑯ She is a really popular teacher.

⑰ He is a very famous doctor in this town.

⑱ She is a very famous actor in Korea.

⑲ She is a really popular teacher in our school.

03	그녀는 바쁘다.	**과거** 그녀는 바빴다.

주어 그녀는 She	
동사 ~다 is →	**동사** ~았다 was
동대 (어떠한) 바쁜 busy	
She is busy.	She was busy.

【응용】

① 주어 자리

내 친구는 바쁘다.	My friend is busy.
내 여동생은 바쁘다.	My sister is busy.
그와 그녀는 바쁘다.	He and she are busy. ← 주어가 복수 – are

② 주어 자리 + 동대 자리 ← (형용사) – 주어를 설명한다.

참고 형용사인 'ㄴ'이 동사인 '~다'로 변하기 위해선 형용사 앞에 be동사가 있어야 한다.

그녀는 친절하다.(정직하다)	She is kind. / She is honest.
그녀는 부지런하다.(게으르다)	She is diligent. / She is lazy.
그들은 행복하다.(아프다)	They are happy. / They are sick.(= ill)
그는 키가 크다.(작다)	He is tall. / He is short.
그녀는 예쁘다.(귀엽다)	She is pretty. / She is cute.
그녀는 사랑스럽다.(아름답다)	She is lovely. / She is beautiful.

참고 ·명사 + ly = **형용사** lovely 사랑스러운 friendly 친절한

영어는 쉽다. / 수학은 어렵다.	English is easy. / Math is difficult.(= hard)
이 집은 크다. / 저 집은 작다.	This house is big. / That house is small.
이 방은 깨끗하다. / 저 방은 더럽다.	This room is clean. / That room is dirty.

③ 부사 자리 ← 형용사 부사를 수식할 경우 – 형용사, 부사 앞 / 문장 끝

그녀는 매우 바쁘다.	She is very busy.
그는 너무 멋지다.(아주 침착하다.)	He is so cool.
그는 항상 바쁘다.	He is always busy. ← 빈도부사
그녀는 매우 친절하다.	She is very kind.
그녀는 꽤 키가 크다.	She is quite tall.
그녀는 정말(너무) 귀엽다.	She is really cute. / She is so cute.
영어는 매우 쉽다.	English is very easy.
수학은 너무 어렵다.	Math is too difficult.

- 과거

그는 매우 부자였다.(가난했다.)	He was very rich. / He was very poor.
그들은 어제 매우 바빴다.	They were very busy yesterday.
그녀는 어제 매우 아팠다.	She was very sick yesterday.

> 참고 yesterday 어제 – 명사, 부사 둘 다 사용
> 여기선 시간부사

④ 부사구 자리 ← 문장 끝(겹칠 경우 – 시간은 보통 끝)

그녀는 모든 사람들에게 친절하다.	She is kind to everyone.
그녀는 나에게 매우 친절하다.	She is very kind to me.
나는 어제 하루 종일 아팠다.	I was sick all day yesterday.
그는 1년 전에 매우 부자였다.	He was very rich a year ago.
그녀는 나이에 비해 꽤 키가 크다.	She is quite tall for her age.
그는 나이에 비해 젊다.	He is young for his age.

> 참고
> - 하루 종일 all day / 나이에 비해 for one's age
>   　　　　　　　　　　　　　　주어의 소유격
> - 누구에게 to + 누구(인칭대명사가 올 경우 – 목적격)
>   　　　　전치사
> - ago 전에 ➡ 쓰임 – 과거 + 때를 나타내는 단어 + ago

실전 Test

> **1** 다음 우리말을 영어로 쓰시오.

정답 p.285

주어 자리 + 동대 자리(형용사)

1. 그녀는 친절하다.(아프다) →

2. 그는 키가 크다.(작다) →

3. 그녀는 예쁘다.
   (귀엽다. 아름답다) →

4. 그녀는 키가 크고 예쁘다. →

쓰고 말하기 쉬운 Fun English

⑤	그는 잘 생겼다. 그는 멋지다.	→
⑥	나의 형은 똑똑하다.	→
⑦	나는 부유하다.(가난하다)	→
⑧	영어는 쉽다. 수학은 어렵다.	→
⑨	이 방은 깨끗하다.(더럽다)	→
⑩	나는 아팠다.(부자였다)	→

부사 자리

⑪	그녀는 매우 친절하다.(아프다)	→
⑫	그는 매우 키가 크다.(작다)	→
⑬	그녀는 정말 예쁘다. (귀엽다, 아름답다)	→
⑭	그는 정말 잘 생겼다. 그는 너무 멋지다.	→
⑮	영어는 매우 쉽다. 수학은 너무 어렵다.	→
⑯	나는 매우 아팠다.(부자였다)	→

Be동사의 각 자리에 따른 문장의 응용

부사구 자리

17) 그녀는 모든
사람들에게(나에게) 친절하다. →

18) 나는 어제 하루 종일
매우 아팠다. →

19) 그는 1년 전에 매우
부자였다. →

20) 그녀는 나이에 비해
꽤 키가 크다. →

21) 그는 나이에 비해 젊다. →

쓰고 말하기 쉬운 Fun English

1 다음 우리말을 영어로 쓰시오.

① She is kind.(sick)

② He is tall.(short)

③ She is pretty.(cute, beautiful)

④ She is tall and pretty.

⑤ He is handsome. / He is cool.

⑥ My brother is smart.

⑦ I am rich.(poor)

⑧ English is easy. / Math is difficult.(= hard)

⑨ This room is clean.(dirty)

⑩ I was sick.(rich)

⑪ She is very kind.(sick.)

⑫ He is very tall.(short.)

⑬ She is really pretty.(cute, beautiful.)

⑭ He is really handsome. / He is so cool.

⑮ English is very easy. / Math is too difficult.

⑯ I was very sick.(rich.)

⑰ She is kind to everyone.(to me.)

⑱ I was very sick all day yesterday.

⑲ He was very rich a year ago.

⑳ She is quite tall for her age.

㉑ He is young for his age.

04 이것은 책이다.

주어 이것은 This

동사 ~이다 is

동대 (무엇) 책 a book

This is a book.   참고 【줄임말】 This is → This's (X) – 줄이지 못한다.

【응용】

① 주어 자리

저것은 책이다.   That is a book.   참고 【줄임말】 That is → That's (O) / It is ⋯ It's

그것은 책이다.   It is a book.

② 동대 자리 ← a/an을 잘 구별해서 사용하길 바란다.

이것은 책상(의자)이다.   This is a desk.(a chair)

이것은 달걀(오렌지)이다.   This is an egg.(an orange)

저것은 가방(자전거)이다.   That is a bag.(a bike)

그것은 컴퓨터(스마트폰)이다.   It is a computer.(a smartphone)

그것은 자동차(로봇)이다.   It is a car.(a robot)

③ 형용사 자리 ← 명사 앞에서 명사를 수식한다. – a/an + 형용사 + 명사

이것은 좋은 책이다.   This is a good book.

이것은 재미있는 영화이다.   This is an interesting movie.

그것은 멋진 자동차(가방)이다.   It is a nice car.(bag)

그것은 비싼 컴퓨터이다.   It is an expensive computer.   참고 cheap 싼

저것은 새 차(책, 컴퓨터)이다.   That is a new car.(book, computer)

저것은 완전 새로운 차(컴퓨터)이다.   That is a brand new car.(computer)
형용사 : 완전 새것인

④ 형용사구 자리

이것은 음식에 관한 책이다.   This is a book about food.

이것은 동물에 관한 책이다.   This is a book about animals.

⑤ 부사 자리 – 형용사 앞(강조부사 – very, really, pretty)

이것은 매우 재미있는 영화이다.   This is a very interesting movie.

저것은 정말 멋진 자동차(가방)이다.   That is a really nice car.(bag)

그것은 매우 비싼 컴퓨터이다.　　　　　It is a very expensive computer.

이것은 정말 좋은 책이다.　　　　　　　This is a really good book.

⑥ 부사구 자리 ← to / for 차이 (294쪽에서 참고하자.)

이것은 나에게 매우 비싼 컴퓨터이다.　　This is a very expensive computer for me.

저것은 아이들에게 정말 좋은 책이다.　　That is a really good book for children.

> **참고**　구는 주로 '전치사 + 명사(대명사)'로 되어있지만, 전치사가 아닌 2단어 이상으로 된 것이 있다.
>
> **예** this morning 오늘 아침 / last week 지난주 / these days 요즘 …등

요즘 많은 사람들은 스마트폰을 사용한다.　　These days many people use smatrphone.

실전 Test ✏️ 〉 1 다음 우리말을 영어로 쓰시오.

정답 p.289

주어 자리 + 동대 자리

1　이것은 가방(자전거)이다.　→

2　이것은 자동차(로봇)이다.　→

3　이것은 달걀(오렌지)이다.　→

4　저것은 컴퓨터(스마트폰)이다.　→

5　그것은 책상(의자)이다.　→

형용사 자리

6　이것은 좋은 책이다.　→

7 이것은 재미있는 영화이다. →

8 그것은 멋진 자동차이다. →

9 그것은 비싼 컴퓨터이다. →

부사 자리

10 이것은 정말 좋은 책이다. →

11 이것은 매우 재미있는
영화(책)이다. →

12 그것은 정말 멋진
자동차이다. →

13 이것은 매우 비싼
컴퓨터이다. →

부사구 자리

14 저것은 아이들에게 정말
좋은 책이다. →

쓰고 말하기 쉬운 Fun English

1 다음 우리말을 영어로 쓰시오.

① This is a bag.(a bike)

② This is a car.(a robot)

③ This is an egg.(an orange)

④ That is a computer.(a smartphone)

⑤ It is a desk.(a chair)

⑥ This is a good book.

⑦ This is an interesting movie.

⑧ It is a nice car.

⑨ It is an expensive computer.

⑩ This is a really good book.

⑪ This is a very interesting movie.(book)

⑫ It is a really nice car.

⑬ This is a very expensive computer.

⑭ That is a really good book for children.

05 이 컴퓨터는 비싸다.

> 주어 이 컴퓨터는 This computer
>
> 동사 ~다 is
>
> 동대 (형용사) 비싼 expensive   참고 형용사인 'ㄴ'이 '~다'로 되기 위해선 형용사 앞에 be동사가 있어야 한다.

This computer is expensive.

참고 this(these), that(those) 뒤에 바로 명사가 오면 뜻이 '이', '저'로 바뀐다. 이 명사가 셀 수 있는 단수 명사일지라도 명사 앞에 'a, an, the'를 붙이지 않는다.

this(these) + 명사   that(those) + 명사

• 단수 – 이(저) 명사   • 복수 – 이(저) 명사들

this book 이것은 책 (X) – 이 책 (O)   these books 이 책들

that book 저 책   those books 저 책들

【응용】

① 주어 자리

단수 — 이 휴대폰은 비싸다.   This cell phone is expensive.
　　　　이 자동차는 비싸다.   This car is expensive.

복수 — 이 컴퓨터들은 비싸다.   These computers are expensive.
　　　　이 신발은 비싸다.   These shoes are expensive. 참고 shoes, glasses ← 복수이다.

② 주어 자리 + 동대 자리(형용사) – 주어를 설명한다.

이 컴퓨터는 새것이다.(오래됐다)   This computer is new.(old)

이 컴퓨터는 고장 났다.   This computer is broken.   참고 broken 고장 난, 깨진

이 프로그램은 유용하다.   This program is useful.

이 영화는 재미있다.(지루하다)   This movie is interesting.(boring)

이 자동차는 멋있다.   This car is nice.

이 집은 크다.(작다)   This house is big.(small)

③ 부사자리 – 형용사나 부사 앞   참고 too 너무 – 지나치게 (심적 부담, 부정의미)

이 자동차는 너무(꽤) 비싸다.   This car is too(quite) expensive.

저 집은 너무 크다.   That house is too big.

이 차는 정말 멋지다.   This car is really nice.

이 영화는 정말 재미있다.(지루하다)   This movie is really interesting.(boring)

이 프로그램은 매우 유용하다.   This program is very useful.

이 컴퓨터는 완전히 고장 났다.　　　This computer is completely broken.

참고 강조 부사(very, so, too, really, pretty 꽤, quite 꽤, 아주) ← 형용사만 있을 경우 앞에 위치한다.

실전 Test ✎ > **1** 다음 우리말을 영어로 쓰시오.　　　정답 p.292

주어 + 동대 자리

1 이 자동차는 비싸다. →

2 이 프로그램은 유용하다. →

3 이 집은 크다.(작다) →

4 이 영화는 재미있다.
(지루하다) →

5 이 컴퓨터는 고장 났다. →

부사 자리

6 이 자동차는 너무 비싸다. →

7 이 프로그램은 매우
유용하다. →

8 이 집은 너무 크다.(작다) →

9 이 영화는 매우 재미있다.
(지루하다) →

10 이 컴퓨터는 완전히
고장 났다. →

1 다음 우리말을 영어로 쓰시오.

① This car is expensive.

② This program is useful.

③ This house is big.(small)

④ This movie is interesting.(boring)

⑤ This computer is broken.

⑥ This car is too expensive.

⑦ This program is very useful.

⑧ This house is too big.(small)

⑨ This movie is very interesting.(boring)

⑩ This computer is completely broken.

06 이 음식은 맛있다.

> 주어 이 음식은 This food
> 동사 ~다 is
> 동대 (어떠한) 맛있는 delicious

This food is delicious.

【응용】

① 주어 자리

이 피자는(이 케이크는) 맛있다.　　　This pizza(This cake) is delicious.

② 주어 자리 + 동대 자리(형용사 – 주어를 설명한다.) → be + 형용사

훌륭한 excellent	이 음식은 훌륭하다.	This food is excellent.
짠 salty, 싱거운 bland	이 음식은 싱겁다.(짜다)	This soup is bland.(salty)
매운 spicy	이 음식은 맵다.	This food is spicy. (= hot)
신 sour	이 오렌지는 시다.	This orange is sour.
단 sweet	이 포도주는 달다.	This wine is sweet.

③ 부사 자리　참고 so 매우, 너무 – 보통보다 훨씬 더(긍정의미) too 너무 – 지나치게(심적 부담, 부정의미)

이 음식은 정말 훌륭하다.	This food is really excellent.
이 케이크는 너무 맛있다.	This cake is so delicious.
이 국은 매우 짜다.	This soup is very salty.
이 포도주는 너무 달다.	This wine is too sweet.
이 국은 약간 싱겁다.	This soup is a little bland.

　위 ②번 형용사 앞에 'really, so, very, too, a little'를 넣어 연습해 보길 바란다.

④ 부사구 자리 – 문장 끝

김치는 나에게 너무 맵다.	Kimchi is too spicy for me.
이 국은 나에게 너무 짜다.	This soup is too salty for me.
이 포도주는 나에게 너무 달다.	This wine is too sweet for me.
그것은 나에게 약간 맵다.	It is a little spicy for me.
그것은 나에게 약간 싱겁다.	It is a little bland for me.

참고　ⓐ little
　▶ 형용사　· 어린, 작은　　little뒤에 셀 수 있는 명사가 오면 '작은, 어린' 뜻이다.
　　　　　　　　　 · a little girl 어린소녀　　· a little island 작은 섬

- (양) ┌ 조금 있는   a little + 셀 수 없는 명사(양)
        └ 거의 없는   little   + 셀 수 없는 명사(양)

  ◦ I have a little money.   나는 돈이 조금 있다.
  ◦ I have little money.   나는 돈이 거의 없다.

▸ 부사   a little 조금, 약간, 다소 ← 형용사, 부사 앞

   ◦ a little tired 약간 피곤한   ◦ a little hot 약간 매운

ⓑ ┌ to + 누구 − (누구)에게 ➡ (누구에게) 느껴지는 '단순한 느낌, 판단'
    └ for + 누구 − (누구)에게, 위해 ➡ '～위해'라는 뜻이 있기에 (누구)에게 실질적인 영향을
              끼친다. '누구'가 인칭대명사일 경우 목적격을 사용한다.

This food is good to me.   이 음식은 나에게 좋다. − 단순한 느낌, 판단
This food is good for me.   이 음식은 나에게(나를 위해) 좋다. − 건강까지 포함한 의미

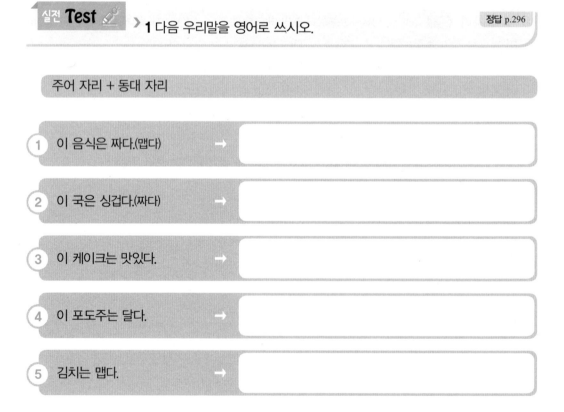

실전 Test ✎ ❯ **1** 다음 우리말을 영어로 쓰시오.   정답 p.296

주어 자리 + 동대 자리

1 이 음식은 짜다.(맵다)   →

2 이 국은 싱겁다.(짜다)   →

3 이 케이크는 맛있다.   →

4 이 포도주는 달다.   →

5 김치는 맵다.   →

부사 자리

6 김치는 너무 맵다. →

7 이 음식은 정말 짜다.(맵다) →

8 이 포도주는
너무(지나치게) 달다. →

9 이 국은 약간 짜다. →

부사구 자리

10 그것은 나에게 너무 맵다. →

11 그것은 나에게 약간 싱겁다. →

12 이 국은 나에게 매우 짜다. →

13 이 포도주는 나에게
약간 달다. →

14 김치는 나에게 너무 맵다. →

1 다음 우리말을 영어로 쓰시오.

① This food is salty.(spicy)

② This soup is bland.(salty)

③ This cake is delicious.

④ This wine is sweet.

⑤ Kimchi is spicy.

⑥ Kimchi is too spicy.

⑦ This food is really salty.(spicy)

⑧ This wine is too sweet.

⑨ This soup is a little salty.

⑩ It is too spicy for me.

⑪ It is a little bland for me.

⑫ This soup is very salty for me.

⑬ This wine is a little sweet for me.

⑭ Kimchi is too spicy for me.

07   이것은 나의 자동차이다.

> 주어 이것은 This
> 동사 ~이다 is
> 동대 (무엇) 나의 자동차 my car ➡ a my car (X)

This is my car.

【응용】   ↓ 소유격 표현

① 주어 자리

저것은 나의 자동차이다.   That is my car.

② 동대 자리 – 소유격은 절대로 혼자 사용할 수 없다. 반드시 '소유격 + 명사'로 사용한다.
　　　　　　또한 소유격 앞에 'a, an, the'(관사)를 붙이지 않는다. 복수는 가능

이것은 너의 자동차(돈)이다.   This is your car.(your money)
이것은 그의 컴퓨터이다.   This is his computer.
이것은 그녀의 가방이다.   This is her bag.
저것은 내가 가장 좋아하는 색깔이다.   That is my favorite color.   **【주의】** 내가 – my(소유격)
저것은 나의 누나의 휴대폰이다.   That is my sister's cell phone.
그것은 나의 친구의 자전거이다.   It is my friend's bike.

> **참고** 사람과 동물의 소유격 – 's(아포스트로피s) – ~의
>
> 　　　　's뒤에 ┌ 명사가 있으면 소유격(~의)
> 　　　　　　　└ 명사가 없으면 소유대명사(~의 것) **◑** 7-1 예문

07-1   이 자동차는 나의 것이다.

> 주어 이 자동차는 This car
> 동사 ~이다 is
> 동대 (누구) 나의 것 mine

This car is mine.

【응용】   ↓ 소유대명사 표현

① 주어 자리

저 자동차는 나의 것이다.   That car is mine.
이 자동차들은 나의 것이다.   These cars are mine. ┐
저 자동차들은 나의 것이다.   Those cars are mine. ┘ 복수

② 동대 자리(소유대명사)

이 시계는 나의 것이다.	This watch is mine.
저 가방은 너의 것이다.	That bag is yours.
이 집은 그의 것이다.	This house is his.
저 책은 그녀의 것이다.	That book is hers.
이 자동차는 우리들의 것이다.	This car is ours.
이 휴대폰은 나의 누나의 것이다.	This cell phone is my sister's.
이 옷은 나의 어머니의 것이다.	This dress is my mother's.

실전 Test ✎ ▸ **1** 다음 우리말을 영어로 쓰시오.

정답 p.300

주어 자리 + 동대 자리 – 소유격 / 소유대명사

1. 이것은 나의 자동차이다. →

2. 저것은 그의 연필이다. →

3. 이것은 그녀의 가방이다. →

4. 저것은 그의 컴퓨터이다. →

5. 이것은 나의 누나의 휴대폰이다. →

6. 저것은 나의 어머니의 시계이다. →

7. 이것은 내가 가장 좋아하는 색깔이다. →

쓰고 말하기 쉬운 Fun English

8 이 시계는 나의 것이다. →

9 저 가방은 너의 것이다. →

10 이 집은 그의 것이다. →

11 저 책은 그녀의 것이다. →

12 이 자동차는
내 친구의 것이다. →

13 이 가방은 내 누나의 것이다. →

1 다음 우리말을 영어로 쓰시오.

① This is my car.

② That is his pencil.

③ This is her bag.

④ That is his computer.

⑤ This is my sister's cell phone.

⑥ That is my mother's watch.

⑦ This is my favorite color.

⑧ This watch is mine.

⑨ That bag is yours.

⑩ This house is his.

⑪ That book is hers.

⑫ This car is my friend's.

⑬ This bag is my sister's.

08　여기가 침실이다.

　　　　주어 이곳은　This　　　　　　　**참고** this 이것 / 여기
　　　　동사 ～이다　is
　　　　동대 (무엇) 침실　the bedroom

　　　　This is the bedroom.

【응용】

① 동대 자리

여기가 화장실(부엌)이다.　　　This is the bathroom. / This is the kitchen.

여기가 식당(거실)이다.　　　　This is the dining room. / This is the living room.

여기가 나의 방(나의 형의 방)이다.　This is my room. / This is my brother's room.

여기가 나의 아들(딸)의 방이다.　This is my son's room. / This is my daughter's room.

08-1　이 분은 나의 아버지이다. / 저분은 나의 어머니이다.

　　　　주어 이 분은　This / That
　　　　동사 ～이다　is
　　　　동대 (누구) 나의 아버지　my father / my mother
　　　　　　참고 father > dad > daddy / mother > mom > mommy

　　　　This is my father. / That is my mother.

【응용】

① 동대 자리

이분은 나의 선생님(영어선생님)이다.　This is my teacher.(my English teacher)

이분은 나의 삼촌(이모)이다.　　　That is my uncle.(my aunt)

이분은 나의 할아버지(할머니)이다.　That is my grandfather.(my grandmother)

이 아이는 내 아들(딸)이다.　　　This is my son.(my daughter)

이 사람은 내 사촌이다.　　　　　This is my cousin.

저 사람은 내 아내(남편)이다.　　　That is my wife.(my husband)

그들은 내 친구(나의 부모님)이다.　They are my friends. / They are my parents.

② 형용사 자리 – 명사 앞

이 사람은 나의 새로운 친구이다.　This is my new friend.

이 사람은 나의 가장 친한 친구이다.　This is my best friend.

이 사람은 나의 오래된 친구이다.　┌ This is my old friend.

　　　이중소유격(an ～ 명사 of 소유대명사)　└ This is an old friend of mine.

③ 형용사구 자리 – 명사 뒤

이 사람은 미국(중국)에서 온 내 친구이다.	This is my friend from America.(China)
이 사람은 캐나다에서 온 나의 새로운 친구이다.	This is my new friend from Canada.
이 사람들은 미국에서 온 내 친구들이다.	These are my friends from America.
저 사람들은 일본에서 온 내 친구들이다.	Those are my friends from Japan.

복수표현

정답 p.304

실전 Test ✏️ 〉 **1** 다음 우리말을 영어로 쓰시오.

주어 자리 + 동대 자리

1 여기가 거실(식당)이다. →

여기가 부엌(화장실)이다. →

여기가 나의 아들(딸)의 방이다. →

2 이 분은 나의 아버지(어머니)이다. →

3 이 사람은 나의 영어 선생님이다. →

4 이 사람은 나의 삼촌이다. →

5 저 분은 나의 할아버지이시다. →

6 이 아이는 내 딸(아들)이다. →

쓰고 말하기 쉬운 Fun English

7 이 사람이 내 아내(남편)이다. →

8 그들은 내 친구이다. →

9 그들은 나의 부모님이다. →

형용사 자리

10 이 사람은 나의 새로운 친구이다. →

이 사람은 나의 오래된 친구이다. →

11 그녀는 나의 가장 친한 친구이다. →

형용사구 자리 – 단수/복수

12 이 사람은 중국에서 온 내 친구이다. →

이 사람들은 중국에서 온 내 친구들이다. →

13 이 사람은 미국에서 온 나의 새로운 친구이다. →

그들은 일본에서 온 나의 새로운 친구들이다. →

1 다음 우리말을 영어로 쓰시오.

① This is the living room. / This is the dining room.
   This is the kitchen. / This is the bathroom.
   This is my son's room. / This is my daughter's room.

② This is my father.(my mother)

③ This is my English teacher.

④ This is my uncle.

⑤ That is my grandfather.

⑥ This is my daughter.(my son)

⑦ This is my wife.(my husband)

⑧ They are my friends.

⑨ They are my parents.

⑩ This is my new friend.
   This is my old friend.

⑪ She is my best friend.

⑫ This is my friend from China.
   These are my friends from China.

⑬ This is my new friend from America.
   They are my new friends from Japan.

참고 ① 사물(사람)의 존재 표현 : ~있다 ➡ there is(are) + 주어 + 장소

┌ • 막연한 대상을('a + 명사' / 복수) 표현하고자 할 경우는
│   ➡ ⓐ 'There is + 단수주어, There are + 복수주어' ┐ 둘 다 가능하다.
│   ⓑ '주어 + 동사' ┘
└ • 특정한 대상을('소유격 + 명사' / 'The + 명사') 표현하고자 할 경우는
       ➡ '주어 + 동사'로 표현한다. ⋯ 따라서 There is(are)는 안 된다.

┌ There is a book on the desk. (O)	막연한 대상이 주어	책상 위에 책이 한 권 있다.
└ A book is on the desk. (O)		책이 책상 위에 있다.
┌ There are some books on the desk. (O)	막연한 대상이 주어	책상 위에 몇 권의 책이 있다.
└ Some books are on the desk. (O)		책상 위에 몇 권의 책이 있다.
┌ The book is on the desk. (O)	특정한 대상이 주어	그 책은 책상 위에 있다.
└ There is the book on the desk. (X)		책상 위에 그 책이 있다.
┌ My book is on the desk. (O)	특정한 대상이 주어	나의 책은 책상 위에 있다.
└ There is my book on the desk. (X)		책상 위에 내 책이 있다.

참고 ② 의문문과 부정문

현재 ┌ 'There is + 단수주어' ┐
     └ 'There are + 복수주어' ┘ ~가(이) 있다.

과거 ┌ There was + 단수주어 ┐
     └ There were + 복수주어 ┘ ~가(이) 있었다.

• 의문문 – be동사(am, are, is, was, were)를 There 앞에 보내면 된다.
　◦ Is there + 단수주어~?　　　◦ Are there + 복수주어~? ➡ ~있니?
　　대답 ┌ 긍정　Yes, there is.　　┌ Yes, there are.
　　　　 └ 부정　No, there isn't.　 └ No, there aren't.

　◦ Was there + 단수주어~?　　 ◦ Were there + 복수주어~? ➡ ~있었니?
　　대답 ┌ 긍정　Yes, there was.　 ┌ Yes, there were.
　　　　 └ 부정　No, there wasn't.　└ No, there weren't

• 부정문 – be동사 뒤에 not을 붙이면 된다.
　◦ 현재　There is not + 단수주어　　There are not + 복수주어 ➡ ~없다.
　◦ 과거　There was not + 단수주어　　There were not + 복수주어 ➡ ~없었다.

참고 【줄임말】 is not ⋯ isn't / are not ⋯ aren't / was not ⋯ wasn't / were not ⋯ weren't

09	책상위에 책이 있다.(있었다.)

주어 책이

동사 ~있다(있었다.) → There is a book / There was a book

동대 (부사구) 책상 위에 on the desk

There is a book on the desk. → **과거** There was a book on the desk.

・현재 의문문 Is there a book on the desk? 책상 위에 책이 있니?

　　　　　　　Yes, there is. 응, 있다.

　　　　　　　No, there isn't 아니, 없다.

　　부정문 There is not a book on the desk. 책상 위에 책이 없다.

・과거 의문문 Was there a book on the desk? 책상 위에 책이 있었니?

　　　　　　　Yes, there was. 응, 있었다.

　　　　　　　No, there wasn't. 아니, 없었다.

　　부정문 There was not a book on the desk. 책상 위에 책이 없었다.

【응용】

① 주어 자리

　책상 위에 컴퓨터가 있다.　　　　　　There is a computer on the desk.

　책상 위에 많은 책이 있다.　　　　　　There are many books on the desk.

　식탁 위에 몇 개의 사과(바나나)가 있다.　There are some apples(bananas) on the table.

　　　　　　　　　　　　　　　　　　긍정문 – some / 의문문, 부정문 – any

　식탁 위에 사과가 좀 있니?　　　　　　Are there any apples on the table?

　식탁 위에 사과가 조금도 없다.　　　　There aren't any apples on the table.

② 부사구 자리(전치사 + 명사)

　의자 위에 고양이 한마리가 있다.　　　There is a cat on the chair.

　책상 아래에 고양이 두 마리가 있다.　　There are two cats under the desk.

　교실에 많은 학생들이 있다.　　　　　　There are many students in the classroom.

　바구니 안에 몇 개의 공이 있다.　　　　There are some balls in the basket.

　한국에는(1년에는) 4계절이 있다.　　　There are four seasons in Korea.(in a year)

　병 안에 물이 조금 있다.　　　　　　　There is some water in the bottle.

10   교실에 몇 명의 학생들이 있다.

> 주어 몇 명의 학생들이 ┐
> 동사 ~있다   ───── There are a few students
> 동대 (부사구) 교실에 in the classroom

There are a few students in the classroom.   There are few students in the classroom.

└───────────── 비교 ─────────────┘   교실에 학생들이 거의 없다.

【응용】

① 주어 자리(a few ~ / few ~) + 부사구 자리

버스 정류장에 몇 명의 사람들이 있다.	There are a few people at the bus stop.
버스 정류장에 사람들이 거의 없다.	There are few people at the bus stop.
지하철역에 몇 명의 사람들이 있다.	There are a few people at the subway station.
지하철역에 사람들이 거의 없다.	There are few people at the subway station.
상자 안에 오렌지가 조금 있다.	There are a few oranges in the box.
상자 안에 오렌지가 거의 없다	There are few oranges in the box.

10-1   유리잔에 물이 조금 있다.

> 주어 물이 조금 ┐
> 동사 ~있다   ─── There is a little water
> 동대 (부사구) 유리잔에 in the glass

There is a little water in the glass.

【응용】

① 주어 자리(a little ~ / little ~) + 부사구 자리

병 안에 물이 조금 있다.	There is a little water in the bottle.
병 안에 물이 거의 없다.	There is little water in the bottle.
냉장고에 음식이 조금 있다.	There is a little food in the refrigerator.
냉장고에 음식이 거의 없다.	There is little food in the refrigerator.

> 참고 냉장고 refrigerator = fridge

many, much, some, any

1 책상 위에 컴퓨터가
(휴대폰이) 있다. →

2 의자 위에 고양이가 있다. →

3 1년에(한국에)는
4계절이 있다. →

4 책상 아래에 고양이
두 마리가 있다. →

5 식탁 위에 많은 사과가 있다. →

6 병 안에 물이 좀 있다. →

7 교실에 많은 학생들이 있다. →

8 책상 위에 많은 책이 있다. →

9 책상 위에 책이 몇 권 있다. →

10 책상 위에 책이 있니? →

Yes, 　　　　　　　　　　No,

11 책상 위에 책이 조금도 없다. →

a few / few

12 교실에 몇 명의 학생들이 있다. →

13 교실에 학생들이 거의 없다. →

14 버스 정류장에 몇 명의 사람들이 있다. →

15 버스 정류장에 사람들이 거의 없다. →

a little, little

16 병 안에 물이(주스가) 조금 있다. →

17 병 안에 물이(주스가) 거의 없다. →

18 냉장고 안에 음식이 조금 있다. →

19 냉장고 안에 음식이 거의 없다. →

Test 정답

1 사물의 존재표현 – There is + 단수 주어/ There are + 복수 주어

① There is a computer(a cell phone) on the desk.

② There is a cat on the chair.

③ There are four seasons in a year.(in Korea)

④ There are two cats under the desk.

⑤ There are many apples on the table.

⑥ There is some water in the bottle.

⑦ There are many students in the classroom.

⑧ There are many(a lot of) books on the desk.

⑨ There are some books on the desk.

⑩ Are there any books on the desk? - Yes, there are / No, there aren't

⑪ There are not(= aren't) any books on the desk.

⑫ There are a few students in the classroom.

⑬ There are few students in the classroom.

⑭ There are a few people at the bus stop.

⑮ There are few people at the bus stop.

⑯ There is a little water(juice) in the bottle.

⑰ There is little water(juice) in the bottle.

⑱ There is a little food in the refrigerator.

⑲ There is little food in the refrigerator.

쓰고 말하기 쉬운 Fun English

※ **의문문** – 영어의 핵심: **주어·동사** / **동대**(동사의 대상)

① 의문사가 없을 경우

(1) be동사: be동사(am, are, is, was, were)를 주어 앞으로 보내고
　　　　　 문장 끝에 물음표를 하면 된다. ('be동사의 기본상식' 229쪽 참고)

　　　주어 + (be)동사 ➡ (Be)동사 + 주어 ～?

　　　He is kind. 그는 친절하다. ➡ Is he kind? 그는 친절하니?

　　　She was kind. 그녀는 친절했다. ➡ Was she kind? 그녀는 친절했니?

(2) 일반동사: 주어 앞에 'Do, Does, Did'를 붙이고 동사를 원형으로 한 다음 끝에 물음표를
　　　　　　 붙이면 된다.

· 현재 의문문　┌─ Do + **주어** + 동사 ～?
　　　　　　　└ 주어가 "1인칭, 2인칭, 복수"인 경우

　　　　　　　└─ Does + **주어** + **동사원형**～?
　　　　　　　　　　　　　　　동사의 원래 형태
　　　　　　　　└ 주어가 "3인칭단수"인 경우

　　　　　　　You like her.　　➡　Do you like her? 너는 그녀를 좋아하니?
　　　　　　　2인칭

　　　　　　　He likes her.　　➡　Does he like her? 그는 그녀를 좋아하니?
　　　　　　　3인칭

· 과거 의문문　Did + **주어** + 동사원형～?
　　　　　　　　└ 인칭에 상관없다.

　　　　　　　He liked her.　　➡　Did he like her? 그는 그녀를 좋아했었니?
　　　　　　　과거

② 의문사가 있을 경우 – **의문사가 없는 의문문**에다가 의문사를 문장 맨 앞에 붙이면 된다.

▸ 의문사의 종류

누구(가)	who		언제	when	
무엇	what	의문 대명사	어디에	where	의문부사
어느 것	which		어떻게, 얼마나	how	

참고 what, which는 의문 형용사로도 사용한다. ➡ What + 명사 / Which + 명사

<도식화>

① be동사 – 의문사 + be동사 + 주어 ～?

② 일반동사 – 의문사 + do(does, did) + 주어 + 동사원형 ～?

▸ 의문문을 만드는 방법

① 의문문 문장을 평서문으로 바꾼다. (～까(니)? ➡ ～다)

② be동사가 있을 경우 – be동사를 주어 앞으로 보낸다.

　일반동사가 있을 경우 – 주어 앞에 "do, does, did"를 붙이고 동사를 원형으로 바꿔준다.

③ 의문사는 문장 맨 앞으로 보낸다.

· Who

01　이 사람은 누구니?(누구시죠?)

【평서문】 이 사람은 누구이다.

주어 이 사람은　this ← 3인칭 단수

동사 ～이다　is ← be동사 의문문 ← be동사를 주어 앞으로 보낸다.

동대 (의문사) 누구　who ← 문장 맨 앞으로 보낸다.

Who is this?

02　너는 누구를 좋아하니?

【평서문】 너는 누구를 좋아한다.

주어 너는　you ← 2인칭 단수

동사 좋아한다　like ← 일반동사 의문문　⎫ 주어 앞에 do를 붙인다.

동대 (의문사) 누구를　whom ← 문장 맨 앞으로 보낸다. whom(어색) ⋯➤ who로

Who do you like?

쓰고 말하기 쉬운 Fun English

- What

01 이것은 무엇이니?

【평서문】 이것은 무엇이다.

> 주어 이것은 this ← 3인칭 단수
> 동사 ~이다 is ← be동사 의문문 ← be동사를 주어 앞으로 보낸다.
> 동대 (의문사) 무엇 what ← 문장 맨 앞으로 보낸다.

What is this?

02 그녀는 무엇을 좋아하니?

【평서문】 그녀는 무엇을 좋아한다.

> 주어 그녀는 she ← 3인칭 단수 ⎤
> 동사 좋아한다 likes ← 일반동사 의문문 ⎦ 주어 앞에 does를 붙이고 동사를 원형으로 바꾼다.
> 동대 (의문사) 무엇 what ← 문장 맨 앞으로 보낸다.

What does she like?

> **참고** what가 의문 형용사로 사용 할 경우: 어느 – What + 명사 (316쪽 참고)

- Which – 여러 개 중 어느 것을 선택할 것인가를 물을 때 사용한다.
  보통 "Which ~, A or B" 형태로 사용한다. – (A와 B중 어느 것 ~~)

01 어느 것이 너의 책이니?

【평서문】 어느 것이 너의 책이다.

> 주어 어느 것이 which ← 의문사 자신이 주어이다. – 문장 맨 앞
> 동사 ~이다 is
> 동대 너의 책 your book

Which is your book?

02 너는 커피와 차 중 어느 것을 더 좋아하니?

【평서문】 너는 커피와 차 중 어느 것을 더 좋아한다.

> 주어 너는 you ← 2인칭 ⎤
> 동사 좋아한다 like ← 일반동사 의문문 ⎦ 주어 앞에 do를 붙인다.
> 동대 (의문사) 어느 것을 which ← 문장 맨 앞으로 보낸다.
> 비교급 더 좋은 better
> 선택 커피와 차 중 coffee or tea

Which do you like better, coffee or tea?

03	택시와 버스 중 어느 것이 더 빠르니?

【평서문】 택시와 버스 중 어느 것이 더 빠르다.

> **주어** 어느 것이 which ← 의문사 자신이 주어이다.
>
> **동사** ~다 is
>
> **동대** 더 빠른 faster
>
> **선택** 택시와 버스 중 a taxi or a bus

Which is faster, a taxi or a bus?

참고 which가 의문 형용사로 사용 할 경우: 어느 – Which + 명사

어느 책이 너의 것이니?　　　　Which book is yours?

· When

01	너의 생일은 언제이니?

【평서문】 너의 생일은 언제이다.

> **주어** 너의 생일은 your birthday ← 3인칭 단수
>
> **동사** ~이다 is ← be동사 의문문 ← be동사를 주어 앞으로 보낸다.
>
> **동대** (의문사) 언제 when ← 문장 맨 앞으로 보낸다.

When is your birthday?

02	너는 언제 학교에 가니?

【평서문】 너는 언제 학교에 간다.

> **주어** 너는 you ← 2인칭 ┐
>
> **동사** 간다 go ← 일반동사 의문문 ┘ 주어 앞에 do를 붙인다.
>
> **동대** (부사구) 학교에 to school
>
> **비교급** 언제 when ← 문장 맨 앞으로 보낸다.

When do you go to school?

· Where

01	너는 지금 어디에 있니?

【평서문】 너는 지금 어디에 있다.

> **주어** 너는 you ← 2인칭
>
> **동사** ~있다 are ← be동사 의문문 ← be동사를 주어 앞으로 보낸다.
>
> **동대** (의문사) 어디에 where ← 문장 맨 앞으로 보낸다.
>
> **부사** 지금 now ← 시간부사 ← 문장 맨 끝에 온다.

Where are you now?

02   그녀는 어디에 사니?

【평서문】 그녀는 어디에 산다.

[주어] 그녀는 she ← 3인칭 단수

[동사] 산다 lives ← 일반동사 의문문

주어 앞에 does를 붙이고
동사를 원형으로 바꾼다.

[동대] (의문사) 어디에 where ← 문장 맨 앞으로 보낸다.

Where does she live?

- how

01   너는 어떠니?

【평서문】 너는 어떻다.

[주어] 너는 you ← 2인칭

[동사] ~다 are ← be동사 의문문 ← be동사를 주어 앞으로 보낸다.

[동대] (의문사) 어떻게 how ← 문장 맨 앞으로 보낸다.

How are you?

02   그는 어떻게 학교에 가니?

【평서문】 그는 어떻게 학교에 간다.

[주어] 그는 he ← 3인칭

[동사] 간다 goes ← 일반동사 의문문

주어 앞에 does를 붙이고
동사를 원형으로 바꾼다.

[동대] (부사구) 어디에 – 학교에 to school

[의문사] 어떻게 how ← 문장 맨 앞으로 보낸다.

How does he go to school?

- why

01   너는 왜 행복하니?

【평서문】 너는 왜 행복하다.

[주어] 너는 you ← 2인칭

[동사] ~다 are ← be동사 의문문 ← be동사를 주어 앞으로 보낸다.

[동대] (형용사) 행복한 happy

[의문사] 왜 why ← 문장 맨 앞으로 보낸다.

Why are you happy?

Be동사의 각 자리에 따른 문장의 응용

그녀는 왜 영어를 공부하니?

【평서문】 그녀는 왜 영어를 공부한다.

주어	그녀는 she ← 3인칭 단수	주어 앞에 does를 붙이고
동사	공부한다 studies ← 일반동사 의문문	동사를 원형으로 바꾼다.
동대	(무엇) 영어를 English	
의문사	왜 why ← 문장 맨 앞으로 보낸다.	

Why does she study English?

의문사의 기본적인 설명은 끝났다. 이제 각 의문문을 예문을 통해서 알아보자.

Ⓐ ┌ what 무엇(의문대명사)
　 └ what + 명사 어떤, 무슨, 몇(의문형용사)　　　　 둘 다 문장 맨 앞에 위치

> 설명▶ what이 명사를 수식할 경우 명사가 셀 수 있는 단수명사 일지라도 a, an, the를 붙이지 않는다. 즉 "무 관사 명사, 복수, 셀 수 없는 명사" 로 표현한다.

01 이것은(저것은) 무엇이니? → What is this(that)? … 【줄임말】 (= What's this(that)?)

【평서문】 이것은(저것은) 무엇이다.

주어	이것은(저것은) this(that)
동사	～이다 is ── 주어가 3인칭 단수 ← be동사 의문문 ← be동사를 주어 앞으로 보낸다.
동대	(의문사) 무엇 what ← 문장 맨 앞으로 보낸다.

(보통 단수 this나 that으로 물어보면 단수 It으로 대답한다.)

그것은 책이다. → It is a book. … 【줄임말】 (= It's a book.)

| 주어 | 그것은 it | 동사 | ～이다 is | 동대 | (무엇) 책 a book |

【응용】

① 동대 자리

그것은 자동차(책상, 손목시계)이다.　　　　It is a car.(a desk, a watch)

그것은 지우개(연필)이다.　　　　　　　　　It is an eraser.(a pencil)

② 복수 표현　　　　　　참고 복수 'these(those)'로 물어보면 복수 'they'로 대답한다.

이것들은(저것들은) 무엇이니?　　　　　　　What are these(those)?

그것들은 자동차(책상, 손목시계)이다.　　　　They are cars.(desks, watches)

*	이것은(저것은) 영어로 무엇이니?	→	What's this(that) in English?

참고 부사구 in + 나라말 : ~어로	in English 영어로 in Korean 한국어로
	in Japanese 일본어로 in Chinese 중국어로
	in French 프랑스어로

It's a clock. 그것은 탁상시계이다.	【줄임말】 It's = It is

【응용】

① 동대 자리

It's a computer.   그것은 컴퓨터이다.　　　It's a book.   그것은 책이다.

It's a cell phone.   그것은 휴대폰이다.　　　It's a chair.   그것은 의자이다.

It's a bicycle.   그것은 자전거이다.　　　It's a bag.   그것은 가방이다.

② 복수 표현

이것들은(저것들은) 영어로 무엇이니?　　　What are these(those) in English?

They are cars.(desks, computers)　　　그것들은 자동차(책상, 컴퓨터)이다.

02	너의 이름은 무엇이니?	→	What is your name? (= What's your name?)

【평서문】 너의 이름은 무엇이다.
주어 너의 이름은 your name
동사 ~이다 is ← 주어가 3인칭 단수, be동사 의문문
동대 (의문사) 무엇 what ← 문장 맨 앞

나의 이름은 민수이다. → My name is Minsu.
주어 나의 이름은 my name   동사 ~이다 is   동대 (누구) 민수 Minsu

【응용】

① 주어 자리 + 대답

참고 사람과 동물의 소유격 – 's(아포스트로피s) – ~의

그녀의 이름은 무엇이니?　　　What's her name?

그녀의 이름은 제인이다.　　　Her name is Jane.

너의 여동생(누나)의 이름은 무엇이니?　　　What's your sister's name?

나의 여동생(누나)의 이름은 ○○○이다.　　　My sister's name is ○○○.

너의 선생님의 이름은 무엇이니?　　　What's your teacher's name?

나의 선생님의 이름은 ○○○이다.　　　My teacher's name is ○○○.

03 (지금) 몇 시 입니까? → What time is it (now)?

【평서문】 지금 몇 시 이다.

주어 (비인칭 주어) it

동사 ~이다 is ← be동사의 의문문

동대 (의문사) 몇 시 what time ← what이 time을 수식한다.(의문 형용사) ← 문장 맨 앞

지금 now (시간부사) ← 문장 맨 끝에 온다.

○시입니다. → It's + 시간(기수) ← 시 + 분

참고 What + 명사 – what이 명사를 수식할 경우 – "몇, 어떤, 무슨"의 뜻이다.

몇 시 What time ~ / 어떤 운동 What sports ~ / 무슨 요일 What day ~

【응용】

① 동대 자리

2시입니다. / 2시 10분입니다. It's two o'clock. / It's two ten.

3시 35분입니다. It's three thirty-five.

10시 30분입니다. It's ten thirty. = It's half past ten.

9시 15분입니다. It's nine fifteen. = It's quarter past nine.

6시 5분전입니다. / 5시 10분전입니다. It's five to six. / It's ten to five.

참고 몇 분 전 – to → 분 to 시 / past – 지나서 → 분 to 시

정각 – o'clock / quarter – 15분 / half – 30분

---

04 너는 몇 시에 일어나니? → What time do you get up?

【평서문】 너는 몇 시에 일어난다.

주어 너는 you ← 2인칭

동사 일어난다 get up / wake up ← 일반동사 의문문

동대 몇 시에 What time ← 문장 맨 앞

주어 앞에 do를 붙인다.

나는 7시에 일어난다. → I get up at 7.

주어 나는 I 동사 일어난다 get up 동대 7시에 at 7

【응용】

① 질문 + 대답

너는 몇 시에 학교에 가니? What time do you go to school?

└ 방향 전치사 to(에) – 우리말과 반대 – 에 + 학교

나는 8시에 학교에 간다.　　　　　　　　　I go to school at 8.
　　　시간　　장소

너는 몇 시에 자러가니?　　　　　　　　　What time do you go to bed? 　참고　go to bed　자러가다.

나는 10시에 자러간다.　　　　　　　　　　I go to bed at 10.
　　　시간

너는 몇 시에 아침(점심, 저녁)을 먹니?　　What time do you have breakfast(lunch, dinner)?

나는 7시 30분에 아침을 먹는다.　　　　　I have breakfast at 7:30.
　　　시간　　　을/를

② 부사자리 − 빈도부사 ➡ 일반동사 앞 / be동사, 조동사 뒤

너는 보통 몇 시에 일어나니?　　　　　　What time do you usually get up?

나는 보통 7시에 일어난다.　　　　　　　I usually get up at 7.

너는 보통 몇 시에 자러가니?　　　　　　What time do you usually go to bed?

나는 보통 10시에 자러간다.　　　　　　　I usually go to bed at 10.

너는 보통 몇 시에 학교에 가니?　　　　　What time do you usually go to school?

나는 보통 8시에 학교에 간다.　　　　　　I usually go to school at 8.

05　그것은 무슨 색깔이니?　➡　What color is it?

【평서문】그것은 무슨 색깔이다.

　주어　그것은　it

　동사　~이다　is　←　be동사의 의문문　←　be동사를 주어 앞으로 보낸다.

　동대　(의문사) 무슨 색깔　what color　←　what이 color을 수식한다.(의문 형용사)　←　문장 맨 앞

　　그것은 ○○색이다.　➡　It's + 색깔

대답　파란색(흰색, 검은색)입니다.　It's blue.(white, black)

　　　　　　　　　　　参고　노란색 − yellow / 갈색 − brown / 빨간색 − red

06　오늘은 무슨 요일이니?　➡　What day is it today?

【평서문】오늘은 무슨 요일이다.

　주어　(비인칭 주어)　it

　동사　~이다　is　←　be동사 의문문　←　be동사를 주어 앞으로 보낸다.

　동대　(의문사) 무슨 요일　what day　←　what이 day을 수식한다.(의문 형용사)　←　문장 맨 앞

　부사　오늘　today　←　시간 부사　←　문장 맨 끝에 온다.

Be동사의 각 자리에 따른 문장의 응용

┌ ○○○입니다.　　→　It's + 요일 ← 요일의 첫 글자는 대문자로 쓰고 a, an을 붙이지 않는다.
└ 오늘은 ○○○입니다.　→　Today is + 요일　참고 오늘 today: 명사, 부사 둘 다 사용한다.

대답　일요일이다.　It's Sunday.　　　오늘은 토요일이다.　Today is Saturday.

참고　월요일 Monday / 화요일 Tuesday / 수요일 Wednesday / 목요일 Thursday / 금요일 Friday

---

07　오늘은 며칠이니?　→　What date is it today? = What's the date today?

【평서문】 오늘은 며칠이다.

주어 (비인칭 주어)　it

동사 ～이다　is　← be동사 의문문 ← be동사를 주어 앞으로 보낸다.

동대 (의문사) 며칠　what date　← 문장 맨 앞

부사 오늘　today　← 시간 부사 ← 문장 맨 끝에 온다.

┌ '몇 월 며칠'이다.　　　→　It's 달 + 서수 = It's the 서수 of 달
└ 오늘은 몇 월 며칠이다.　→　Today is 달 + 서수 = Today is the 서수 of 달

참고 'day'는 요일을 'date'는 날짜를 물어보는 것이다.

【응용】

① 동대 자리

3월 1일입니다.　　　　It's March first. = It's the first of March.

오늘은 3월 1일입니다.　Today is March first. = Today is the first of March.

5월 5일입니다.　　　　It's May fifth. = It's the fifth of May.

오늘은 5월 5일입니다.　Today is May fifth. = Today is the fifth of May.

7월 21일이다.　　　　It's July twenty-first. = It's the twenty-first of July.

오늘은 7월 21일이다.　Today is July twenty-first. = Today is the twenty-first of July.

월	1월 January	2월 February	3월 March	4월 April
	5월 May	6월 June	7월 July	8월 August
	9월 September	10월 October	11월 November	12월 December

08　네가(너의) 가장 좋아하는 계절은 무엇이니?　→　What's your favorite season?
　　　　　　　　　　　　　　　　　　　　　　　　　　What is

【평서문】 네가 가장 좋아하는 계절은 무엇이다.

주어 네가 가장 좋아하는 계절은　your favorite season

동사 ～이다　is　← be동사 의문문

동대 (의문사) 무엇　what　← 문장 맨 앞

【주의】 주격인 "네가" 라고 해서 you로 또는 "내가" 라고 해서 I로 하면 안 된다.

　→ 소유격 + favorite + 명사

내가(나의) 가장 좋아하는 계절은 봄이다.　➡　My favorite season is spring.

> 주어 나의 가장 좋아하는 계절은 My favorite season
> 　　　　　　　　　　가장 좋아하는
> 동사 ~이다 is
> 동대 (무엇) 봄 spring

【응용】

① 주어자리 + 동대 자리

네가 가장 좋아 하는 운동은 무엇이니?	What's your favorite sport?
내가 가장 좋아하는 운동은 축구(야구)이다.	My favorite sport is soccer.(baseball)
네가 가장 좋아 하는 과목은 무엇이니?	What's your favorite subject?
내가 가장 좋아하는 과목은 과학이다.	My favorite subject is science.
네가 가장 좋아 하는 음식은 무엇이니?	What's your favorite food?
내가 가장 좋아하는 음식은 피자이다.	My favorite food is pizza.

09　너는 어떤 계절을 좋아하니?　➡　What season do you like?

【평서문】 너는 어떤 계절을 좋아한다.

> 주어 너는 you ← 2인칭 　　　　　┐
> 동사 좋아한다 like ← 일반동사 의문문 ├ 주어 앞에 do를 붙인다.
> 동대 (의문사) 어떤 계절 What season ← 문장 맨 앞 ← what이 season을 수식한다.
> 　　　　　　　　　　　　　　　　　　　　　　　(의문 형용사)

나는 봄을 좋아한다.　➡　I like spring.

> 주어 나는 I　　동사 좋아한다 like　　동대 (무엇) 봄을 spring

【응용】

① 동대 자리

나는 여름(가을, 겨울)을 좋아한다.	I like summer.(fall, winter)

② 동대 자리 – 질문 + 대답

너는 어떤 운동을 좋아하니?	What sport do you like?
나는 축구를 좋아한다.	I like soccer.
너는 어떤 과목을 좋아하니?	What subject do you like?
나는 역사(영어)를 좋아한다.	I like history(English).
너는 어떤 음식을 좋아하니?	What food do you like?
나는 김치(피자)를 좋아한다.	I like Kimchi.(pizza)

③ 부사 자리　　**참고** 가장 (the)best = (the)most

너는 어떤 운동을 가장 좋아하니?	What sport do you like best?
나는 축구를 가장 좋아한다.	I like soccer best.
너는 어떤 과목을 가장 좋아하니?	What subject do you like best?
나는 수학을 가장 좋아한다.	I like math best.

참고 What kind of + 명사 ~? – 어떤 종류의 + 명사 – 격식표현 ┐
　　　　 What + 명사 ~? – 어떤(무슨) + 명사 – kind of를 뺀 구어체 ┘ 의미 동일하다.

＊	어떤 (종류의) + 명사	① 셀 수 없는 명사　➡　What kind of + 셀 수 없는 명사
		② 셀 수 있는 명사　➡　┌ What kind of 단수명사(무 관사)
		└ What kind of 복수명사

참고 kind **형용사** 친절한 / **명사** 종류

10　너는 어떤 (종류의) 음식을 좋아하니?　➡　What kind of food do you like?

【평서문】 너는 어떤 종류의 음식을 좋아한다.

주어 너는　you ← 2인칭 ┐
동사 좋아한다　like ← 일반동사 의문문 ┘ 주어 앞에 do를 붙인다.
동대 (의문사) 어떤 종류의 음식을　what kind of food ← 문장 맨 앞

나는 매운 음식을 좋아합니다.　➡　I like spicy food.

주어 나는　I　**동사** 좋아한다　like　**동대** (무엇) 매운 음식을　spicy food

【응용】

① 동대 자리

나는 치킨을(불고기를) 좋아한다.	I like chicken.(Bulgogi)
나는 한국음식(중국음식)을 좋아한다.	I like Korean food.(Chinese food)
나는 모든 종류의 음식을 좋아한다.	I like all kinds of food.
	참고 모든 종류의 all kinds of ~

② 질문 + 대답

• 너는 어떤 (종류의) 음악을 좋아하니?	What kind of music do you like?
나는 댄스음악을(발라드를) 좋아한다.	I like dance music.(ballads)
나는 k-pop음악을 좋아한다.	I like k-pop music.
나는 모든 종류의 음악을 좋아합니다.	I like all kinds of music.

참고 love 사랑하다. 대단히 좋아하다. ⋯▸ I love meat. 나는 고기를 굉장히 좋아한다.

- 너는 어떤 (종류의) 영화를 좋아하니? ┌ What kind of movie do you like?
  └ What kind of movies do you like?

  나는 만화영화를 좋아한다. I like animated movies.
  나는 공포영화를(액션영화를) 좋아한다. I like horror movies.(action movies)
  나는 공상과학영화를 좋아한다. I like sci-fi movies.(= science fiction movie)

- 너는 어떤 (종류의) 스포츠를 좋아하니? ┌ What kind of sport do you like?
  └ What kind of sports do you like?

  나는 축구와 농구를 좋아합니다. I like soccer and basketball.
  나는 야구를 좋아합니다. I like baseball.

③ 부사(구) 자리

  너는 어떤 (종류의) 음식을 가장 좋아하니? What kind of food do you like best?
  나는 불고기를 가장 좋아합니다. I like Bulgogi best.

  너는 어떤 (종류의) 음악을 좋아하니? What kind of music do you like?
  나는 요즘 K-pop음악을 좋아합니다. I love K-pop music these days.

＊	의문사 자신이 주어인 경우	즉 '의문사(주어) + 동사 ~ ?'의 어순을 말한다. 이때 의문사주어는 3인칭 단수이다. 주어는 우리말 '~은, ~는, ~이, ~가'에 해당 되는 부분이다.

---

11 너의 가방 안에 무엇이 있니? → What is in your bag?

【평서문】 너의 가방 안에 무엇이 있다.

주어 (의문사) 무엇이 what ← 3인칭 단수 – 의문사 자신이 주어 – 문장 맨 앞
동사 있다 is
동대 (부사구) 어디에 – 너의 가방 안에 in your bag

나의 가방 안에 몇 권의 책과 연필이 있다.

→ There are some books and pencils in my bag.

주어 몇 권의 책과 공책이 ———— There are some books and pencils
동사 있다 '~있다' 표현 – There are + 복수주어
동대 (부사구) 어디에 – 나의 가방 안에 in my bag

【응용】

① 의문사 자신이 주어(What) + 부사구 자리(전치사 + 명사)

너의 손안에 무엇이 있니?	**What is** in your hand?
상자(서랍) 안에 무엇이 있니?	**What is** in the box?(drawer?)
침대 위에 무엇이 있니?	**What is** on the bed?

실전 **Test** 〉**1** 다음 우리말을 영어로 쓰시오.

정답 p.327

1 이것은(저것은) 무엇이니?
⇨

그것은 자동차(책상, 손목시계)이다.
⇨

이것들은(저것들은) 무엇이니?
⇨

그것들은 컴퓨터(손목시계, 자동차)이다.
⇨

2 이것은(저것은) 영어로 무엇이니?
⇨

이것들은(저것들은) 영어로 무엇이니?
⇨

그것은 휴대폰이다.
⇨

그것들은 자전거이다.
⇨

그것은 컴퓨터이다.
⇨

그것들은 공이다.
⇨

3 너의 이름은 무엇이니?
⇨

나의 이름은 제인이다.
⇨

그의 이름은 무엇이니?
⇨

그의 이름은 탐이다.
⇨

4 (지금)몇 시니?
⇨

3시다.
⇨

10시 30분이다.
⇨

5시 15분이다.
⇨

6시 5분 전이다.
⇨

⑤	무슨 색깔이니? ⇨	흰색이다. ⇨
	파란색이다. ⇨	검은색이다. ⇨
⑥	오늘은 무슨 요일이니? ⇨	
	월요일이다. ⇨	오늘은 월요일이다. ⇨
⑦	오늘은 며칠이니? ⇨	
	2월 1일이다. ⇨	10월 9일이다. ⇨
	오늘은 2월 2일이다. ⇨	오늘은 10월 23일이다.
⑧	네가 가장 좋아하는 운동은 무엇이니? ⇨	내가 가장 좋아하는 운동은 야구이다. ⇨
	네가 가장 좋아하는 과목은 무엇이니?	내가 가장 좋아하는 과목은 영어이다. ⇨
⑨	너는 어떤 계절을 좋아하니? ⇨	나는 봄(여름, 가을, 겨울)을 좋아한다. ⇨
	너는 어떤 운동을 좋아하니? ⇨	나는 축구(야구, 농구, 배구)를 좋아한다. ⇨
	너는 어떤 과목을 가장 좋아하니? ⇨	나는 영어(수학, 과학, 음악)를 가장 좋아한다. ⇨
⑩	너는 어떤 (종류의)음식을 좋아하니? ⇨	
	나는 매운 음식을 좋아합니다. ⇨	나는 한국음식(중국음식)을 좋아합니다. ⇨
	너는 어떤(종류의) 음악을 좋아하니? ⇨	

나는 댄스음악을(발라드를) 좋아합니다.
⇨

나는 요즘 K-pop음악을 좋아합니다.
⇨

너는 어떤(종류의) 영화를 좋아하니? (2가지 표현)
⇨

나는 공상과학영화를 좋아합니다.
⇨

나는 만화영화를 좋아합니다.
⇨

너는 어떤(종류의) 스포츠를 좋아하니? (2가지 표현)
⇨

나는 축구와 배구를 좋아합니다.
⇨

나는 야구를 좋아합니다.
⇨

11 너의 가방 안에 무엇이 있니?
⇨

너의 손안에 무엇이 있니?
⇨

침대 위에 무엇이 있니?
⇨

12 너는 보통 몇 시에 일어나니?
⇨

나는 보통 7시에 일어난다.
⇨

너는 보통 몇 시에 아침을 먹니?
⇨

나는 보통 7시 30분에 아침을 먹는다.
⇨

너는 보통 몇 시에 학교에 가니?
⇨

나는 보통 8시에 학교에 간다.
⇨

쓰고 말하기 쉬운 Fun English

1 다음 우리말을 영어로 쓰시오.

① what's this(that)?　　　　　　　　　　　　It's a car.(a desk, a watch)

　　What are these(those)?　　　　　　　　　They are computers.(watches, cars)

② What's this in English? / What's that in English?　　What are these(those) in English?

　　It's a cell phone.　　　　　　　　　　　They are bicycles.

　　It's a computer.　　　　　　　　　　　They are balls.

③ What's your name?　　　　　　　　　　　My name is Jane.

　　What's his name?　　　　　　　　　　　His name is Tom.

④ What time is it (now)?

　　It's three o'clock.　　　　　　　　　　It's ten thirty. = It's half past ten.

　　It's five fifteen. = It's quarter past five.　　It's five to six.

⑤ What color is it?　　　　　　　　　　　It's white.

　　It's blue.　　　　　　　　　　　　　It's black.

⑥ What day is it today?

　　It's Monday.　　　　　　　　　　　　Today is Wednesday.

⑦ What's the date today? (=What date is it today?)

　　It's February first. = It's the first of February.　　It's October ninth. = It's the ninth of October.

　　Today is February second.　　　　　　Today is October twenty-third.

⑧ What's your favorite sport?　　　　　　My favorite sport is baseball.

　　What's your favorite subject?　　　　　My favorite subject is English.

⑨ What season do you like?　　　　　　　I like spring.(summer, fall, winter.)

　　What sport do you like?　　　　　　　I like soccer.(baseball, basketball, volleyball)

　　What subject do you like best?　　　　I like English.(math, science, music) best.

⑩ What kind of food do you like?

　　 I like spicy food.　　　　　　　　　I like Korean food(Chinese food.)

　　What kind of music do you like?

　　I like dance music.(ballads.)　　　　　 I like K-pop music these days.

　　What kind of movie do you like? / What kind of movies do you like?

　　I like sci-fi movies.　　　　　　　　I like animated movies.

　　What kind of sport do you like? / What kind of sports do you like?

　　I like soccer and volleyball.　　　　　I like baseball.

⑪ What is in your bag?

　　What is in your hand?　　　　　　　　What is on the bed?

⑫ What time do you usually get up?　　　I usually get up at 7.

　　What time do you usually have breakfast?　　I usually have breakfast at 7:30.

　　What time do you usually go to school?　　I usually go to school at 8.

B who 누구

01 그는 누구니? ➡ Who is he?

【평서문】 그는 누구이다.

[주어] 그는 he ← 3인칭

[동사] ~이다 is ← be동사 의문문 ← be동사를 주어 앞으로 보낸다.

[동대] (의문사) 누구 who ← 문장 맨 앞

그는 나의 선생님이다. ➡ He is my teacher

[주어] 그는 He [동사] ~이다 it [동대] (누구) 선생님 my teacher

【응용】

① 질문(주어자리) + 대답(동대자리)

그녀는 누구니?　　　　　　　　　Who is she?

그녀는 나의 친구이다.　　　　　　She is my friend.

이 사람은(이 분은) 누구니?　　　　Who is this?
　　　　　　　　　　　　　　　　 남자이면 "he" 여자이면 "she"로 받는다.

그는 나의 아빠이다.　　　　　　　He is my dad.

저 사람은(저분은) 누구니?　　　　 Who is that?
　　　　　　　　　　　　　　　　 남자이면 "he" 여자이면 "she"로 받는다.

그녀는 나의 이모이다.　　　　　　She is my aunt.　　[참고] aunt 이모, 고모, 숙모

이 소년은 누구니?　　　　　　　　Who is this boy?

그는 나의 오랜 친구이다.　　　　　He is my old friend. = He is an old friend of mime.
　　　　　　　　　　　　　　　　　　　　　　　　　　　　 이중 소유격

저 소녀는 누구니?　　　　　　　　Who is that girl?

그녀는 나의 가장 친한 친구이다.　 She is my best friend.

　　　　　　↓ 응용

나무 밑에 있는 저 소녀는 누구니?　Who is that girl under the tree?
　　　　　　　　　　　　　　　　　　　　　　　 형용사구–명사 뒤에서 명사를 수식한다.

02 네가(너의) 가장 좋아하는 가수는 누구니? ➡ Who is your favorite singer?
　　　　　　　　　　　　　　　　　　　　　　　 = Who's

【평서문】 네가 가장 좋아하는 가수는 누구이다.

[주어] 네가(너의) 가장 좋아하는 가수는 your favorite singer

[동사] ~이다 is ← be동사 의문문 ← be동사를 주어 앞으로 보낸다.

[동대] (의문사) 누구 who ← 문장 맨 앞

내가(나의) 가장 좋아하는 가수는 ○○○이다. → My favorite singer is ○○○.

주어 내가(나의) 가장 좋아하는 가수는 My favorite singer

동사 ~이다 it

동대 (누구) ○○○

【주의】 "내가, 네가" 라고 해서 주격으로 하면 안 된다. 반드시 소유격 + favorite + 명사

【응용】

① 질문 + 대답

네가 가장 좋아하는 선생님은 누구니?　　　Who is your favorite teacher?

내가 가장 좋아하는 선생님은 영어선생님이다.　My favorite teacher is an English teacher.

네가 가장 좋아하는 배우는 누구이니?　　　Who is your favorite actor?

내가 가장 좋아하는 배우는 ○○○이다.　　My favorite actor is ○○○.

　　　참고 남자배우 actor / 여자배우 actress

네가 가장 좋아하는 축구선수는 누구이니?　Who is your favorite soccer player?

내가 가장 좋아하는 축구선수는 ○○○이다.　My favorite soccer player is ○○○.

　　　참고 ○○○ ← 이름을 넣으면 된다.

03　너는 누구와 함께 사니? → Who do you live with?

【평서문】 너는 누구와 함께 산다.

주어 너는 you ← 2인칭

동사 함께 산다 live with ← 일반동사 의문문 ← 주어 앞에 do를 붙인다.

동대 (의문사) 누구 who ← 문장 맨 앞

　참고 ~와 함께 살다 live with

나는 나의 부모님과 함께 산다. → I live with my parents.

주어 나는 I　**동사** ~함께 산다 live with　**동대** (누구) 나의 부모님 my parents

【응용】

① 동대자리

나는 나의 누나와 함께 산다.　　　I live with my sister.

나는 나의 가족과 함께 산다.　　　I live with my family.

나는 나의 할머니와 함께 산다.　　　I live with my grandmother.

② 주어가 3인칭 단수 일 경우 − 【평서문】 동사에 's나 es'를 붙인다.

　　　　　　　　　　　　　　　　　【의문문】 주어 앞에 does를 붙이고 동사를 원형으로 한다.

그녀는 누구와 함께 사니?	Who does she live with?
그녀는 그녀의 남동생과 함께 산다.	She lives with her brother.
그는 누구와 함께 사니?	Who does he live with?
그는 그의 어머니와 함께 산다.	He lives with his mother.

*	의문사 자신이 주어인 경우	즉 '의문사(주어) + 동사 ~ ?'의 어순을 말한다. 이때 의문사주어는 3인칭 단수이다. 주어는 우리말 '~은, ~는, ~이, ~가'에 해당되는 부분이다.

04　누가 그 인형을 만들었나요?　→　Who made the doll?

　　　【평서문】 누가 그 인형을 만들었다.

　　　주어 (의문사) 누가 who ← 3인칭 ← 문장 맨 앞

　　　동사 만들었다 made

　　　동대 (무엇을) 그 인형을 the doll

　　　그녀가 만들었다.　→　She did. (made를 대신한다.)

　　　참고 대동사 do, does, did 앞 문장에 있는 동사의 반복을 피하기 위한 것이다.

　　　　　시제 앞 동사의 시제와 주어의 인칭에 따른다.

　　　　　　　┌ 앞 동사가 현재 − 주어가 1, 2인칭, 복수 − do / 주어가 3인칭단수 − does
　　　　　　　└ 앞 동사가 과거 − 인칭에 상관없이 − did

【응용】

① 동대자리

누가 그 창문을 깨뜨렸니?	Who broke the window?
그들이 깨뜨렸다.	They did. (broke를 대신한다.)
누가 그 그림을 그렸니?	Who drew the picture?
제인이 그렸다.	Jane did. (drew를 대신한다.)
누가 피아노를 연주하니?	Who plays the piano? 주어 └ 주어가 3인칭 단수이니 동사에 "s"를 붙인다.
내 친구가 연주한다.	My friend does. (plays를 대신한다.)
↓ 응용	
누가 지금 피아노를 연주하고 있니?	Who is playing the piano now? 현재진행형 (be + ing)
내 여동생이다.	My sister is. (playing the piano)

실전 Test ✎ ▶1 다음 우리말을 영어로 쓰시오.

질문(주어 자리) + 대답(동대 자리)

1 그는 누구니?
⇨

그는 나의 선생님이다.
⇨

이 사람은(이 분은) 누구니?
⇨

그는 나의 아빠이다.
⇨

저 소녀는 누구니?
⇨

그녀는 나의 여동생이다.
⇨

2 네가 가장 좋아하는 가수는 누구니?
⇨

내가 가장 좋아하는 가수는 ○○이다.
⇨

네가 가장 좋아하는 배우(남자)는 누구니?
⇨

내가 가장 좋아하는 배우는 ○○○이다.
⇨

네가 가장 좋아하는 축구선수는 누구니?
⇨

내가 가장 좋아하는 축구선수는 ○○○이다.
⇨

3 너는 누구와 함께 사니?
⇨

나는 나의 가족과 함께 산다.
⇨

그는 누구와 함께 사니?
⇨

그는 그의 남동생과 함께 산다.
⇨

의문사가 주어인 경우

4 누가 그 인형을 만들었니?
⇨

그녀가 만들었다.
⇨

누가 피아노를 연주하니?
⇨

내 여동생이 연주한다.
⇨

누가 저녁을 요리하니?
⇨

엄마가 해요
⇨

Test 정답

① Who is he?   He is my teacher.
   Who is this?   He is my father.
   Who is that girl?   She is my sister.

② Who is your favorite singer?   My favorite singer is ○○.
   Who is your favorite actor?   My favorite actor is ○○○.
   Who is your favorite soccer player? My favorite soccer player is ○○○.

③ Who do you live with?   I live with my family.
   Who does he live with?   He lives with his brother.

④ Who made the doll?   She did.
   Who plays the piano?   My sister does.
   Who cooks dinner?   My mom does.

쓰고 말하기 쉬운 Fun English

C when 언제

01　너의 생일은 언제니?　→　When is your birthday?

【평서문】 너의 생일은 언제다.

　　주어 너의 생일은 your birthday ← 3인칭

　　동사 ～이다 is ← be동사 의문문 ← be동사를 주어 앞으로 보낸다.

　　동대 (의문사) 언제 when ← 문장 맨 앞

나의 생일은 3월 9일이다.　→　My birthday is March ninth.

3월 9일이야. It's March ninth. ← 참고 그냥 It's ~로 대답해도 된다.

【응용】

① 질문(주어자리) + 대답(동대자리)

그녀의 생일은 언제니?　　　　When is her birthday?

그녀의 생일은 5월 13일이다.　Her birthday is May thirteenth.

너의 어머니의 생일은 언제니?　When is your mother's birthday?

나의 어머니의 생일은 다음 주이다.　My mother's birthday is next week.

너의 친구의 생일은 언제니?　When is your friend's birthday?

나의 친구의 생일은 오늘이다.　My friend's birthday is today.

02　너의 학교축제는 언제 시작하니?　→　When does your school festival start?

【평서문】 너의 학교축제는 언제 시작한다.

　　주어 너의 학교축제는 your school festival ← 3인칭　┐ 주어 앞에 does를 붙이고
　　동사 시작한다 starts ← 일반동사 의문문 　　　　　┘ 동사를 원형으로 바꾼다.

　　동대 (의문사) 언제 when ← 문장 맨 앞

(그건) 5월 26에 시작한다.　→　It starts on May twenty-sixth.

(그건) 이번 토요일에 시작한다.　→　It starts this Saturday.

　　주어 그것은 it　 동사 시작한다 starts　 동대 (부사구) 이번 토요일에 this Saturday

　　참고 "～에"가 있어도 시간이나 요일을 나타내는 명사 앞에 "last, every, next, this" ～등이
　　붙으면 at, on, in을 붙이지 않는다. ◐ 전치사 편 참고

【응용】

① 질문(주어 자리) + 대답(동대 자리)　　　참고 in + 시간 − (시간)후에

영화는 언제 시작하니?　　　　　When does the movie start?

그건 7시에 시작한다.　　　　　　It starts at 7.

20분(30분) 후에요.　　　　　　　It starts in 20 minutes.(in half an hour)

콘서트는 언제 시작하니?	When does the concert start?
오후 8시에 시작한다.	It starts at eight p.m.
파티는 언제 시작하니?	When does the party start?
5시 30분에 시작한다.	It starts at five thirty
너의 첫 수업은 언제 시작하니?	When does your first class start?
그건 아침(에) 9시에 시작한다.	It starts at 9 in the morning.

---

03   너는 언제 서울에 갔었니? → When did you go to Seoul?

【평서문】 너는 언제 서울에 갔었다.

주어	너는 you	┐	주어 앞에 did를 붙이고 동사를 원형으로 바꾼다.
동사	갔었다 went ← 일반동사 의문문	┘	인칭에 상관없이 과거는 무조건 "did"이다.
동대	(부사구) 서울에 to Seoul ← to(에) – 방향		
의문사	언제 when ← 문장 맨 앞		

나는 어제 서울에 갔었다. → I went to Seoul yesterday.

주어	나는 I
동사	갔었다 went
동대	(부사구 겹침) 방향 – 서울에 to Seoul / 시간 – 어제 yesterday

부사구가 겹칠 경우 – 시간은 보통 문장 끝.

【응용】

① 부사구 자리

| 나는 3일전에 서울에 갔었다. | I went to Seoul 3 days ago. ← 과거 + 숫자 + ago |
| 나는 지난주(지난 주말)에 서울에 갔었다. | I went to Seoul last week.(last weekend) |

② 질문(부사구 – 장소) + 대답(부사구 – 시간)

너는 언제 미국에 갔었니?	When did you go to America?
나는 작년에 미국에 갔었다.	I went to America last year.
너는 언제 제주도에 갔었니?	When did you go to Jeju island?
나는 2달 전에 제주도에 갔었다.	I went to Jeju island 2 months ago.

【주의】 2이상은 복수이기 때문에 month 뒤에 s를 붙인다.

04 너는 언제 도착했니? ➡ When did you arrive?

【평서문】 너는 언제 도착했다.

〔주어〕 너는 you

〔동사〕 도착했다 arrived ← 일반동사 과거 의문문

〔동대〕 (의문사) 언제 when ← 문장 맨 앞

03번 설명과 동일

나는 3시쯤에 도착했다 ➡ I arrived about 3 o'clock.

〔주어〕 나는 I

〔동사〕 도착했다 arrived

〔동대〕 (부사구) 3시쯤에 about 3 o'clock   〔참고〕 약, 대략, 쯤 about = around

---

【응용】

① 질문 + 대답

너는 언제 서울에 도착했니?   When did you arrive in Seoul?
                                                          장소 전치사

나는 오후 10시에 서울에 도착했다.   I arrived in Seoul at 10 p.m.
                                                       장소   시간

 **Test** ＞**1** 다음 우리말을 영어로 쓰시오.

정답 p.337

---

① 너의 생일은 언제이니?
⇨

나의 생일은 5월 3일이다. / 5월 3일이다. ⇨	나의 생일은 오늘(내일)이다. ⇨
너의 친구의 생일은 언제이니? ⇨	내 친구의 생일은 3월 20일이다. ⇨
너의 어머니의 생일은 언제이니? ⇨	나의 어머니의 생일은 다음 주(다음 달)이다. ⇨

② 너의 학교 축제는 언제 시작하니?
⇨

그건 5월 23일에 시작한다.	그건 이번 토요일에 시작한다.
⇨	⇨
그 영화는 언제 시작하니?	
⇨	
그건 8시에 시작한다.	20분 후에요.
⇨	⇨
그 파티는 언제 시작하니?	그건 오후 9시에 시작한다.
⇨	⇨
너의 첫 수업은 언제 시작하니?	그건 아침 9시에 시작한다.
⇨	⇨
③ 너는 언제 서울에 갔었니?	나는 지난달에 서울에 갔었다.
⇨	⇨
	나는 2일전에 서울에 갔었다.
	⇨
너는 언제 미국에 갔었니?	나는 작년에 미국에 갔었다.
⇨	⇨
너는 언제 제주도에 갔었니?	나는 한 달 전에 제주도에 갔었다.
⇨	⇨
④ 너는 언제 도착했니?	
⇨	
나는 3시에 도착했다.	나는 5시쯤에 도착했다.
⇨	⇨
너는 언제 서울에 도착했니?	나는 오후 5시에 서울에 도착했다.
⇨	⇨

① When is your birthday?

My birthday is May third. / It's May third.   My birthday is today.(tomorrow)

When is your friend's birthday?   My friend's birthday is March twentieth.

When is your mother's birthday?   My mother's birthday is next week.(next month)

② When does your school festival start?

It starts on May twenty-third.   It starts this Saturday.

When does the movie start?

It starts at eight o'clock.   In 20 minutes.

When does the party start?   It starts at nine p.m.

When does your first class start?   It starts at nine in the morning.

③ When did you go to Seoul?   I went to Seoul last month.

I went to Seoul 2 days ago.

When did you go to America?   I went to America last year.

When did you go to Jeju island?   I went to Jeju island a month ago.

④ When did you arrive?

I arrived at three o'clock.   I arrived around five o'clock.

When did you arrive in Seoul?   I arrived in Seoul at five p.m.

Ⓓ where 어디에(서)

---

01 너는 지금 어디에 있니? → Where are you now?

> 【평서문】 너는 지금 어디에 있다.
>
> **주어** 너는 you ← 2인칭 ← 주어에 따라서 be동사는 변한다.
>
> **동사** 있다 are ← be동사 의문문 ← be동사를 주어 앞으로 보낸다.
>
> **동대** (의문사) 어디에 where ← 문장 맨 앞
>
> **부사** 지금 now

> 나는 도서관에 있다. → I am in the library.
>
> **주어** 나는 I   **동사** 있다 am   **동대** (부사구) 어디에 – 도서관에 in the library (in - 공간)

【응용】

① 질문(주어 자리) + 대답(부사구(전치사 + 명사))

그녀는 지금 어디에 있니?	Where is she now?
그녀는 욕실에(거실에) 있다.	She is in the bathroom. (in the living room)
너의 어머니는 지금 어디에 있니?	Where is your mother now?
나의 어머니는 부엌에 있다.	My mother is in the kitchen. = She is ~
너의 남동생은 지금 어디에 있니?	Where is your brother now?
나의 남동생은 교실에 있다.	My brother is in the classroom. = He is ~

> **참고** 3인칭 단수인 'My mother(sister)대신에 She'로 'My brother 대신에 He'로 할 수 있다.
> 즉 My brother is at home. = He is at home.

---

02 학교는 어디에 있니? → Where is the school?

> 【평서문】 학교는 어디에 있다.
>
> **주어** 학교는 the school ← 3인칭 단수
>
> **동사** 있다 is ← be동사 의문문 ← be동사를 주어 앞으로 보낸다.
>
> **동대** (의문사) 어디에 where ← 문장 맨 앞

> 그것은 공원 옆에 있다. → It's next to the park.
>
> **주어** 그것은 It   **동사** 있다 is   **동대** (부사구) 공원 옆에 next to the park

【응용】

① 질문(주어 자리) + 대답(부사구(전치사 + 명사))

서점은 어디에 있니?	Where is the bookstore?
그것은 학교 앞에 있다.	It is in front of the school.

| 병원은 어디에 있니? | Where is the hospital? |
| 그것은 우체국과 서점 사이에 있다. | It is between the post office and the bookstore. |

참고 A와 B 사이에 between A and B

| 은행은 어디에 있니? | Where is the bank? |
| 그것은 우체국 뒤에 있다. | It is behind the post office. |

---

03 너는 어디에 사니? → Where do you live?

【평서문】 너는 어디에 산다.

주어 너는 you ← 2인칭 단수 ⎤
동사 산다 live ← 일반동사 의문문 ⎦ 주어 앞에 do를 붙이고 만약 주어가 3인칭 단수이면 주어 앞에 does를 붙이고 동사를 원형으로 바꾼다.

동대 (의문사) 어디에 where ← 문장 맨 앞

나는 진주에 산다. → I live in Jinju. ← in(에): 장소 전치사 – 나라, 도시

주어 나는 I **동사** 산다 live **동대** (부사구) 어디에 – 진주에 in Jinju

【응용】

① 질문(주어 자리)

너의 가족은 어디에 사니?	Where does your family live?
	주어가 3인칭 단수 – 주어 앞에 "does"
너의 삼촌은 어디에 사니?	Where does your uncle live?

② 대답(동대자리 – 부사구)

그는 서울에 산다.	He lives in Seoul.
나의 누나는 미국에 산다.	My sister lives in America.
나의 가족은 시골에 산다.	My family lives in the country. **참고** 도시에 in the city

주어가 전부 3인칭 단수 – 동사에 's또는 es'를 붙인다.

---

04 너는 어디에서 왔니? → Where are you from? = Where do you come from?

【평서문】 너는 어디에서 왔다.

주어 너는 you ← 2인칭 단수

동사 ~에서 왔다 are from = come from → be동사 의문문 – be동사를 주어 앞으로 보낸다.

동대 (의문사) 어디에 where ← 문장 맨 앞

나는 미국에서 왔다. → I am from America.= I come from America.

~에서 오다(출신이다) ┌ be from ← be동사 의문문 ← be동사를 주어 앞으로 보낸다.
└ come from ← 일반동사 의문문 ← 주어 앞에 'do 또는 does'를 붙이고
동사를 원형으로 바꾼다.

【응용】

① 질문(주어 자리) + 대답(동대 자리)

| 그녀는 어디에서 왔니? | Where is she from? = Where does she come from? |

그녀는 일본에서 왔다.　　　　　　 She is from Japan. = She comes from Japan.

그들은 어디에서 왔니?　　　　　　 Where are they from? = Where do they come from?

그들은 중국에서 왔다.　　　　　　 They are from China. = They come from China.

너희들은 어디에서 왔니?　　　　　 Where are you from? = Where do you come from?
2인칭 복수

우리들은 영국에서(프랑스에서) 왔다.　 We are from England.(France)

= We come from England.(France)

---

05 너는 어디에 가고 있니?　→　Where are you going?

【평서문】 너는 어디에 가고 있다.

주어 너는 you ← 2인칭 단수

동사 가고 있다 are going ← **참고** 'be + 동사원형 - ing'는 진행으로 '~하고 있다'
따라서 be동사의 의문문으로 are를 주어 앞으로 보낸다.

동대 (의문사) 어디에 where ← 문장 맨 앞

나는 학교에 가고 있다.　→　I am going to school.

주어 나는 I　**동사** 가고 있다 am going　**동대** (부사구) 학교에 to school

【응용】

① 질문(주어자리) + 대답(부사(구))

그는(그녀는) 어디에 가고 있니?　　 Where is he(she) going?

그는(그녀는) 집에 가고 있다.　　　 He(She) is going home.

참고 home **명사** 집 / **부사** (방향) 집에(으로)

그들은 어디에 가고 있니?　　　　　 Where are they going?

그들은 공원에 가고 있다.　　　　　 They are going to the park.

그들은 소풍을 가고 있다.　　　　　 They are going on a picnic.

참고 소풍을 가다 go on a picnic / 여행을 가다 go on a trip

진행형 − be동사 + 일반동사(원형) − ing − ~하고 있다.

가다 go		가고 있다	be going
소풍가다 go on a picnic		소풍가고 있다	be going on a picnic
먹다 eat		먹고 있다	be eating
공부하다 study		공부하고 있다	be studying

* be − 주어에 따라 be동사가 다르기 때문에 be로 해놓았다.

실전 Test

1 다음 우리말을 영어로 쓰시오.

정답 p.343

① 너는 지금 어디에 있니?
⇨

나는 도서관에 있다.
⇨

너의 여동생은 지금 어디에 있니?
⇨

나의 여동생은 부엌에 있다.
⇨

너의 친구는 지금 어디에 있니?
⇨

나의 친구는 교실에 있다.
⇨

② 병원은 어디에 있니?
⇨

그것은 은행 앞에 있다.
⇨

너의 학교는 어디에 있니?
⇨

그것은 공원 옆에 있다.
⇨

은행은 어디에 있니?
⇨

그것은 우체국 뒤에 있다.
⇨

③ 너는 어디에 사니?
⇨

나는 서울에 산다.
⇨

그는 어디에 사니?
⇨

그는 미국에 산다.
⇨

너의 삼촌은 어디에 사니?
⇨

그는 시골에 산다.
⇨

④ 너는 어디에서 왔니?
⇨

나는 영국에서 왔다.
⇨

그녀는 어디에서 왔니?	그녀는 미국에서 왔다.
⇨	⇨
너희들은 어디에서 왔니?	우리들은 프랑스에서 왔다.
⇨	⇨
⑤ 너는 어디에 가고 있니?	나는 학교에(병원에) 가고 있다.
⇨	⇨
그녀는 어디에 가고 있니?	그녀는 집에 가고 있다.
⇨	⇨
그들은 어디에 가고 있니?	그들은 소풍을(여행을) 가고 있다.
⇨	⇨

① Where are you now? | I am in the library.
Where is your sister now? | My sister is in the kitchen.
Where is your friend now? | My friend is in the classroom.

② Where is the hospital? | It is in front of the bank.
Where is your school? | It's next to the park.
Where is the bank? | It is behind the post office.

③ Where do you live? | I live in Seoul.
Where does he live? | He lives in America.
Where does your uncle live? | He lives in the country.

④ Where are you from? = Where do you come from? | I am from England. = I come from England.
Where is she from? = Where does she come from? | She is from America. = She comes from America.
Where are you from? = Where do you come from? | We are from France. = We come from France.

⑤ Where are you going? | I am going to school.(to the hospital)
Where is she going? | She is going home.
Where are they going?
They are going on a picnic. / They are going on a trip.

01 너는 어떠니?(어떻게 지내니?) ➜ How are you? = How are you doing?

【평서문】 너는 어떻다.

[주어] 너는 you ← 2인칭

[동사] ~다 are ← be동사 의문문 ← be동사를 주어 앞으로 보낸다.

[동대] (의문사) 어떻게 how ← 문장 맨 앞

대답 ┌ 좋아. (I'm) ok. = (I'm) fine. / 꽤 좋아. (I'm) pretty good / 아주 좋아. (I'm) great.
      │   "예쁜"이 아니라 '꽤'
      └ 나쁘지 않아. not bad.

[참고] 안부를 묻는 표현 ┌ How are you? = How are you doing? 어떻게 지내니?
      [비교] ├ How's it going? 어떻게 되어가고 있니? 즉 어떻게 지내니?
            └ What's up? 무슨 일 있니?
            What is 줄임말   ➜ Nothing much. Not much. 별일 없어.

┌ How 누구 doing? ← doing 지내고 있니?
└ How 무엇 going? ← going (go – 일이 되어가다) – (일이) 되어가고 있니?

【응용】

① 주어자리   ┌ (현재) – 어떠니?(어떠세요?) – How is ➜ 【줄임말】 How's
            └ (과거) – 어땠니?(어땠나요?) – How was ← 과거는 줄이지 않는다.

모두 어떠세요?	How's everybody? = How's everybody doing?
그녀는 지금 어떠니?	How's she now? = How's she doing now?
너의 아버지는 어떠시니?	How's your father? = How's your father doing?
너의 부모님은 어떠시니?	How are your parents? = How are your parents doing?

복수

| 오늘 하루 어떠니? | How's your day? = How's your day going? |
| 휴가는 어떠니? | How's your vacation? = How's your vacation going? |

과거

오늘 하루 어땠니? / 주말은 어땠니?	How was your day? / How was your weekend?
그 영화는 어땠니? / 여행은 어땠니?	How was the movie? / How was your trip?
휴가는(방학) 어땠니?	How was your vacation?

01-1   날씨가 어떠니?   →   How's the weather? (= What is the weather like?)

【평서문】 날씨가 어떻다.

주어 날씨는 the weather ← 3인칭

동사 ~다 is   ← be동사 의문문

동대 (의문사) 어떻게 how ← 문장 맨 앞

비가 와요.   →   It's rainy.

【응용】

① 부사(구) 자리

오늘(거기) 날씨가 어떠니?	How's the weather today?(there?)
바깥 날씨가 어떠니?	How's the weather outside?
서울 날씨가 어떠니?	How's the weather in Seoul?

대답 – It's ~ + 날씨 → It: 비인칭 주어(따라서 '그것'이라고 해석하지 않는다.)

맑아요. / 더워요. / 추워요.	It's sunny. / It's hot. / It's cold.
눈이 와요. / 비가 와요. / 흐려요.	It's snowy. / It's rainy. / It's cloudy.
따뜻해요. / 맑고 따뜻해요.	It's warm. / It's sunny and warm.
너무 더워요. / 정말 추워요.	It's too hot. / It's really cold.

과거 – be동사를 과거로 바꿔주면 된다. 대답 역시 be동사를 과거로 하면 된다.

날씨는 어땠나요?   How was the weather? (= What was the weather like?)

【응용】

부사(구) 자리

어제(거기) 날씨는 어땠나요?	How was the weather yesterday?(there?)
서울 날씨는 어땠나요?	How was the weather in Seoul?
어젯밤 날씨는 어땠나요?	How was the weather last night?

대답	눈이 왔어요. / 비가 왔어요.	It was snowy. / It was rainy.
	추웠어요. / 더웠어요.	It was cold. / It was hot.
	너무 추웠어요. / 정말로 더웠어요.	It was too cold. / It was really hot.

 실전 Test   **1** 다음 우리말을 영어로 쓰시오.   정답 p.347

| 1 너는 어떠니?
⇨ | 너의 어머니는 어떠시니?
⇨ |

너의 부모님은 어떠시니?   모두 어떠세요?

⇨   ⇨

오늘 하루 어떠니?   휴가는 어떠니?

⇨   ⇨

과거

오늘 하루 어땠니?   휴가는 어땠니?

⇨   ⇨

주말은 어땠니?   그 영화는 어땠니?

⇨   ⇨

여행은 어땠니?

⇨

② 날씨가 어떠니?

⇨

오늘 날씨가 어떠니?   서울 날씨가 어떠니?

⇨   ⇨

바깥 날씨는 날씨가 어떠니?   어제 날씨는 어땠니?

⇨   ⇨

어젯밤 날씨는 어땠니?   거기 날씨는 어땠니?

⇨   ⇨

대답 (현재)

맑아요. / 맑고 따뜻해요.   더워요. / 추워요.

⇨   ⇨

비가 와요. / 눈이 와요.   너무 추워요. / 너무 더워요.

⇨   ⇨

대답 (과거)

맑았어요. / 맑고 따뜻했어요.   더웠어요. / 추웠어요.

⇨   ⇨

비가 왔어요. / 눈이 왔어요.   너무 추웠어요. / 너무 더웠어요.

⇨   ⇨

① How are you(doing)?

How are your parents(doing)?

How's your day(going)?

How was your day?

How was your weekend?

How was your trip.

How's your mother(doing)?

How's everybody(doing)?

How's your vacation(going)?

How was your vacation?

How was the movie?

② How's the weather? = What's the weather like?

How's the weather today?

How's the weather outside?

How was the weather last night?

It is sunny. / It is sunny and warm.

It is rainy. / It is snowy.

It was sunny. / It was sunny and warm.

It was rainy. / It was snowy.

How's the weather in Seoul?

How was the weather yesterday?

How was the weather there?

It is hot. / It is cold.

It is too cold. / It is too hot.

It was hot. / It was cold.

It was too cold. / It was too hot.

(a)	┌ 얼마나 많은(수)	'How many + 셀 수 있는 복수명사 are there + 장소?'
		– 장소에 얼마나 많은 (복수명사가) 있니?
	└ 얼마나 많은(양)	'How much + 셀 수 없는 명사 is there + 장소?'
		– 장소에 얼마나 많은 (단수명사가) 있니?

(1) 셀 수 있는 복수명사 ← 주어가 복수 ← be동사는 are

01　책상위에 얼마나 많은 책이 있니?　→　How many books are there on the desk?

【평서문】 책상 위에 얼마나 많은 책이 있다.

【주어】 얼마나 많은 책이 ┐　　there are how many books

【동사】 있다 ┘　　　　　　　　　→ (의) Are there how many books?

【부사구】 책상위에 on the desk　　　의문사 ← 문장 맨 앞 ┘

5권의 책이 있다.　→　There are five books.

【응용】

① 주어 자리 + 부사구 자리 / 대답

테이블 아래에 공이 몇 개 있니?　　How many balls **are there** under the table?
세 개의 공이 있다.　　　　　　　**There are** three balls.

바구니 안에 몇 개의 사과가 있니?　How many apples **are there** in the basket?
여섯 개의 사과가 있다.　　　　　**There are** six apples.

너의 가족은 몇 명이나 있니?　　　How many people **are there** in your family?
나의 가족은 네 명이 있다.　　　　**There are** four people in my family.

한국에는(일 년에) 몇 개의 계절이 있니?　How many seasons **are there** in Korea?(in a year?)
4계절이 있다.　　　　　　　　　**There are** four seasons.

02　너는 얼마나 많은 친구를 가지고 있니?　→　How many friends do you have?
　　　(너는 친구가 몇 명이나 있니?)

【평서문】 너는 얼마나 많은 친구를 가지고 있다.

【주어】 너는 you ← 2인칭 ┐
　　　　　　　　　　　　　 주어 앞에 do를 붙인다.
【동사】 가지고 있다 have ← 일반동사 의문문 ┘

【동대】 (무엇 – 의문사) 얼마나 많은 친구를 how many friends ← 문장 맨 앞

나는 5명의 친구를 가지고 있다.　→　I have five friends.
【주어】 나는 I　【동사】 가지고 있다 have　【동대】 (무엇) 5명의 친구를 five friends

【응용】

① 동대 자리(의문사)

너는 형제가 몇 명이나 있니?　　　　　How many brothers **do you have?**

너는 형제자매가 몇 명이나 있니?　　　How many brothers and sisters **do you have?**

　　　참고 sibling 형제자매　　　　　(= How many siblings **do you have?**)

너는 수업이 몇 개나 있니?　　　　　How many classes **do you have?**

② 부사구 자리(질문) + 동대 자리(대답)

너는 너의 가족에 형제자매가 몇 명이나 있니?

　　　　　　　　　　How many brothers and sisters do you have in your family?

나는 남자 형제 2명과 여자 형제 한 명이 있어요.　I have two brothers and one sister.

너는 하루에(월요일에, 내일) 수업이 몇 개나 있니?

　　　　　　　　　　How many classes do you have a day?(on Monday?, tomorrow?)

나는 하루에 5개 또는 6개의 수업이 있어요.　I have five or six classes a day.

나는 내일(오늘) 5개의 수업이 있어요　　I have five classes tomorrow.(today)

　참고 ┌ a + 기간(a = per(마다)) – 반복적 행위　　a day 하루에(마다) / a week 일주일에(마다)
　　　 └ in a + 기간 – 기간 (동)안에　　　　in a day 하루에(동안에) / in a week 일주일에(동안에)

　　비교 ┌ How much money do you spend a week?　　일주일에(마다) 너는 돈을 얼마나 쓰니?
　　　　 └ How much money do you spend in a week?　일주일에 너는 돈을 얼마나 쓰니?

(2) 셀 수 없는 명사 ➡ **【주의】** 얼마나 많은 이라고 해서 be동사를 "are"로 하면 안된다. ➡ "is"

03　병 안에 물이 얼마나 있니?　➡　How much water is there in the bottle?

【평서문】 병 안에 얼마나 많은 물이 있다.

　주어 얼마나 많은 물이 ┌ There is how much water. ➡ (의) Is there how much water?
　동사 있다　　　　　　　　　　　　　의문사 ← 문장 맨 앞 ┘
　부사구 병 안에 in the bottle

물이 조금도 없다.　　　　➡　There isn't any water. = There is no water.

　　　　　　　　　　참고 조금도 없는 not ~ any = no

【응용】

① 질문(부사구자리) / 대답(주어자리)

냉장고에 물이 얼마나 있니?　　　　How much water is there in the refrigerator?

물이 조금 있어요.　　　　　　　　There is some water.(in the refrigerator)

식탁 위에 음식이 얼마나 있니?   How much food is there on the table?

음식이 조금 있어요.   There is some food.(on the table)

유리잔에 우유가 얼마나 있니?   How much milk is there in the glass?

우유가 조금 있어요.   There is some milk.(in the glass)

---

04   너는 얼마나 많은 돈을 가지고 있니?   ➡   **How much money do you have?**

(너는 돈을 얼마나 가지고 있니?)

【평서문】 너는 얼마나 많은 돈을 가지고 있다.

주어 너는 you ← 2인칭

동사 가지고 있다 have ← 일반동사 의문문   주어 앞에 do를 붙인다.

동대 (무엇 – 의문사) 얼마나 많은 돈을 how much money ← 문장 맨 앞

나는 2만 원을 가지고 있다. ➡ I have twenty thousand won.

【응용】

① 동사자리 + 동대(대답)

너는 돈이 얼마나 필요하니?   How much money do you need?

나는 3천 원이 필요해요.   I need three thousand won.

② 질문(부사구자리) / 대답(동대자리)

너는 지갑 안에 돈이 얼마나 있니?   How much money do you have in your wallet.

나는 5만 원이 있어요.   I have fifty thousand won.

---

05   너는 하루에 얼마나 많은 물을 마시니? ➡ **How much water do you drink a day?**

【평서문】 너는 하루에 얼마나 많은 물을 마신다.

주어 너는 you ← 2인칭

동사 마신다 drink ← 일반동사 의문문   주어 앞에 do를 붙인다.

동대 (무엇 – 의문사) 얼마나 많은 물을 how much water ← 문장 맨 앞

부사구 하루에 a day

나는 보통 하루에 석 잔의 물을 마신다. ➡ I usually drink three glasses of water a day.

주어 나는 I

빈도부사 보통 usually ← 일반 동사 앞

동사 마신다 drink

동대 석 잔의 물을 three glasses of water

부사구 하루에 a day

[응용]

① 질문(동대자리 + 부사구) / 대답

너는 매일 우유를 얼마나 마시니?   How much milk do you drink every day?

나는 우유 한 잔을 마신다.   I drink a glass of milk.

너는 보통 하루에 몇 잔의 물을 마시니?

        How many glasses of water do you usually drink a day?

나는 대략 5잔의 물을 마신다.   I drink about five glasses of water.

참고 숫자 앞 about 대략

참고 ⓐ ┌ 물 한잔   a glass of water   ┌ 우유한잔   a glass of milk

                   └─ 복수로 바꾼다. ─┘

        ├ 물 두잔   two glasses of water   └ 우유 두잔   two glasses of milk

        └ 몇 잔의 물   How many glasses of water

                물은 셀 수 없지만 잔에 담겨 셀 수 있다. 그래서 how many glasses ~

    ⓑ 'How many ~, How much ~'

        뒤에 명사가 있으면 'many나 much'가 형용사로 '많은'은 뜻이고

        뒤에 명사가 없으면 'many나 much'가 대명사 뜻으로 'many 다수 / much 양, 정도'의 뜻이다.

        형용사 ┌ How many books do you have? 너는 얼마나 많은 책을 가지고 있니?

               └ How much money do you have? 너는 얼마나 많은 돈을 가지고 있니?

        대명사 ┌ How many do you want(need)? 너는 얼마나 원하니(필요하니)?

               └ How much do you want(need)? 너는 얼마나 원하니(필요하니)?

셀 수 있는 명사

① 책상 아래에 공이 몇 개 있니? | 세 개의 공이 있어요.
⇨ | ⇨

바구니 안에 사과가 몇 개 있니? | 여섯 개의 사과가 있어요
⇨ | ⇨

너의 가족은 몇 명 있니? | 4명이 있어요.
⇨ | ⇨

한국에는 몇 개의 계절이 있니? | 4계절이 있어요.
⇨ | ⇨

② 너는 친구가 몇 명 있니? | 나는 5명의 친구가 있다.
⇨ | ⇨

너는 형제자매가 몇 명이나 있니?
⇨

나는 남자 형제 3명과 여자 형제 2명이 있다.
⇨

↓ 부사구 자리

너는 너의 가족에 형제자매가 몇 명이나 있니?
⇨

너는 하루에 몇 개의 수업이 있니? | 나는 4개 또는 5개의 수업이 있다.
⇨ | ⇨

셀 수 있는 명사

③ 냉장고에 물이 얼마나 있니? | 물이 조금 있어요.
⇨ | ⇨

식탁 위에 얼마나 많은 음식이 있니? | 음식이 조금 있어요.
⇨ | ⇨

병 안에 얼마나 많은 물이 있니? | 물이 거의 없어요.
⇨ | ⇨

④ 너는 얼마나 많은 돈을 가지고 있니?   나는 2만원을 가지고 있어요.
⇨   ⇨

↓ 동사 자리

너는 얼마나 많은 돈이 필요하니?   나는 3천 원이 필요해요.
⇨   ⇨

↓ 부사 자리

너는 지갑 안에 돈이 얼마나 있니?   나는 3만 원이 있어요.
⇨   ⇨

⑤ 너는 하루에 얼마나 물을 마시니?
⇨

나는 보통 석 잔의 물을 마신다.
⇨

너는 하루에 우유를 얼마나 마시니?
⇨

나는 우유 한 잔을 마신다.
⇨

너는 매일 몇 잔의 물을 마시니?
⇨

나는 대략 3잔의 물을 마신다.
⇨

① How many balls are there on the desk?   There are three balls.

How many apples are there in the basket?   There are six apples.

How many people are there in your family?   There are four people.

How many seasons are there in Korea?   There are four seasons.

② How many friends do you have?   I have five friends.

How many brothers and sisters do you have?

I have three brothers and two sisters.

How many brothers and sisters do you have in your family?

How many classes do you have a day?   I have four and five classes.

③ How much water is there in the refrigerator?   There is a little water.

How much food is there on the table?   There is some food.

How much water is there in the bottle?   There is little water.

④ How much money do you have?   I have twenty thousand won.

How much money do you need?   I need three thousand won.

How much money do you have in your wallet?   I have thirty thousand won.

⑤ How much water do you drink a day?   I usually three glasses of water.

How much milk do you drink a day?   I drink a glass of milk.

How many glasses of water do you drink every day?

I drink about three glasses of water.

(b)	얼마입니까?(가격)	How much is + 단수 명사 ～ ? － (대답) → It is ~
		How much are + 복수 명사 ～ ? － (대답) → They are ~

【주의】 hundred, thousand, million 등은 앞에 복수 숫자가 올지라도 반드시 단수를 사용한다.
단, dollar는 복수로 한다.

01   그것은 얼마입니까?   →   How much is it?

     【평서문】 그것은 얼마이다.

     주어   그것은   it   ← 3인칭 단수 ← 따라서 동사는 is

     동사   ～이다   is   ← be동사 의문문 ← 주어 앞으로 보낸다.

     동대   (의문사) 얼마   how much   ← 문장 맨 앞

     그것은 5천 원입니다.   →   It is five thousand won.

     주어   그것은   it   동사   ～이다   is   동대   (얼마) 5천 원   five thousand won

     그것은 2달러이다.   →   It is two dollars.

【응용】

① 주어 자리 － 단수

    이것은(저것은) 얼마입니까?   How much is this(that)?

    이 책은(저 책은) 얼마입니까?   How much is this book(that book)?

    이 자동차는(이 티셔츠는) 얼마입니까?   How much is this car(this T-shirt)?

    이 빵은 얼마입니까?   How much is this bread?

② 부사 자리

    전부 얼마인가요?   How much is it altogether?

                                    부사 : 모두 합쳐

③ 〈①②물음에 대한 대답〉 － (간단하게 숫자만 대답해도 된다.)

    300원입니다. / 5천 원입니다.   It is three hundred won. / It is five thousand won.

    2만 오천 원입니다.   It is twenty-five thousand won.

    2달러입니다.   It is two dollars.

    23달러입니다.   It is twenty-three dollars. (It is = It's)

복수 표현

02   그것들은 얼마입니까?   →   How much are they?

     【평서문】 그것들은 얼마이다.

     주어   그것들은   they   ← 복수 ← 따라서 동사는 are

     동사   ～이다   are

     동대   (의문사) 얼마   how much

| 그것들은 20,000원입니다. | → | They are twenty thousand won. |
| 그것들은 30달러입니다. | → | They are thirty dollars. |

【응용】

① 주어 자리

이것들은(저것들은) 얼마입니까?	How much are these(those)?
이 책들은(저 책들은) 얼마입니까?	How much are these books(those books)?
이 사과들은(바나나들은) 얼마입니까?	How much are these apples(bananas)?
표 두 장은 얼마입니까?	How much are two tickets?
이 신발은 얼마입니까?	How much are these shoes? (신발은 두 짝 – 복수)

대답

3,000원입니다.	They are three thousand won.
30,000만 원입니다.	They are thirty thousand won.
50달러입니다.	They are fifty dollars.
각각 2달러입니다.	They are two dollars each.
_{부사자리} 표는 각각(한 장에) 7,000원입니다.	The tickets are seven thousand won each.

| (c) | 키(tall)를 물어 볼 때 | → | How tall ~ ? (대답) '주어 ~ 숫자cm tall.' |

---

01 너는 키가 어떻게 되니? → How tall are you?

【평서문】 너는 키가 어떻다.

주어 너는 you ← 2인칭

동사 ~다 are ← be동사 의문문 ← be동사를 주어 앞으로

동대 (의문사) 얼마나 큰 how tall ← 문장 맨 앞

| 나는 176cm이다. | → | I am one hundred seventy-six centimeters tall. |

【응용】

① 주어 자리

그는(그녀는) 키가 어떻게 되니?	How tall is he(she)?
너의 형은(여동생은) 키가 어떻게 되니?	How tall is your brother(your sister)?
너의 친구는 키가 어떻게 되니?	How tall is your friend?

대답 – '주어 ~ 숫자cm tall.'

그녀는 165cm이다.	She is one hundred sixty-five centimeters tall.
나의 친구는 183cm이다.	My friend is one hundred eighty-three centimeters tall.
나의 형은 178cm이다.	My brother is one hundred seventy-eight centimeters tall.

| (d) | 나이(몇 살)를 물어볼 때 | → | How old ~ ? (대답) '주어 ~ 숫자 year(s) old.' |

01

너는 몇 살이니? → How old are you?

【평서문】 너는 몇 살이다.

주어 너는 you ← 2인칭

동사 ~이다 are ← be동사 의문문 ← be동사를 주어 앞으로

동대 (의문사) 몇 살 how old ← 문장 맨 앞

나는 10살이다. → I am ten years old.

【응용】

① 주어 자리

그녀는 몇 살이니?	How old is she?
너의 아들(딸)은 몇 살이니?	How old is your son(daughter)?
너의 친구는 몇 살이니?	How old is your friend?
너의 할아버지는(할머니는) 몇 살이니?	How old is your grandfather(grandmother)?
대답	
그녀는 12살이다.	She is twelve years old.
내 친구는 23살이다.	My friend is twenty-three years old.
나의 할머니는 67살이다.	My grandmother is sixty-seven years old.

1 그것은 얼마입니까?
이것은 얼마입니까? →

2 이 자동차는(이 가방은)
얼마입니까? →

3 이 티셔츠는 얼마입니까? →

4 저 책은(저 장난감은)
얼마입니까? →

↓ 부사 자리

5 전부 얼마입니까? →

6 300원입니다.
5천 원입니다. →

7 2만 원입니다. →

8 10달러입니다. →

9 125달러입니다. →

10 그것들은 얼마입니까? →

11 저것들은(이것들은)
얼마입니까? →

12	이 책들은 얼마입니까?	→	
13	이 안경은(이 신발은) 얼마입니까?	→	
14	표 두 장은 얼마입니까?	→	
15	그것들은 3,000원입니다.	→	
16	그것들은 2만 오천 원입니다.	→	
17	그것들은 15달러(25달러) 입니다.	→	
18	그것들은 각각 2달러입니다.	→	
19	표는 각각 7,000원입니다.	→	
20	너는 키가 어떻게 되니?	→	
21	나는 대략 178cm입니다.	→	
22	그는 키가 어떻게 됩니까?	→	
23	그는 대략 173cm입니다	→	
24	너의 남동생은 키가 어떻게 되니?	→	

25 그는 168cm입니다. →

26 너의 엄마는 키가 어떻게 됩니까? →

27 그녀는 163cm입니다. →

28 너는 몇 살이니? →

29 나는 18살입니다. →

30 너의 친구는 몇 살이니? →

31 내 친구는 15살입니다. →

32 너의 딸은 몇 살이니? →

33 그녀는 13살이다. →

쓰고 말하기 쉬운 Fun English

① How much is it? / How much is this?

② How much is this car? / How much is that bag?

③ How much is this T-shirt?

④ How much is that book? / How much is that toy?

⑤ How much is it altogether?

⑥ It's three hundred won. / It's five thousand won.

⑦ It's twenty thousand won.

⑧ It's ten dollars.

⑨ It's one hundred twenty-five dollars.

⑩ How much are they?

⑪ How much are those? / How much are these?

⑫ How much are these books?

⑬ How much are these glasses(these shoes)?

⑭ How much are two tickets?

⑮ They are three thousand won.

⑯ They are twenty-five thousand won.

⑰ They are fifteen dollars.(twenty-five dollars)

⑱ They are two dollars each.

⑲ The tickets are seven thousand won each.

⑳ How tall are you?

㉑ I am about one hundred seventy-eight centimeters tall.

㉒ How tall is he?

㉓ He is about one hundred seventy-three centimeters tall.

㉔ How tall is your brother?

㉕ He is one hundred sixty-eight centimeters tall.

㉖ How tall is your mother?

㉗ She is one hundred sixty-three centimeters tall.

㉘ How old are you?

㉙ I am eighteen years old.

㉚ How old is your friend?

㉛ My friend is fifteen years old.

㉜ How old is your daughter?

㉝ She is thirteen years old.

(e)	시간, 기간(얼마나 오래)을 물어볼 때	→	How long ~ ?

01 얼마나 걸리나요? → How long does it take (부사구)?

【평서문】얼마나 걸린다.

주어 비인칭 주어 it ← 3인칭 단수 ──────┐ 주어 앞에 does를 붙이고
동사 (시간이) 걸린다 takes ← 일반 동사 의문문 ──┘ 동사를 원형으로 바꾼다.
의문사 얼마나 오래 how long ← 문장 맨 앞

(to + 동사원형)하는데 얼마나 걸리나요? → How long does it take to + 동원 (부사(구))?

대답 ┌ 시간이 걸린다. → It takes 시간 (부사(구))
　　└ (to + 동원)하는데 시간이 걸린다. → It takes 시간 to + 동원 (부사(구))

참고 ┌ (시간이)걸리다. take / long (시간, 길이)긴 / 부사구 전치사 + 명사
　　└ A부터 B까지 from A to B ← from A와 to B를 분리해서 사용할 수 있다.
　　　　　　~부터 　까지(to는 전치사)

【응용】

① 부사구 자리

걸어서 얼마나 걸리나요? How long does it take on foot?
버스로(택시로, 자동차로) 얼마나 걸리나요? How long does it take by bus(by taxi?, by car)?
여기서부터 공항까지 얼마나 걸리나요? How long does it take from here to the airport?
서울에서 부산까지 얼마나 걸리나요? How long does it take from Seoul to Busan?

② "to + 동사원형~" → "to동원~하는데"

집을 청소하는데 얼마나 걸리나요? How long does it take to clean the house?
그것을 인쇄하는데 얼마나 걸리나요? How long does it take to print it?
그것을 수리하는데 얼마나 걸리나요? How long does it take to fix it?

③ to + 동사원형 + 부사(구)　　참고 ┌ to + 동사원형(이때의 to는 to부정사)
　　　　　　　　　　　　　　　　　　│ to + 명사(이때의 to는 전치사)
　　　　　　　　　　　　　　　　　　│ 　　~에 도착하다. get to + 명사 / get + 부사 ┐
　　　　　　　　　　　　　　　　　　└ get 도착에 중점
　　　　　　　　　　　　　　　　　　　 go 움직임에 중점 − 따라서 go 써도 된다.

거기에 도착하는데 얼마나 걸리나요? How long does it take to get there? ┐
학교에 도착하는데 얼마나 걸리나요? How long does it take to get to school? ┘ to 비교

참고 there: 부사 − 거기에

집에 도착하는데 얼마나 걸리나요?	How long does it take to get home?

참고 home 부사 집에 / 명사 집

공항에 도착하는데 얼마나 걸리나요?	How long does it take to get to the airport?

↓ 부사구 확장

여기서부터 공항에 도착하는데 얼마나 걸리나요?

How long does it take to get to the airport from here?

자전거 타고 집에 도착하는데 얼마나 걸리나요?

How long does it take to get home by bike?

걸어서 학교에 도착하는데 얼마나 걸리나요?

How long does it take to get to school on foot?

택시로 공항에 도착하는데 얼마나 걸리나요?

How long does it take to go the airport by taxi?

④ 〈대답 응용〉 - It takes 시간 (to + 동원)

20분이 걸립니다.	It takes twenty minutes.
30분이 걸립니다.	It takes half an hour.(= thirty minutes)
1시간 30분이 걸립니다.	It takes an hour and a half.

↓ 확장 - 부사(구) 자리   참고 about(= around) ← 숫자 앞에서 '대략, 약'의 뜻이다.

대략 10분 정도 걸립니다.	It takes about ten minutes.
걸어서 대략 10분이 걸립니다.	It takes about ten minutes on foot.
버스로 40분이 걸립니다.	It takes forty minutes by bus.
택시로 대략 25분 정도 걸립니다.	It takes about twenty-five minutes by taxi.
여기서부터 공항까지 20분이 걸립니다.	It takes twenty minutes from here to the airport.

to + 동원 (부사(구))

거기에 도착하는데 30분이 걸립니다.	It takes half an hour to get there.
공항에 도착하는데 15분이 걸립니다.	It takes fifteen minutes to get to the airport.
걸어서 집에 도착하는데 5분이 걸립니다.	It takes five minutes to get home on foot.

❶ 부사구 자리(전치사 + 명사)

1 버스로(자동차로) 얼마나 걸리나요? →

2 걸어서 얼마나 걸리나요? →

3 여기서부터 도서관까지 얼마나 걸리나요? →

4 여기서부터 공항까지 얼마나 걸리나요? →

5 너의 집에서 학교까지 얼마나 걸리나요? →

6 서울에서 부산까지 얼마나 걸리나요? →

❷ 'to + 동사원형 ~' 자리 − (to + 동사원형)하는데

7 방을 청소하는데 얼마나 걸리나요? →

8 그것을 인쇄하는데 얼마나 걸리나요? →

9 그것을 수리하는데 얼마나 걸리나요? →

❸ to + 동사원형 + 부사(구)

10 거기에 도착하는데 얼마나 걸리나요? →

11 집에 도착하는데 얼마나 걸리나요? →

12 병원에 도착하는데 얼마나 걸리나요? →

13 공항에 도착하는데 얼마나 걸리나요? →

↓ 확장

14 여기서부터 공항에 도착하는데 얼마나 걸리나요? →

15 자전거로 집에 도착하는데 얼마나 걸리나요? →

16 걸어서 학교에 도착하는데 얼마나 걸리나요? →

17 버스로 병원에 도착하는데 얼마나 걸리나요? →

18 택시로 거기에 도착하는데 얼마나 걸리나요? →

❶ 대답 – 동대 자리

19 10분이(20분이) 걸립니다. →

20 30분이 걸립니다. →

21 1시간이 걸립니다. →

22 2시간이 걸립니다. →

❷ 대답 – 부사(구) 자리

23 10분 정도 걸립니다. →

(24) 걸어서 15분 정도 걸립니다. →

(25) 1시간 정도 걸립니다. →

(26) 버스로 30분이 걸립니다. →

(27) 택시로 20분 정도 걸립니다. →

(28) 여기서부터 공항까지
20분이 걸립니다. →

❸ 대답 − "to + 동사원형 ∼"

(29) 스파게티를 요리하는데
10분 정도 걸립니다. →

(30) 그것을 인쇄하는데
약 30분이 걸립니다. →

(31) 그것을 수리하는데
약 20분이 걸립니다. →

❹ 대답 − "to + 동사원형 + 부사구"

(32) 거기에 도착하는데
약 30분이 걸립니다. →

(33) 공항에 도착하는데
약 15분이 걸립니다. →

(34) 걸어서 집에 도착하는데
5분이 걸립니다. →

쓰고 말하기 쉬운 Fun English

① How long does it take by bus(by car)?

② How long does it take on foot?

③ How long does it take from here to the library?

④ How long does it take from here to the airport?

⑤ How long does it take from your house to school?

⑥ How long does it take from Seoul to Busan?

⑦ How long does it take to clean the room?

⑧ How long does it take to print it?

⑨ How long does it take to fix it?

⑩ How long does it take to get there?

⑪ How long does it take to get home?

⑫ How long does it take to get to the hospital?

⑬ How long does it take to get to the airport?

⑭ How long does it take to get to the airport from here?

⑮ How long does it take to get home by bike?

⑯ How long does it take to get to school on foot?

⑰ How long does it take to get to the hospital by bus?

⑱ How long does it take to get there by taxi?

⑲ It takes ten minutes.(twenty minutes)

⑳ It takes thirty minutes.(= It takes half an hour)

㉑ It takes an hour.

㉒ It takes two hours.

㉓ It takes about ten minutes.

㉔ It takes about fifteen minutes on foot.

㉕ It takes about an hour.

㉖ It takes half an hour by bus.

㉗ It takes about twenty minutes by taxi.

㉘ It takes twenty minutes from here to the airport.

㉙ It takes about ten minutes to cook spaghetti.

㉚ It takes about thirty minutes to print it.

㉛ It takes about twenty minutes to fix it.

㉜ It takes about thirty minutes to get there.

㉝ It takes about fifteen minutes to get to the airport.

㉞ It takes five minutes to get home on foot.

'얼마나 자주' 횟수를 물어볼 때 → How often ~ ?

01 너는 얼마나 자주 영화를 보니? → How often do you see a movie?

【평서문】 너는 얼마나 자주 영화를 본다.

주어 너는 you ← 2인칭
동사 본다 see ← 일반 동사 의문문 ┐ 주어 앞에 do를 붙인다.
동대 (무엇) 영화를 a movie
의문사 얼마나 자주 how often ← 문장 맨 앞

나는 한 달에 한두 번 정도 영화를 본다.

→ I see a movie about once or twice a month.

주어 나는 I
동사 본다 see   참고 about - 약, 대략, 정도
동대 (무엇) 영화를 a movie
빈도부사구 한 달에 한두 번 once or twice a month ◐ '부사편' 185쪽 참고

참고 ▪ 영화를 보다.   see a movie. = watch a movie.
▪ 영화 보러 가다.   ┌ go to a movie = go to the movies
                └ go see a movie ← go see 사이에 to나 and 생략
▪ 양치질하다.   brush one's teeth. (one's - 소유격)
▪ Tv보다.   watch Tv   ▪ 외식하다.   eat out
▪ 샤워하다.   take a shower   ▪ 이발하다.   get a haircut
▪ 컴퓨터게임을 하다. play a computer game = play computer games.

【응용】

① 질문(일반동사 의문문) + 대답(빈도부사구)

너는 얼마나 자주 양치질을 하니?   How often do you brush your teeth?
나는 하루에 3번 양치질을 한다.   I brush my teeth three times a day.

너는 얼마나 자주 샤워를 하니?   How often do you take a shower?
나는 이틀에 한 번 샤워를 한다.   I take a shower every other day.

너는 얼마나 자주 Tv를 보니?   How often do you watch Tv?
나는 거의 매일 Tv를 본다.   I watch Tv almost every day.

너는 얼마나 자주 컴퓨터게임을 하니?   How often do you play computer games?
나는 대략 일주일에 3번 컴퓨터게임을 한다.

I play computer games about three times a week.

너는 얼마나 자주 외식을 하나요?   How often do you eat out?

나는 두 달에 한번 외식을 한다.   I eat out (once) every two months.

너는 얼마나 자주 이발을 하니?   How often do you get a haircut?

나는 대략 한 달에 한번 이발을 한다.   I get a haircut about once a month.

(g)	'얼마나 먼' 거리를 물어볼 때	➡	How far ~?

---

01   얼마나 먼가요? ➡ How far is it?

   【평서문】 얼마나 멀다.

     주어 비인칭 주어(거리) It ← 3인칭 단수

     동사 ~다 is ← be동사 의문문 ← be동사를 주어 앞으로 보낸다.

     동대 (의문사) 얼마나 먼 how far ← 문장 맨 앞

   여기서 약 2km 정도에요. ➡ It is about two kilometers from here.

     주어 비인칭 주어 It

     동사 ~이다 is

     동대 (거리) 약 2km about 2km

     부사구 여기서(부터) from here

   참고 ⓐ about, around   ← 숫자 앞에서 "약, 대략"

       ⓑ here : 명사, 부사 둘 다 사용   ← **명사** 여기 / **부사** 여기에

       예 from here(여기부터) ← **명사** Here it is. 여기(에) 있어요. ← **부사**

【응용】

① 부사구 자리 = from A to B : A에서부터 B까지 ➡ 따로 분리해서 사용이 가능하다.
          ~부터   까지

너의 학교까지 얼마나 먼가요?   How far is it to your school?

병원까지 얼마나 먼가요?   How far is it to the hospital?

시청까지 얼마나 먼가요?   How far is it to the city hall?

공항까지 얼마나 먼가요?   How far is it to the airport?

    ↓ 부사구 확장

여기서부터 너의 학교까지 얼마나 먼가요?   How far is it from here to your school?

여기서부터 병원까지 얼마나 먼가요?   How far is it from here to the hospital?

여기서부터 공항까지 얼마나 먼가요?   How far is it from here to the airport?

서울에서 부산까지 얼마나 먼가요?   How far is it from Seoul to Busan?

대답

여기서 대략 200m 정도이다.	It's about two hundred meters from here.
여기서 대략 세 블록 정도이에요	It's about three blocks from here.
여기서 일곱 번째 정류장이에요.	It's the seventh stop from here.

참고 순서를 표현할 때 서수로 하고 앞에 "the"를 붙인다. / stop 동사 멈추다 명사 정류장

| 걸어서 10분 거리에요. | It's a ten-minute walk. |
| 차로 5분 거리에요. | It's a five-minute drive. |

↓ 부사(구) 확장

걸어서 약 10분 거리에요.	It's about a ten-minute walk.
여기서 걸어서 약 10분 거리에요.	It's about a ten-minute walk from here.
차로 약 5분 거리에요.	It's about a five-minute drive.
여기서 차로 약 5분 거리에요.	It's about a five-minute drive from here.

참고 ┌ It's a five-minute walk.   It's a ten-minute drive.
      │
      └ walk: 명사 걸음, 도보 / drive: 명사 드라이브

수사는 이미 형용사라고 배웠다. 따라서 2이상의 명사를 수식할 경우 명사를 복수로 해야 한다.
  예 5분 five minutes / 10분 ten minutes
하지만 두 단어를 하이픈(–)으로 연결하면 하나의 형용사로 변형된다.
  'five-minute 5분의' / 'ten-minute 10분의'
따라서 형용사는 복수로 할 수 없기에 'five-minute / ten-minute'의 minute뒤에 's'를
붙이지 않은 것이다.

비교 ┌ five minutes 5분 / ten minutes 10분
     │
     └ five-minute 5분의 / ten-minute 10분의

예 ┌ 그는 10살이다.   He is ten years old.
   │
   └ 그는 10살 소년이다.   He is a ten-year-old boy.

❶ 질문(일반동사 의문문) + 대답(빈도 부사구)

1 너는 얼마나 자주 영화를 보니? →

2 나는 대략 한 달에 한두 번 영화를 본다. →

3 너는 얼마나 자주 양치질을 하니? →

4 나는 하루에 3번 양치질을 한다. →

5 너는 얼마나 자주 샤워를 하니? →

6 나는 2일에 한번 샤워를 한다. →

7 너는 얼마나 자주 컴퓨터 게임을 하니? →

8 나는 대략 일주일에 3번 컴퓨터 게임을 한다. →

❷ 부사구 자리

9 병원까지 얼마나 먼가요? →

10 시청까지 얼마나 먼가요? →

11 너의 학교까지 얼마나 먼가요? →

12 공항까지 얼마나 먼가요? →

↓ 부사구 확장

13 여기서부터 병원까지
얼마나 먼가요? →

14 여기서부터 너의 학교까지
얼마나 먼가요? →

15 여기서부터 공항까지
얼마나 먼가요? →

16 서울에서 진주까지
얼마나 먼가요? →

❸ 대답

17 여기서부터 약 200m 에요. →

18 여기서 대략
두 블록(세 블록) 정도이에요. →

19 여기서부터 세 번째
정류장이에요. →

20 걸어서 10분 거리에요. →

21 차로 5분 거리에요. →

22 걸어서 약 10분 거리에요. →

23 여기서 걸어서 약 10분
거리에요. →

24 여기서 차로 약 5분
거리에요. →

쓰고 말하기 쉬운 Fun English

① How often do you see a movie?

② I see a movie about once or twice a month.

③ How often do you brush your teeth?

④ I brush my teeth three times a day.

⑤ How often do you take a shower?

⑥ I take a shower every two days.

⑦ How often do you play computer games?

⑧ I play computer games about three times a week.

⑨ How far is it to the hospital?

⑩ How far is it to the city hall?

⑪ How far is it to your school?

⑫ How far is it to the airport?

⑬ How far is it from here to the hospital?

⑭ How far is it from here to your school?

⑮ How far is it from here to the airport?

⑯ How far is it from Seoul to Jinju?

⑰ It's about two hundred meters from here.

⑱ It's about two(three) blocks from here.

⑲ It's the third stop from here.

⑳ It's a ten-minute walk.

㉑ It's a five-minute drive.

㉒ It's about a ten-minute walk.

㉓ It's about a ten-minute walk from here.

㉔ It's about a five-minute drive from here.

F Why 왜

01   너는 왜 슬퍼하니? → Why are you sad?

【평서문】 너는 왜 슬퍼한다.

주어 너는 you ← 2인칭

동사 ~다 are ← be동사 의문문 ← be동사를 주어 앞으로 보낸다.

동대 (형용사) 슬픈 sad

의문사 왜 why ← 문장 맨 앞

나의 엄마가 아프기 때문입니다. → Because my mom is sick.

접속사 왜냐하면 Because

주어 나의 엄마가 my mom   참고 why 물음에 답은 'Because'로 한다.

동사 ~다 is

동대 (형용사) 아픈 sick

【응용】

① 동대자리(어떠한 − 형용사) + 대답(Because + 주어 + 동사 ~.)

너는 왜 행복하니?   Why are you happy?

왜냐하면 새 휴대폰이 있어서야.   Because I have a new cell phone.

너는 왜 화났니?   Why are you angry?

왜냐하면 내 남동생이 내 장난감을 부셔서야.   Because my brother broke my toy.

너는 왜 피곤하니?   Why are you tired?

왜냐하면 나는 밤을 새웠기 때문이야.   Because I stayed up all night.

　　　　참고 stay up (평상시보다 더 늦게 까지)안자다. / all nigh 밤새도록
　　　　　　 → stay up all night 밤새다.(밤새도록 안자다.)

너는 왜 늦었니?   Why are you late?

왜냐하면 나는 늦게 일어났기 때문이야.   Because I got up late.

너는 왜 바쁘니?   Why are you busy?

왜냐하면 나는 숙제가 많아서야.   Because I have a lot of homework.

② 부사자리 ← 형용사 앞

너는 왜 그렇게 슬퍼하니?   Why are you so sad?

너는 왜 항상 피곤해하니?   Why are you always tired? ← 빈도부사

너는 왜 그렇게 화났니?   Why are you so angry?

너는 왜 오늘 그렇게 화났니?   Why are you so angry today?

너는 왜 나에게(그녀에게) 그렇게 화났니?　　　Why are you so angry at me(her)?

참고 ⓐ be angry at 누구 = be mad at 누구 - 누구에게 화내다.('누구'가 인칭대명사 일 경우 목적격)
ⓑ 과거표현 - be동사를 과거로 바꿔주면 된다. ┌ 너는 왜 화가 났었니? Why were you angry?
└ 그녀는 왜 바빴었니? Why was she busy?

02　　너는 왜 컴퓨터 게임을 좋아하니?　→　Why do you like computer games?

【평서문】 너는 왜 컴퓨터 게임을 좋아한다.

주어 너는 you ← 2인칭
동사 좋아한다 like ← 일반동사 의문문
동대 컴퓨터 게임을 computer games
의문사 왜 why ← 문장 맨 앞

주어 앞에 do를 붙인다. 만약 주어가 3인칭 단수이면 동사를 원형으로 바꾸고 주어 앞에 does를 붙인다.

그건 재미있고 흥미진진하기 때문이다.　→　Because it is fun and exciting.

접속사 왜냐하면 Because
주어 그것은 it
동사 ~다 is
동대 (형용사) 재미있고 흥미진진한 fun and exciting　**참고** fun 재미있는 / exciting 흥미진진한

【응용】

① 주어자리

그는 왜 컴퓨터 게임을 좋아하니?　　　Why does he like computer games?
주어가 3인칭단수 따라서 does

너의 친구는 왜 컴퓨터 게임을 좋아하니?　　Why does your friend like computer games?

그들은 왜 컴퓨터 게임을 좋아하니?　　　Why do they like computer games?

03　　너는 왜 영어를 배우니?　→　Why do you learn English?

【평서문】 너는 왜 영어를 배운다.

주어 너는 you ← 2인칭
동사 배운다 learn ← 일반동사 의문문
동대 (무엇) 영어를 English
의문사 왜 why ← 문장 맨 앞

주어 앞에 do를 붙인다.

나는 전 세계를 여행하기를 원하기 때문이야.

→ Because I want to travel all over the world.

접속사 왜냐하면 Because

주어 나는 I

동사 원하다 want

동대 (to부정사) 여행하기를 to travel 　　참고 travel 동사 여행하다. / trip 명사 여행

부사구 전 세계를 all over the world

　　참고 세계 도체에, 온 세계에 all over the world

【응용】

① 질문(주어자리) / 대답(부사구)

그녀는 왜 영어를 배우니? 　　　　　　Why does she learn English?
　　　　　　　　　　　　　　　　주어가 3인칭단수 따라서 does

왜냐하면 그녀는 영어를 매우 좋아하기 때문이다. Because she likes English very much.

실전 Test

> **1** 다음 우리말을 영어로 쓰시오.

정답 p.378

동대 자리(형용사) + 대답

① 너는 왜 피곤하니? ⇨	왜냐하면 나는 밤을 새웠기 때문이야. ⇨
너는 왜 늦었니? ⇨	왜냐하면 나는 늦게 일어났기 때문이야. ⇨
너는 왜 바쁘니? ⇨	왜냐하면 나는 숙제가 많아서야. ⇨
그는 왜 화났니? ⇨	왜냐하면 내 남동생이 내 장난감을 부셔서야. ⇨
그녀는 왜 행복하니? ⇨	왜냐하면 새 휴대폰이 있어서야. ⇨

↓ 부사(구) 자리

너는 왜 항상 슬퍼하니? ⇨	너는 왜 그렇게 늦었니? ⇨

너는 왜 그렇게 피곤해 하니?
⇨

그는 왜 그렇게 행복하니?
⇨

그녀는 왜 나한테 화가 났니?
⇨

주어 자리

② 너는 왜 컴퓨터 게임을 좋아하니?
⇨

그녀는 왜 컴퓨터 게임을 좋아하니?
⇨

네 친구는 왜 컴퓨터 게임을 좋아하니?
⇨

너는 왜 영어를 배우니?
⇨

너의 누나는 왜 영어를 배우니?
⇨

그는 왜 영어를 배우니?
⇨

① Why are you tired? — Because I stayed up all night.

Why are you late? — Because I got up late.

Why are you busy? — Because I have a lot of homework.

Why is he angry? — Because my brother broke my toy.

Why is she happy? — Because she has a new cell phone.

Why are you always sad? — Why are you so late?

Why are you so tried? — Why is he so happy?

Why is she angry at me?

② Why do you like computer games? — Why does she like computer games?

Why does your friend like computer games?

Why do you learn English? — Why does your sister learn English?

Why does he learn English?

이상으로 be동사에 대한 모든 강의는 끝마치고자 한다. 수고하셨습니다.

❋ 최종 결론

A. 동사의 대상을 1개 오게 하는 동사 – 대부분의 동사가 이에 해당한다.

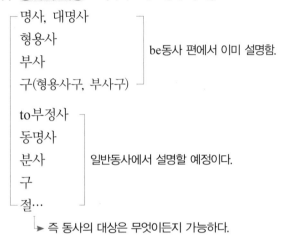

    영어의 핵심: 주어·동사 / **동사의 대상** ⋯ (이하 : 주·동 / 동대)

        ┌ 명사, 대명사
          형용사   be동사 편에서 이미 설명함.
          부사
        └ 구(형용사구, 부사구)

        ┌ to부정사
          동명사
          분사   일반동사에서 설명할 예정이다.
          구
        └ 절⋯

            ⮕ 즉 동사의 대상은 무엇이든지 가능하다.

B. 동사의 대상을 2개 오게 하는 동사 ◐ 일반 동사 편에서 설명할 것이다.

    ∵ 주어 + 동사 / ┃ 동대1 ┃ +   동대2
                 ┌ 사람(목적격)   명사, 대명사 – 동대1과 동격
                 └ 사물   형용사 – 동대1을 설명한다.
                          분사 ┌ 현재분사 – 동대1과 능동관계
                              └ 과거분사 – 동대1과 수동관계
                        to부정사(to + 동사원형)
                       └ 동사원형

        참고 동대1에 사람이 올 경우 반드시 목적격이어야 한다.

말하기 쉬운
Fun English

초판 1쇄 인쇄 2019년 04월 10일
초판 1쇄 발행 2019년 04월 15일
지은이 김기영

펴낸이 김양수
편집·디자인 이정은

펴낸곳 휴앤스토리
출판등록 제2016-000014
주소 경기도 고양시 일산서구 중앙로 1456(주엽동) 서현프라자 604호
전화 031) 906-5006
팩스 031) 906-5079
홈페이지 www.booksam.kr
블로그 http://blog.naver.com/okbook1234
이메일 okbook1234@naver.com

ISBN 979-11-89254-18-6 (53740)